橫觀東亞

從核心現場重思東亞歷史

白永瑞

陳芳明 主編

台灣與東亞

《台灣與東亞》叢刊發行旨趣

陳芳明

「東亞」觀念進入台灣學術界，大約是近十年的事。但歷史上的東亞，其實像幽靈一樣，早就籠罩在這海島之上。在戰爭結束以前，東亞一詞，挾帶著相當程度的侵略性與壟斷性。它是屬於帝國主義論述不可分割的一環，用來概括日本殖民者所具有的權力視野。傲慢的帝國氣象終於禁不起檢驗，而在太平洋戰爭中一敗塗地。所謂東亞概念，從此再也不能由日本單方面來解釋。尤其在跨入一九八〇年代之後，整個東亞地區，包括前殖民地的台灣與韓國，開始經歷史無前例的資本主義改造與民主政治變革。一個新的東亞時期於焉展開。

二十一世紀的國際學界，開始浮現「後東亞」一詞，顯然是相應於後結構主義的思考。所謂「後」，在於強調新的客觀條件已經與過去的歷史情境產生極大差異。在新形勢的要求下，東亞已經成為一個複數的名詞。確切而言，東亞不再是屬於帝國的獨占，而是由東亞不同國家所構成的共同觀念。每一個國家的知識分子都站在自己的立場重新出發，注入殖民時期與戰爭時期的記憶，再定義東亞的政經內容與文化意涵。他們在受害的經驗之外，又具備信心重建主體的價值觀念。因此東亞是一個頗具挑戰性的概念，不僅要找到本身的歷史定位，同時也要照顧到東亞範圍內不同國籍知識分子所提出的文化反省。

東亞的觀念，其實富有繁複的現代性意義。所謂現代性，一方面與西方中心論有千絲萬縷的關係，一方面又與資本主義的引介有相當程度的共謀。當台灣學界開始討論東亞議題時，便立即觸及現代性的核心問題。在歷史上不斷受到帝國支配的台灣，不可能永遠處在被壓抑、被領導的位置。進入一九八〇年代以後，台灣學界開始呈現活潑生動的狀態，許多學術工作已經不能只是限制在海島的格局。凡是發出聲音就必然可以回應國際的學術生態，甚至也可以分庭抗禮。這是一個重要的歷史轉折時期，不僅台灣要與國際接軌，國際也要與台灣接軌。

「台灣與東亞」叢刊的成立，正是鑑於國內學術風氣的日漸成熟，而且也見證研究成果的日益豐碩。這套叢刊希望能夠結合不同領域的研究者，從各自的專業領域嘗試探索東亞議題的可能性。無論是文學、歷史、哲學、社會學、政治學的專業訓練，都可以藉由東亞做為媒介，展開跨領域的對話。東亞的視野極為龐大，現代性的議題則極為複雜，尤其進入全球化的歷史階段，台灣學術研究也因而更加豐富。小小的海島，其實也牽動著當代許多敏感的議題，從歷史記憶到文學審美，從環保行動到反核運動，從民主改革到公民社會，從本土立場到兩岸關係，從經濟升級到勞工遷徙，無不細膩且細緻地開啟東亞思維。本叢刊強調嚴謹的學術精神，卻又不偏廢入世的人文關懷。站在台灣的立場，以開放態度與當代知識分子開啟無盡止的對話。

目次

我們追求怎樣的東亞
——寫在白永瑞《橫觀東亞》書前

陳芳明

這是白永瑞教授的第二本中文書，他第一本中文著作《思想東亞》，為台灣學界帶來新的視野。他每本書的命名，總是暗藏著微言大義。例如「思想東亞」就具有雙重意義，如果把思想當作名詞來看，似乎就是在討論東亞範圍內的思想內容。如果當作動詞來看，顯然是對東亞政治生態進行深刻的思考。現在新書的命名是「橫觀東亞」，顯然有他個人的用意。如果使用縱觀，似乎有上對下的意涵，而橫觀則是把東亞各國放在平等的位置來觀察。如果譯成英文應該是：Horizontal Observation of East Asia。那是一種平視的態度，也是一種均衡的理解。從書的命名，便可反映作者的用心良苦及其微言大義。畢竟東亞一詞，曾經具有帝國權力的象徵。在整個二十世紀，日本壟斷了整個東亞的解釋權。如今進入後東亞時期，原有帝國的象徵應該容其退潮，並且讓東亞各國來填補全新的解釋。

最早與白永瑞教授的認識，始於中興大學的一場學術會議。當時他提出一篇論文「中國有亞洲嗎？」，那是我認識白教授的一個起點。在那篇論文裡，他期待中國在崛起之際，必須注意到東亞各國存在的事實。而不是以北京的觀點，來觀察整個東亞。那年，他所主持的瑞南論壇，與政治大學台灣文學研究所合辦。當時的主題是「透過在地性重構本土文化：台灣與韓國的本土文學與民族史學一九七〇—一九八〇」，在那次會議中，白永瑞發表〈民族史學與本土化史學：一九七〇—八〇年代韓國與台灣史學史的比較研究〉，而我提出論文〈一九七〇年代台灣民主運動與鄉土文學運動的雙軌發展及其互動〉。他側重在歷史解釋，我則強調文學的詮釋。雖然論述的領域有所差異，但是以東亞作為思想交會的場域，兩人都帶著高度期待。第二次在政治大學主辦的會議是在二〇一〇年，主題是「東亞中的韓國與臺灣：歷史經驗的省察」。我的論文題目為〈皇民化文學在台灣的評價及其意義〉，並且在會議總結時，兩人對於「近代超克」的歷史議題進行對話。

台灣與韓國，在二十世紀的歷史進程上，有太多雷同之處。戰前，兩個國家都是屬於日本帝國的殖民地。戰後冷戰時期，台韓又同樣被編入美帝國東亞防線的一環。國家命運受到外來政治權力的支配，兩國的知識分子都同樣感到非常苦悶。雖然歷史分成戰前戰後，但兩國同樣是屬於殖民地則沒有改變。脫離帝國控制的願望，始終蓄積在台韓的知識分子內心。這樣的歷史處境，便是構成我們持續對話的契機。我們都曾經是屬於熱血青年，在一九七〇年代都涉入政治運動。他受到判刑入獄一年，而我則是在海外成為思想犯，列入黑名單長達十餘年。這種生命經驗，也是構成我們相互對話的重要基礎。在思考行動上，我們都是屬於自由主義者。而在學術的詮釋立場，則都同樣偏向左派。我們對於各自國家的資本主義政權，總是抱持批判的態度。雖然身在學界，卻不時觀察校園圍牆外的社會變化。這是我們共同的人文精神，對於開放、公平、正義的理想社會，我們從來沒有放棄追求。

多年來，我不斷邀請他在台灣出版學術專書。這次他交給我《橫觀東亞》這部作品，讓我更加體會他是一位不懈而盡職的思考者。我一向敬服他的專業與敬業，他的思維模式是如此細膩，如此周延，點出了東亞國家所面臨的困境。知識分子的工作，從來不是在製造問題，而是在解決問題。如何為自己的國家尋找出路，正是二十世紀以來知識分子的天職。我很慶幸在精進的道路上，與他相遇。從他的思考與行動，讓我獲得豐富的靈感，也讓我必須不斷向前邁進。

在這本書裡，他提出兩個重要觀念：一個是「核心現場」，一個是「雙重周邊」的角度。所謂核心現場，指的是帝國權力的矛盾輻輳處。所謂雙重周邊，指的是東亞的政治地緣位置。在戰前，日本帝國是東亞的中心。在一九八〇年代以後，中國的崛起又變成了另一個中心。但是在東亞之外，美國又是整個東亞的權力中心。這種雙重邊緣的性格，決定了東亞的政治命運。而台灣與韓國，似乎無法脫離殖民地的歷史命運。曾經扮演日本殖民地的兩個國家，在歷史進程上雖然相當吻合，但各自的命運卻有所差異。韓國至少是聯合國的成員之一，現任的聯合國秘書長潘基文也是韓國人。在國際政治的能見度上，遠遠高過台灣。到今天為止，台灣仍然是國際孤兒。縱然如此，兩個國家所面對的國際霸權，其實是一樣的。尤其是中國在一九八〇年代崛起，開始改變整個東亞政治的生態，更加強化了白永瑞所提出「雙重周邊」的概念。

這本書的第二輯「韓國的中台論」，相當細緻而深入地討論了台灣與中國之間的關係。在字裡行間，韓國知識分子對於中國是否會演變成新的帝國，一直都保持審慎而密切的觀察。白永瑞不僅考察了歷史上的朝貢制度，同時也把台灣的地位拿來與沖繩之於日本的狀況相互比較。他指出，在日本政治勢力的範圍內，沖繩不免是一種內部殖民的範例。從現實層面來看，白永瑞的觀察相當犀利。他在中國與台灣之間的關係裡，提出朝貢制度一詞，顯然有其現實政治的一面。北京所堅持的「九二共識」，便是有意把台灣框限在中國的勢力範圍之內。在馬英九執政的八年過程中，便是致力於九二共識的實現。確切而言，馬英九總是以北京的政治意願為優先考量，從而換取兩岸的和平。在相當程度上，白永瑞所說的朝貢制度誠然有其事實根據。

白永瑞可能是我所認識的韓國學者中，少有的活潑思考者。身為歷史學家，他一直保持辯證的、動態的、有機的思維方式，來觀察整個東亞政治的演變。他在看待台灣問題時，除了從歷史角度來觀察之外，也同時從國際政治霸權的擴張來探索東亞的關係。身為台灣的文學研究者，我相當敬服他謹慎、縝密的研究態度。從台灣外部來觀察兩岸關係，確實有其獨到精闢之處。但是從台灣內部來看，我可能比白永瑞還更能感受這個社會所擁有的生命力。台灣民主運動所展現出來的國民性，可能不是九二共識一詞就可定義。在地緣政治上，台灣民主運動釋放出來的能量，一定程度上也對整個東亞政治具有正面的衝擊。換句話來說，馬英九政權在九二共識上，所表現的妥協與退縮，已經證明是不得人心。我深深相信，經過二〇一六年台灣內部權力的翻轉之後，必將對整個東亞形勢投出更強烈的訊息，而那不可能是朝貢制度的陳舊觀念所能框限。

二〇一六年一月十一日 政大台文所

導論

一

二〇〇八年出版拙著《思想東亞：韓半島視角的歷史與實踐》之後，睽違七年，才又再度為華語圈的讀者出版另一本著作。將過去持續思索（在）東亞的十二篇文章修改編輯成書介紹給讀者，心中交織著期待與不安。

本書收錄的文章全都是在各種會議發表或應雜誌要求所寫成，這也表示身為歷史研究者的筆者是因應韓國國內外社會的要求而執筆。各個會議的主辦單位或雜誌編輯群反映當時的現實設計特定的主題，想要聆聽各方的意見。筆者以和該主題對話的心態來準備文章，想以自己的方式，透過那個對話，和各種生活的現場產生密切的關連，分享新的視角。

也許有些讀者會認為像這樣重視現場性的書寫對歷史學者而言並不恰當。不過，筆者認為歷史並不僅只是過去和現在的對話，同時也是過去和未來的對話，因此，在現實中引發的問題意識是值得重視的。然而當然筆者也不是僅止於單純的時事解說或評論性的書寫，而是一直努力想要從中找出歷史性、思想性的課題。換句話說，就是將重點置於連結短期的課題和中、長期課題合而為一，並且始終一貫地進行實踐之上。

這樣的問題意識也與長期同時身兼研究者、教育者及編輯角色的自我認同有很深的關係。筆者個人如何開始關注東亞論述的經緯，已在上述拙著的序文和本書的第一輯第四章中有所闡述，請讀者們參考。在此想要強調的是，筆者自身的東亞論並非只是單純的學術性成果，而是融合了在大學內外活動的經驗。也就是說，是由將社會議題轉換為學術議題來進行研究的實踐性態度所生產出來的。讀者們在這本書的許多地方，應該都可以感受到那些努力的痕跡。

環顧四周，現今東亞在政治安保領域上不同於相互依賴度深化的經濟領域，國家主義正強勢領頭。安保領域上近代勢力均衡的邏輯和經濟領域上後現代治理（governance）邏輯作用呈現不一致，即出現「亞洲悖論（Asian Paradox）」。同時在認同的領域上，集合性歷史記憶的遺產也重疊啟動，造成相當大的混亂。尤其由於這種混亂被東亞區域外的美國當作是一種均衡而被維持，因此東亞各國似乎認為這種東亞區域結構的現狀有利於各國的利益，而不想打破這種現象。在此情況下，尤其是有關歷史與領土的糾紛，還有相互的不信任，皆日漸擴大且加劇。

然而東亞論果真具有突破如此不安定的東亞現實的力量嗎？筆者自一九九〇年代初起即主張超越以國民國家為單位的思考模式的東亞視角之必要性，並且回顧至今為止的東亞論述和連帶運動，在核心現場摸索東亞共生社會之路，目的即在於想要得到答案，同時也是對於自己在二〇〇八年拙著出版之後的工作的一種省察。因此，以「橫觀東亞：從核心現場重思東亞歷史」作為本書的標題。這裡的橫觀有兩種意義。一是跨境性思考，即意指橫貫像國境或分科學術等界限的視角。另一種是橫向性思考，即意指並非高思在雲，而是在生活現場奮鬥的主體們之中，重視對話和連帶的視角。我想要和讀者一起提問的是，對於具有此兩種意義的橫觀，筆者做到了多少。

在新書出版之際，讓我們來看看本書有哪些特徵。以下將透過主要關鍵詞來做說明。

二

首先最明顯的是對於延續之前的**東亞**區域概念的理解。區域概念並不是固定的地理概念，隨著思考該區域的認識主體的實踐課題，東亞被不同地建構。但也不是因此就意指東亞是單純的文化「創造物」，此區域被視為歷史性實體是有根據的。區域概念莫非就是共通的文化遺產，或是歷史上所持續而來的固定的區域性交流或共通的經驗世界重構的過程。因此，筆者過去在談及東亞時，對於其地理上的範圍是到何處為止的問題，總是一再地說明，首先若能就某種目標來設定課題，那麼就能隨之定出範圍。這時，其區域概念的具體性將順利呈現。在此將之前拙著中清楚呈現此觀點的段落移過來看。重要的是「它不把東亞看成一個固定性實體，而看成在經常自我省察過程中流動著的某種東西」的思考和立足於此的實踐過程。由於東亞人「習慣了這種思考與實踐，就可以逐漸形成能省察自我中的東亞和東亞中的自我的省察性主體」（上述拙著，頁九六—

九七）。

所謂「東亞」的概念在廣義上是包括東北亞和東南亞，並且並非意指地理上固定的實體，而是「作為知性實驗的東亞」，此用語筆者於十六年前即一九九九年時首度提出。不過「知性實驗」動輒容易被誤會是知性遊戲，也可能因而使其實踐性層次上的動力被忽略，因此為了既維持之前的問題意識又能展現新意，在本書中，擬以「作為實踐性課題的東亞」（或作為專題計畫project的東亞）為關鍵詞。

另外一個關鍵詞是「**雙重周邊的視角**」。之前的拙著中曾對中國人提出對於周邊國家是否有「橫向性思考」的問題，事實上此問題也適用包括韓國人在內的全體亞洲人。而為了讓這個問題意識更具體化，筆者所提出的正是「雙重周邊的視角」，這個觀點也是二〇〇一年休假研究時在台北和名古屋各居住半年的經驗反映。具有既是中國的一部分又不是中國的複雜認同的台灣人，以及注視曾為殖民地的台灣的日本人，在接觸這兩個社會錯綜的視角之時，筆者發現了同時需要在以西歐為中心的世界史發展上被迫踏上非主體化之路的東亞的周邊視角，以及東亞內部的位階秩序中被壓抑的周邊視角的問題意識。這個關鍵詞既是對於中心—周邊關係的認識，也意味著克服此種認識的實踐，同時也是將具體呈現「作為實踐性課題的東亞」的省察性主體的重要條件。而且，該主體不僅是許多國家，也包括在國民國家形成過程中被排除或被壓抑的各個集團。最近所謂「從周邊看中國」的觀點被提出，「周邊」的視角在華語圈受到關注，讀者們應該可以了解此與筆者觀點的差異。

「**核心現場**」是最能清楚呈現貫通本書的問題意識的關鍵詞。而核心現場正是既需要「雙重周邊的視角」的地方，同時也是最適用的合適對象。這也正是筆者除了中國大陸和日本本島之外，將關注焦點擴及台灣、香港、沖繩等地，並且直接去到當地，和當地的知識分子們對話而得到的收穫。當然在東亞也一定會有其他的地方有糾葛凝聚，發現那些地方並作為核心現場，這樣的工作將來也應該要正式展開。

在核心現場進行連帶活動的期間，自然也會領悟到東亞是連動的。尤其二〇一〇年五月日本政府表示將不會遵守將沖繩普天間美軍基地遷移至縣外的承諾，在當地居民舉行的反對示威現場，筆者深切地感受到朝鮮半島南北和解對東亞的意義。當時鳩山首相正以維持對北韓和中國的嚇阻力作為背棄遷移承諾的名分，而在那之前朝鮮半島發生的天安艦事件正是其根據。另外，眼看著二〇一一年日本東北地方發生三一一大地震，還有不斷重複發生的領土糾紛，在首爾和沖繩（的那霸）舉行兩場東亞批判性雜誌會議期間，與會者們得以彼此真切地了解到，居住在此地區的居民們的日常生活是連動的問題。事實上這個連動同時包含了否定性的意義和肯定性的意義。問題是要如何將東亞帶往和平與繁榮的良性循環，而非紛爭與糾葛的惡性循環。正因如此，所謂「**連動的東亞**」這個關鍵詞不僅是說明東亞的過去和現在的工具，同時讓我們領悟到，這也是規畫並實踐東亞共生社會的未來之實踐課題。

分斷的朝鮮半島是可以讓東亞進入惡性循環或使之進入良性循環的、連動的東亞的核心現場之一。另外，這個地方也是筆者生活的現場。因此，在本書中朝鮮半島的視角是清晰可見的。事實上，東亞論述，尤其是論及東亞共同體時的弱點之一，就是忽略了北韓。東亞論述怎麼會被批評說像是正中間有個大洞的甜甜圈呢？這個大洞指的就是北韓問題。筆者雖然未在本書收錄的文章中直接討論北韓問題，但擬藉由堅持朝鮮半島的視角，將北韓問題包括在內。「**複合國家**」是將東亞論述（所謂分斷的朝鮮半島）貼近現實並包含克服意志的關鍵詞。

筆者在二〇〇八年的拙著中，提出了為了超越國民國家而遊走於「國民國家的內與外」的視角，並且在二十世紀國民國家所履行的「解放和壓抑的雙重角色」上關注了東亞。而在這次的書中則集中於「複合國家」的討論，使這個問題意識更加具體化。這個視角重新說明了以朝鮮半島為首的東亞諸國的歷史，並且在展望未來上，也可望能發揮效用。

當然，這個關鍵詞是非常具有現場性的構想，在朝鮮半島的南北雙方對於統一有更具創意性的思考和實踐的過程中將會顯露其面貌。因此，無法簡單地適用各自以不同路線邁向國民國家的東亞諸國。不過，複合國家是朝鮮半島的居民們彼此承認國家主權，同時以漸進方式再統合，更進一步地想要建設非單一型國家，而是可實現更有人性尊嚴生活的新國家的意志表現，當我們在構思並實踐這樣的複合國家時，我們看國民國家角色的視野，一定會更加開闊。

在東亞將國民國家乃至國家間體制（inter-state system）相對化的後現代論述具主導性地位，但另一方面，也發生了像台灣獨立論或沖繩獨立論這種國民國家（乃至民族主義）即具近代指向不容小覷的矛盾狀況。為了穩健地應對如此複雜的現實，「近代的雙重課題」論，即需要同時推動將適應近代和克服近代作為雙重單一課題的遠大眼光。複合國家論既是國家之間的結合樣貌，同時也展現國民國家白我轉換的樣貌，並且展現其「雙重課題」是具有現實適合性的。實際上從朝鮮半島發出訊息的複合國家論，也已經和東亞居民們在不同核心現場進行的自治運動產生了互相參照的關係。

更進一步地來說，複合國家論也將可提供我們在重新了解大國化的中國的過去和未來上更多的線索。最近流行的所謂「作為帝國的中國」的**中華帝國論**和複合國家的對照，不也可以從本書所嘗試的課題中一窺其可能性嗎？再者，作為追求另類的普遍性所提出的**（新）天下主義論**在中國抬頭，和（新）天下主義論進行的對話，也是相同的脈絡。那是從朝鮮半島的視角對於為了符合普遍性所必須具備的必要條件所做的討論。

韓國人如何看待中國是筆者從一開始決定要攻讀中國史以來就一直關注的研究主題。在這次的書中也同樣有論及這個課題，筆者以連動的東亞的視角來看韓國和中國對彼此的認識和彼此的關係，不過將焦點置於兩者的非對稱性則是新的特徵。現在「何為中國」儼然已成為流行性的討論主題。而為了顧及中國的成員的主體性，「何為台灣」絕對是無法迴避的問題。筆者對韓國人如何認識台灣進行歷史性的探討，可說是相同脈絡下的產物。了解台灣對韓國人而言是何種存在，對於台灣人省察自身及思考中國是什麼，將可望有所助益。

三

若想要好好進行上述這些有關東亞討論，就不能受限於既有的分科學術的限制。而既然具有這種問題意識，也自然一定會注意到新的學術理念和制度。筆者從二〇〇一年開始認真思索有關「**作為制度的學術，作為運動的學術**」的問題。那一年在任職的大學申請了休假研究，前半年（從三月到八月）待在台灣，跳脫行程繁忙的日常，同時也享受單純的生活及深刻反省自我的悠閒時光。那時學生運動圈出身的筆者成為制度圈內的教授，除了省思身為研究者且長期參與出版和雜誌編輯企劃的自我認同之外，同時也苦思未來的研究方向，所得到的結論就是從作為制度和作為運動的學術的觀點來整理東亞歷史學的歷史性課題。在一九七〇—八〇年代的劇變期，身為一個青年學子，筆者開始對於作為韓國借鏡的中國的歷史和現實產生興趣，遊走於大學內和外的知識場域中學習相關知識（相關之詳細論述請參考第三輯第四章）。在那種知識的生產和傳播的過程中，讓筆者對於曾經和支配權力對抗的自己的存在基礎產生質疑，這種經驗也擴大到東亞現代史的脈絡，促成筆者開始進行研究。首先其部分的構思在「『東洋史學』的誕生和衰退」（韓文版最初於二〇〇四年發表，中文版收錄於二〇〇八年的拙著中）一文中首度披露，至今已經過了十年。那麼所謂作為制度和作為運動的學術究竟是在說什麼呢？

所謂「作為制度的學術」內含兩種意義。一種是對於學術的制度性接近（作為研究方法的接近），另一種是指制度圈學術。筆者在說「作為制度的學術」時，相較於對於學術的制度性接近，主要是將重點放在制度圈的學術。即，所謂作為制度的學術主要是指在大學、學會或是學術期刊的制度內所進行的知識生產和傳播。

相較之下，所謂「作為運動的學術」則意指對作為制度的學術的理念、慣行、制度，還有

（支撐這個的）支配性社會現實的閉鎖性進行批判，同時基於生活世界擬向多數民眾開放學術的面向。然而若更細心來看，作為運動的學術至少也有兩種意義重疊。廣義來看，不論是制度圈內或外，想要改變制度圈的主流學術論述和制度的脫制度潮流，全都可包括在作為運動的學術之內。而狹義方面，則有作為社會運動的一個領域的學術運動。

如此重疊著兩種意義的是作為運動的學術。因此，在非制度圈中所進行的所有知識活動當然也就不是作為運動的學術。即使被稱為在制度之外進行的知識活動，若不具有批判既有主流學術理念、慣行、制度和作為其基礎的社會現實的功能，那麼就不能成為作為運動的學術。例如，為商業主義支配的知識生產和流通，也許有可能是制度外的學術活動，但也不會是作為運動的學術。總而言之，筆者並不將作為制度的學術和作為運動的學術視為對立，而是想要從整合的角度來看。筆者的基本意旨就是以從運動中看制度、從制度中看運動的型態，用動態的方式來探討制度和運動的關係。換句話說，制度的內外算是雙重戰略的空間，如此作為制度的學術和作為運動的學術互相衝撞，同時也互相合作的動態領域，此可簡化稱為「學術的運動化，運動的學術化」。

不過，受到具全球壓倒性影響力的新自由主義的影響，環顧今日的大學現況，看來所謂「學術的運動化，運動的學術化」這種動態的領域可以存立的空間是很小的。一種所謂知識經濟（knowledge economy）論述的意識型態正壓迫著大學對其進行的研究和教育成果的說明責任（accountability）。要求大學對國家或社會負起說明責任本身並不成問題，但因為大學的說明責任被視為像會計（account）一般，才會引起爭論。大學不僅被要求要在短時間之內呈現出研究和教育的成果，並且還要將對於成果的評價進行量化。其基礎就是「優越性（excellence）」，尤其是依國家競爭力或國家和資本所需，意義已被扭曲的優越性。

現在全球的所有大學都出現這樣的情況。在新自由主義的全球化時代，大學正逐漸變成依照資本主義市場理論經營的全球化官僚制度化的經營體。我們處於連大學的理想性價值和使命都遭到否定的轉換期，現在不得不在這裡重新提出何謂大學的根本性問題。然而我們若回顧大學的歷史可以知道，大學的本質就是「脫制度的制度」。這種觀點與最近流行的德希達（Jacques Derrida）的看法也有相通之處。德希達強調，不斷地將所謂制度的概念當作問題的制度性實踐的解體，即脫制度的制度正是大學的本質，並且要構思另類的大學。那並不是否認所謂制度的存在本身，而是補足既有的各種制度的缺失，以創意性的方式，創造出另一種另類制度的創意。我們也應該像這個構想一樣，批判現在的大學，並且激發想像力，思考如何創造另類（alternative）的大學。

這也正是筆者提出社會人文學的緣由。那麼，何謂**社會人文學**呢？社會人文學就是同時追求「人文學的社會化和社會的人文化」的批判性學術活動。首先，我要鄭重釐清的是，社會人文學並不是社會科學和人文學單純的結合。社會人文學的英文是「social humanities」，「social」被誤會為「社會科學」，而「humanities」則是人文學，因此很容易會被認為是社會科學和人文學的結合。但是社會人文學並不單純只是社會科學和人文學的結合，而是進行整合性學術，想要同時展現人文學的社會性和社會的人文性，具價值取向的專題計畫。

筆者在此想強調的是，即使接受整合學術的構想來進行研究，在現實上，在課題設定要求且容許的範圍內追求所選擇的分科學術間的結合，仍是不可避免的。因此，最重要的就是要用什麼來當作研究課題。社會人文學之所以特別重視每個研究者基於各自所處的現場性，重視將社會議題轉換為學術議題來進行研究的實踐性姿態，其原因即在於此。

因此，運動的學術化就是將實踐經驗語言化，並且創造出基於日常生活的經驗理論，這樣的認識有必要充分加以強調。正是由於這種特徵，將社會議題轉換成學術議題時，結合具體的情勢的判斷，和宏觀的視野（即歷史的、思想的課題），激發出我們對於生活各種可能性的某種洞察力，並且想要按照洞察力加以實踐，這就是社會人文學。（筆者在此方向上展開東亞論述的成果，文章收錄在本書的第一輯和第二輯。）

在所謂社會人文學的旨趣上，根據進行研究和教育的每個個人的經驗和力量，從自己腳下所踩的領域開始履行社會人文學是當然的，如此才能獲得持續進行的穩定動力。所以，筆者嘗試與對自己最迫切的問題即所謂歷史學、韓國學及中國學的重構這個具體的課題進行角力。如此謀求社會人文學轉換的努力，並不僅止於歷史學或韓國學、中國學，在其他的分科領域上，由許多人實踐而產生上升作用，同時對既有的學術體系進行改組時，希望社會人文學的體現能同樣更往前邁進。

首先要倡議的是筆者的專攻領域即歷史學實現社會人文學轉換而成的**公共性的歷史學**。公共性的歷史學並不僅止於以專門性為基礎而將重點置於和大眾邂逅的公眾歷史學（public history），其重視的是符合所謂公共性（publicness，或「公共的事物」the public）基準的歷史知識的生產過程。

從其他的角度將這個公共性的歷史學構想再稍微具體化就是**共感和批評的歷史**。共感和批評的歷史就是具備對生活在過去的人們的共感和由此形成的批判能力——歷史批評的強化是公共性的歷史學的五種條件之一——的一般人和歷史研究者成為共同主體，所一起進行的新歷史學專題計畫。歷史乃至歷史教育的「共感的重構（empathetic reconstruction）」既是感受他人的經驗，同時也是在證據和歷史學家之間形成的想像的和分析的相互作用。因此，「共感的歷史學」應該結合「作為批評的歷史學」，如此對東亞人的歷史和解做出貢獻的新歷史是有可能出現的。

從**全球地域學**的視角重構韓國學的構想也收錄在本書中。筆者將globalism和localism的合成語glocalism變形所創造的新造語就是glocalogy。glocalogy以漢語可譯成全球地域學，這是將地方性（local）的事物、區域性（regional）的事物和全球性（global）的事物放在同一層次加以探討的視角和方法，同時也成為對研究領域的規範。**韓國學**若能以全球地域學加以重構，期待可以一方面批評以西歐為中心的普遍主義，另一方面在重視所謂韓國的空間性的同時，又不會被其特殊性所埋沒，敞開一條追求普遍性的學術之路。不過這樣的構想不僅只適用在韓國學的重構上，在東亞其他地方的區域研究——例如**作為全球地域學的中國學**、**台灣學**、**日本學**等——也是可以適用的。

最後，筆者站在所謂作為制度／運動的學術觀點，追蹤了從朝鮮後期開始到今日如此長的時間裡韓國的中國學系譜。這個研究工作的進行是為了確認在韓國中國學的軌跡中綿延而來的批判性中國研究的潮流，並且確立未來的發展方向。這時批判性中國研究的指標是跨學科研究、克服古典中國和現實中國的二分法、對於當代的中國現實和主流思想體系的批判性姿態，還有中國中心主義的解體等。滿足這些指標的批判性中國研究是一條朝向讓包括韓國人和中國人等所有人的生活更有人性尊嚴的人文學本質的理念之路。這也正是社會人文學的樣貌，就不需再贅述了。

在書寫和發表上述以關鍵詞為中心說明的文章時，筆者總是同時意識到使用韓語、日語和漢語的讀者。一面考慮各個語言圈的聽眾或讀者所處的脈絡，同時將自己以韓語為母語的思維相對化，並且在那過程中體驗自我轉換，這對筆者來說是非常珍貴的機會。在此過程中，筆者得到許多人的協助，在此尤其要特別感謝協助將韓文翻譯成中文的每一位。謝秀梅、宋文志、崔金瑛、王元周、李珠海和梁台根諸位，每當翻譯初稿完成時，總是一再重複和筆者討論修改的無聊工作，而這種工作不正是橫觀東亞鮮活的例子嗎？

同時也要對建議在台灣出版本書的陳芳明教授和對譯稿進行最後校稿的崔末順教授致上最深的謝意。陳教授是將社會人文學的理念在台灣加以實踐的典型人物，崔教授則致力於韓國和台灣的文化交流，是跨境學術活動的模範。另外，還要感謝出版本書的聯經出版公司的各位工作人員。領導台灣知名出版公司的林載爵先生是歷史學者，同時也長期參與雜誌與出版工作，從這點來看，他和筆者有著類似的自我認同。本書的出版彷彿是一種連帶的表示，更讓人感到喜悅。

二〇一六年是筆者參與超過三十年的《創作與批評》季刊創刊五十週年。在五十週年紀念之前出版本書，更是意義非凡。筆者的文章中融合了白樂晴、崔元植先生等創批同仁的思維，與他們共度的歲月，讓我感到有些自豪。

期待筆者在書寫本書收錄文章的過程中的所做的努力，能稍微減輕同樣走在跨境之路的人們的勞苦，所以才果敢出版本書。

第一輯

韓國的東亞論

第一章　從「核心現場」探索東亞共生之路

王艷麗、謝秀梅譯

一、沖繩歸屬問題爭議再起的意義

沖繩是中國領土嗎？二〇一三年五月八日中國的《人民日報》刊登了一篇有關沖繩歸屬問題的論文（題要）[1]，由此在中國和日本掀起了一場關於沖繩歷史定位的大討論。曾任中國社科院近代史研究所所長的中國近代史專家張海鵬與邊疆問題（特別是南海問題）專家李國強共同撰寫的這篇文章，重點是要從中找尋釣魚島是中國領土的歷史根據。但該文章結尾處「歷史上懸而未決的琉球問題也到了可以再議的時候」的言論引發了軒然大波。文章中指出，台灣及其附屬島嶼

1　參見張海鵬、李國強，〈論《馬關條約》與釣魚島問題〉，《人民日報》，二〇一三年五月八日。

（包括釣魚島）和沖繩都曾位於中國朝貢體制的版圖之內，甲午戰爭時期清軍戰敗後日本強占了上述地區，二戰後只是沒有重新歸還中國而已。作者張海鵬在接受日本媒體採訪時解釋說，論文的目的並不是主張沖繩的主權屬於中國。之所以說沖繩歸屬問題懸而未決，是因為日本政府認為釣魚島（日本稱尖閣列島）屬於沖繩管轄，因此這種說法只不過是為了證明中國所主張的釣魚島（日本稱尖閣列島）不是日本領土而舉出的旁證。他對自己的學術觀點被別人誤解為主張沖繩是中國領土的事實感到吃驚，因此特意出面進行澄清[2]。但他作為學術界的元老在中共黨報上發表這篇文章，不可避免地會讓外人猜測這一定程度上代表了中國政府的聲音。因此，外界有人分析這是中方為了在釣魚島（日本稱尖閣列島）問題上占有先機而進行的心理戰，或者說是一種談判協商的戰術[3]。所以就不難理解日本政府對此進行抗議和反駁的舉動了。

在東亞的領土糾紛和歷史矛盾日益尖銳的情況下所發生的沖繩問題，再次證明了這絕不是圍繞著幾個島嶼發生的領土問題，而是由各自的歷史問題交織而成的。特別是在沖繩，原本存在的有關東亞近代史的結構性矛盾被進一步激化了。我所說的沖繩即是核心現場（之一）這一觀點變得更加清晰。

二、什麼是核心現場？

此前，我曾提出「雙重的周邊視角」理論，以便更好地分析東亞的歷史與現實[4]。如果重新介紹一下的話，可以說它是在以西歐為中心的世界史發展過程中，東亞被迫走非主體化道路的周邊視角與被禁錮於東亞內部等級序列中的周邊視角同時需要的一種問題意識。我所說的中央與周邊的關係不是單純的地理位置關係，而是無限連鎖關係和無限壓迫轉讓關係。「雙重的周邊視角」是對這種關係的認識，也是為克服這種情況而進行的實踐。在提出這個視角的同時，還強調要從歷史的脈絡角度，特別是在世界秩序的等級序列內對中心與周邊的關係進行具體分析。但東亞地區並不是一個平面而均質的國家組合體，而是由多層中心和周邊劃分成的立體和非均質的地區。因此，為提高「雙重的周邊視角」的說服力，應相應地增加對複合的多層時空的認識；要同時結合全球性及歷經了長期若干個時間段的討論、中小規模地區以及中長期課題進行思考，並與一貫的實踐進行對接。核心現場就是要求對複合的多層時空進行認知的地方，也是這個理論最適用的對象。這點和孫歌所說的歷史「關節點」也是相通的[5]。時空矛盾凝聚的地方也就是核心現場

2　參見石原聖訪談張海鵬的文章〈人民日報論文：「琉球再議」的執筆者，為沖繩奪還論所惑〉（人民日報論文：沖縄奪還論に当惑，「琉球再議を」の執筆者），《每日新聞》，二〇一三年五月二十三日。

3　〈沖繩領有權在中國〉，《京鄉新聞》，二〇一三年五月九日。

4　參見崔元植、白永瑞（二〇〇四）《從周邊看東亞》（首爾：文學與知性社），頁一六—三六。白永瑞（二〇〇九）《思想東亞：韓半島視角的歷史與實踐》（台北：台社），頁v—vi。白永瑞（二〇一一）《思想東亞：朝鮮半島視角的歷史與實踐》（北京：三聯書店），頁六—七。

5　參見孫歌、白永瑞，〈非對稱的韓中關係與東亞連帶〉，《創作與批評》（首爾），夏季號（二〇一三），頁一九八。

了。除沖繩以外，分斷狀態下的朝鮮半島、台灣等都屬於（我最近所關注的）核心現場。按中華帝國—日本帝國—美帝國順序發生的軸心變動，使得等級森嚴的東亞秩序所產生的歷史矛盾日積月累，同時在殖民與冷戰的雙重影響下，傳統空間遭到嚴重破壞也導致糾紛不斷增加。如此所產生的時空矛盾與糾紛相互關聯，不斷進行惡性循環，使得隨著解決問題的深入，為締造東亞和平而作為良性循環媒介的波及力變得越來越大。正如加文・麥考馬克（Gavan McCormack）所準確描述的那樣，核心現場「如同用來判斷能否克服日本的帝國主義與美國的冷戰霸權主義時代的試金石」[6]。同時在這個過程中，我們各自對待生活的態度肯定也會發生變化。我們期待著由核心現場來實現這一夢想。

三、核心現場與主權的再構成

東亞近代史的矛盾與糾紛聚集而成的核心現場，特徵是指主權從多層性開始變得更加集中。我們再回到本文的線索——沖繩問題上去。針對《人民日報》的文章，沖繩的媒體所做出的反應是「複雜且非一邊倒地批判中國」。為什麼會這樣呢？一是因為雖然大多數沖繩縣居民對現在的中國持批判態度，但對過去的中國卻有歷史性的親近感。另一個是因為日本是以暴力手段將沖繩編入日本版圖，至今仍將沖繩置於民主主義的框架之外。然儘管如此，沖繩的媒體也不認同根據與中國具有儀禮上朝貢關係的歷史事實而將琉球視為中國的屬國，且充滿沖繩屬於中國語氣的文章。另一方面沖繩的媒體也認為《人民日報》的文章「從國際觀點來分析琉球問題有其意義」[7]。

單從這個反應上來看，沖繩的主權歸屬問題可以說並不是那麼簡單。我們對主權問題做更深層次思考的話，會發現他們那些複雜的反應都是有歷史淵源的。眾所周知，從十五世紀一直到十九世紀末，中國的明清王朝與琉球王國一直保持著朝貢關係。而且即使在一六〇九年日本薩摩藩入侵琉球王國，並建立幕藩體制進行干涉之後，琉球一邊臣服於日本幕府統治的同時，一邊還繼續向中國朝貢，維持著雙重被支配體系（即一支兩屬）。但這種關係的形成，從琉球王國的角度來看，它是為了維繫政權的存在而自發並又積極地選擇了這種從屬於雙方的彈性外交政策的結果；而從中國的角度來看，這種選擇既可以確保自身海上貿易據點的穩定，從戰略防禦角度考慮還具有實用性，同時還可以為確保政權的合法性提供佐證[8]。處於非對稱關係的兩個當事人，從自身戰略角度出發確立了這種關係，這絕不是中國單方面強壓導致的結果（如同近代的國境與領

6　參見加文・麥考馬克，〈小島嶼，大問題：釣魚島／尖閣列島的歷史與地理〉，《創作與批評》，春季號（二〇一一），頁五八。

7　參見〈《人民日報》「琉球」論文：沖繩反應複雜〉（人民日報「琉球」論文：沖繩反應は複雜），《沖繩時報》（沖縄タイムス），二〇一三年五月一日。

8　有關兩者歷史關係的說明，參見車惠媛，〈明朝與琉球之間的冊封朝貢外交的實相〉，《中國史研究》，第五四輯（二〇〇八年六月）；渡邊美季，〈琉球から見ら清朝：明清交替，三藩の亂，そして太平天國の亂〉，別冊《環》一六（清朝とは何か）（東京：藤原書店，二〇〇九）。

土），因此無法確認這是一種明晰的歸屬關係。同時，依照「琉球處分」，琉球被編入沖繩縣成為日本領土的一部分之後，從主權角度來看，沖繩的地位並不是那麼簡單。這裡是日本帝國向作為國民國家進行轉變和殖民擴張的交織地帶，在一段時期內一直作為國內殖民地存在。這種主權上的複雜性，用二戰後對美軍占領下的地位說明用語「潛在主權」來詮釋的話，也許更為貼切。針對美軍占領狀態下的沖繩地位，美日兩國協商後給出的定義為「潛在主權」。即由美國來行使管轄權（administrative rights）進行統治，而日本則行使對沖繩的潛在主權[9]。

這種國家主權歸屬的複雜性，在一九七二年沖繩歸還日本之後也沒有徹底消除。歸還沖繩之際，受日本國內強烈的（民族主義）潮流影響，出現了眾多分支來針對沖繩應有身分進行研究[10]。從一直被日本政府和國民所忽視的現實出發，根據「沖繩應具有的面孔」所強調的重點是有差別的（例如：《再問日本》、《反歸還思想》、《沖繩意識化的溯根》等），但卻強烈地反映出沖繩人的真實想法。但，即便是沖繩納入了日本版圖，沖繩人對實現主權意志的期待依舊與殘酷的現實發生了碰撞。出現這種挫折的必然性，是因為沖繩並沒有歸還給了戰後和平憲法框架下的日本，而是歸還給現實中存在的《美日安保條約》下的日本。為什麼這麼說呢？因為只占日本人口不到百分之一的一個縣的居民，不可能對由來自日本全國各地代表構成的代議制民主主義的表決體制產生任何影響。特別是仍舊（或者說比之前擴大了）存在的美國基地作為「構造性的沖繩差別」的根源[11]，讓沖繩人民現在也對回歸日本本土的意義，或者說主權的意義充滿疑問。

但如果多留意沖繩以外的其他核心現場相關聯的情況的話，沖繩所經歷的這種主權多層性問題就很容易理解。對此，讓我們來看一下台灣。

上面所說的《人民日報》報導，在台灣當地也掀起了小波瀾。支持台獨（和民進黨）傾向的《自由時報》，對該報導鮮明地指出這是中國在強辭奪理，是霸權主義的表現[12]。和它不同的是，《中國時報》與《聯合報》並沒有闡明自身的立場，只有《中國時報》的評論比較引人注目，它認為領土的歷史根據是由現實國家間角力的結果所左右的，最終將由中日美三國國力變化來決定該問題走向[13]。如果支持中國立場的話，則會被看成是承認台灣是中國的一部分；而如果支持日本立場的話，就會被人解讀為有台獨傾向，因此可以看出它的左右為難。但通過這一事件，「台灣地位未定論」有可能重新抬頭[14]。事實上，如果連沖繩也是地位未定的話，那麼台灣十有八九

---

9 任成模，〈潛在主權與在日的兩難：占領初期沖繩的地位與認同〉，《韓日民族問題研究》，Vol. 10，二〇〇六。

10 參見鹿野政直，《思索沖繩的戰後思想》（沖縄の戦後思想を考える）（東京：岩波書店，二〇一一）頁七六—八九。

11 此說法來自新崎盛暉著，白永瑞、李Hangyul 譯，《沖繩，結構性的差別與抵抗的現場》（首爾：創作與批評社，二〇一三）。

12 參見張茂森的〈東京觀察：地位未定論凸顯中國霸權〉，《自由時報》，二〇一三年五月二十日。

13 參見王榮霖的〈「琉球地位未定」論〉，《中國時報》，二〇一三年五月九日。

14 在台灣的中華民國的國際地位是爭議的對象。不過，也有主張認為一九五二年中華民國與日本簽訂的《中日和約》生效後，中華民國的地位在國際法上已經確定。相關內容參閱林滿紅，《獵巫，叫魂與認同危機：台灣定位新論》（台北：黎明文化，二〇〇八）。

也會被認為其地位未定。在台灣，主權的複雜性是個歷史問題，也是個現實問題。

曾經作為中國朝貢國的韓國，對《人民日報》所載文章所引起的爭議也進行了報導，但只是將爭議的緣由和經過進行了報導，並沒有對此發表任何立場。但由於東亞的歷史問題都是與領土相關連的，因此對於沖繩主權歸屬引起的爭議，韓國隨時局的變化完全可以對此巧以利用。

其實韓國在主權問題上也面臨過困擾。十九世紀後半期的韓國不僅是大清國朝貢體制下的一員，同時又與眾多國家締結了條約關係。在這種（兩截體制的）國際秩序下，韓國很早就對主權的複雜性有了清醒的認識。後來在殖民地時期，又喪失了主權，醒悟到恢復主權的重要性。在冷戰時期，朝鮮半島被置於分斷狀態之中，大韓民國在以美國為中心的非正式帝國框架中又經歷了「夾縫中的主權」（perforated sovereignty）。而在加強南北韓間的相關交流與合作過程中曾提出過有關朝鮮半島統一的富有創意的思考及實踐，這期間提出的「複合國家」論（即朝鮮半島人民在相互承認對方國家主權的情況下，採取漸近的和分階段方式實現國家的再次合併，建設一個非單一形式的新型國家）就是對主權問題的一個偶然的思考範例。

在東亞的核心現場，我們對主權的複雜性可以說是感同身受的。但是從東亞整個格局來看，隨著領土與歷史相互交織的糾紛不斷深化，主權的正當性主張深入人心也是一個不爭的事實。為了解決這些爭執，單純地去否定固有領土論或主權（的崇高性）也是一種不現實的舉動。與此相對照，如果將固有領土論設定在一個新的領域，並將不斷弱化固有領土論的漸近式修正主義路線作為解決領土糾紛的短期而有效的方案，也許會更具有說服力[15]。再進一步的話，借助主權意識出現龜裂而產生的彈力，與重組主權意識這個中長期課題緊緊聯繫在一起也顯得尤為重要。在此期待著對主權分割／分享的討論能給我們一個有價值的啟發。

四、在核心現場擴大自治權

日本三・一一大地震之後，專門研究核能與主權關係的日本哲學家中島隆博以賈克・德希達的「主權分享」為理論基礎，對主權的至高無上性乃至不可分割性進行挑戰，並將同一領域複數主權的重疊機制展望成能夠實現「即將到達的民主主義」的可能性[16]。為此，他還引入了與國家主權和國民主權所不同的「人民主權」[17]概念。在政治上完全平等的人民作為主權人，由於以統

15 參見〈尖閣融合建議2：白樂晴專訪〉（尖閣融和提言2：白樂晴インタビュー），《沖繩時報》，二〇一二年十月二十四日。同時，陳光興還提議把爭議地區轉換為「邊境交流圈」或「近鄰住民生活圈」非武裝地帶。參見〈尖閣融合建議4：陳光興專訪〉（尖閣融和提言4：陳光興インタビュー），《沖繩時報》，二〇一二年十月二十六日。

16 參見中島隆博，〈主權的部分分割及分享：核能與主權〉（主權のパルタージュ分割にして分有：原子力と主權），發表於延世大學國學研究所與東京大學哲學中心（UTCP）共同舉辦的國際學術會議「共生與公共性：再次於『現場』質問」（首爾：二〇一二年六月十三至十四日）。

17 人民主權不同於國家主權，與國民主權也稍有不同。國民主權的基本宗旨是在將人民統編為「國民」的狀態下，由作為主權人的國民自行選出代表，並接受來自代表的統治。人民主權則是人民在政治上完全平等，人民作為主權者自行

治主體的人民主權為基礎形成的統治主體可以分為若干個，他們可以自行以州或聯邦為單位分割國家主權或進一步去規畫小規模的地區主權，甚至那種超越國家的連帶形式也是可能的。

經歷了日本本土的震災並進行思想摸索後，在讀著他有關主權的再構成論的同時，我回想起了在沖繩提出的「生活圈」概念。兩者的問題意識是有相通之處的。

作為早期的朝鮮史研究學者，梶村秀樹曾提出過將「作為定居外國人的在日朝鮮人」的生活世界定義為「跨越國境的生活圈」。由於他們那與祖國相連的紐帶是在觀念或意識的存在形式遷移中所積累出的生活狀態，而且是在歷史發展中不斷形成的。因此對他們來說，強迫他們回國（韓國或朝鮮）或是歸化（入籍日本）都與暴力措施無異。而且對他們來說，祖國並不是分裂中的任何一方，而是作為「本應存在的統一民族國家」在民眾的卓越智慧下，在自主地去經歷創造和變革過程中所必需的課題[18]。

沖繩的知識界人士為超越國境與領土的概念，而創造性地引用了梶村的生活圈理論[19]。他們摒棄了抽象的、觀念性的固有領土論，提出了那些在生活上與釣魚島（日本稱尖閣列島）等爭議地區息息相關的漁民們的「生活圈」（在歷史上、文化上和經濟上有交流及合作關係的區域）概念。當我們關注這個可以保障生活實際利益的生活圈時，那麼同樣在生活上與該區域有著密切聯繫的台灣漁民就不能排除在外，要考慮到如何共處這一問題[20]。這個構想可以說是在從期待超越《威斯特法倫和約》締結以來的固有領土論和主權概念的角度出發，與「主權分割／分享」的設想巧妙地結合在了一起。

但是，這個創造性的理論在日本政界卻被汙衊成是在為「中國的沖繩屬國論工程」服務[21]。沖繩從歷史和文化角度可以說是日本國內對中國最具好感的地區，可是非但不能期待這個特點使沖繩成為「冷靜處理中日關係的先鋒」[22]，反而成為它飽受攻擊的禍根。中國提出沖繩地位未定論如同是為迎合這個「右翼」思想激增的時代提供了的口實依據。我們可以說是由於中國的「失策」，導致日本出現「愚策」嗎？不管怎麼說，在面對禁錮於國家主權至上思想中的右翼勢力的想像力會去阻礙生活圈構想實施的情況下，沖繩民眾們如何發揮自身聰明智慧開闢一條對應之路呢？

進行統治。因此，即使採用代表制，選出的代表也必須要根據選民的意志行事，如違反將被解任（引自中島隆博，同前引文）。

18　參見梶村秀樹（一九八五）〈作為定居外國人的在日朝僑〉（定住外國人としての在日朝鮮人），《梶村秀樹全集》第六卷（明石書店，一九九三），頁二〇、二五。

19　此連接為若林千代所介紹。亦可參見若林千代的〈再次想像「場所」〉（再び、〈場所〉を想像する），《現代思想》，二〇一二年十二月號，頁八六。

20　參見新崎盛暉著，白永瑞、李Hangyul譯（二〇一三）《沖繩：構造性的差別與抵抗的現場》（首爾：創批），頁一二三—一二四、一三四。

21　參見〈不能視為笑談的中國的沖繩屬國企劃〉（笑い話じゃあ済まない中国の「沖縄」属国プロジェクト），《週刊新潮》，二〇一三年五月三十日，頁三〇—三三。

22　參見加文．麥考馬克，〈小島嶼，大問題：釣魚島／尖閣列島的歷史與地理〉（同前引註六）。

這條路最初的開拓者雖說應是沖繩人自己，但我準備從彼此相關聯的核心現場角度、用連帶的思想來闡述一下個人觀點。面對日本右翼勢力的抨擊，不要迴避表明繼承中華帝國遺產的中國存在感（或者說是存在樣式）的責任[23]，從開展回歸運動那一刻開始，我們將所堅持的自治・反戰・人權思想不斷進行昇華的做法也許就是我們所找的那條路。特別是要以人民主權概念為基礎，立足於生活中實際感受來進一步擴大自治權。沖繩民眾在長期的鬥爭中鍛鍊出了敏銳的國際政治洞察力，他們即便有追求沖繩獨立的想法，也不會草率地利用其社會規模提出這種要求。新崎盛暉提出的觀點是有必要引起我們重視的，即通過加強沖繩的自治權，敦促加快日本的國家改革，並期待著進一步衝擊到其背後的美日同盟關係[24]。

沖繩知識界的這種立場與另一核心現象——韓國提出的「公民參與下的統一」思想所追求的目標是一脈相通的[25]。在二〇〇〇年六・一五共同宣言中，南北韓首腦（排除包括武力統一或和平統一等單方面的吸收統一手段）提出了協商統一，即分階段、漸進式的朝鮮半島式的統一進程，這就加大了韓國公民參與其中的機會。白樂晴（Nak-chung Paik）一直在用（相對於南北韓政府的）第三方（也可以說成是六方會談中六方以外的第七方）的作用來烘托公民作用的重要性。朝鮮半島作為維持目前分斷體制下的世界秩序、以及對美國強硬派和軍工企業的武器裝備生產起決定性作用的核心現場，我們期待著公民參與下的統一能夠打破美國霸權主義的局面，通過不斷地對世界秩序進行變革謀求建設一個新形態下全球共同體的機會[26]。

如上所述，在沖繩和朝鮮半島等（當然台灣等之外的事例也可以包括進去）核心現場開展的公民積極參與現象，可以說就是作為「雙重周邊」在反抗所受壓迫過程中的集體實踐。這是冷戰結束後為建立新的全球秩序所做出的努力，同時也符合備受關注的加強多樣性主體自治權的趨勢。

五、東亞共生的條件

在東亞，擴大自治權的主體應該是對「共生感覺」感同身受的個人。這裡所說的共生感覺是對人與人、人與自然之間有機整體的感覺，不管好壞，我們都是近代文明化作用之下產生的，並都在不停地消耗著這種感覺，現在到了我們要修復這種感覺的時候了。

---

23 右翼團體煽動並惡意誹謗沖繩的和平運動家們與中國和北朝鮮「相勾結」，對日本的安全保障構成了威脅。在韓國，也有人將批判保守政府的團體稱為「反美—親中—從北（追從北朝鮮）」勢力。但實在沒有必要同他們進行爭吵。但與此不同的是，針對被稱為帝國建設與國民國家建設同步進行的中國地位與作用的解釋，東亞知識界的批判家要將其作為一個新的研究課題了。

24 參見新崎盛暉（二〇一三）《沖繩：構造性的差別與阻抗的現場》（同前註15），頁二五六。

25 參見鄭鉉坤〈二〇一三年的朝鮮半島及對公民參與下的統一過程的探索〉一文。第五屆東亞批判刊物會議（那霸：二〇一三年六月二十八—三十日）發表文。

26 參見Nak-chung Paik.（2013）Toward Overcoming Korea's Division System through Civic Participation. *Critical Asian Studies*, 45(2): 279-290.

因此，為了在生活圈的具體基礎之上實現共生，有必要在歷史和現實中找出各種各樣的生活方式經驗並加以提煉。而在核心現場所積累的經驗肯定是需要去優先探索的資源。這是在經歷了反差別倫理等生活世界的各階段後出現的，難道不該將其整合到一起統稱為「共生哲學」嗎？

共生，不同於只將自己所在共同體的存屬當作目標並追求閉塞的同質性的共同性原理，同時也區別於那種對孤獨個人實際存在的回歸。共生，承認與別人的不同，同時還去嘗試與這種不同建立聯繫。因此，它既存在於共同性之中，也超越了共同性去追求那種共生生活的方式。即不單純地否定共同性的矛盾，而是在意識到它的同時還依然照常生活的態度。也就是說，由於這種特性使得共生（即共同經營的生活）需在共苦（即共同承受痛苦）的條件下才能得以實現[27]。建立排除或同化差別的封閉共同體並不是目的，而是對被排除在外的個體負起責任，以多層次、橫跨的方式去實現結社和紐帶的方式。

最近，在東亞諸國中流傳著「共生」這個新創詞彙。比如說，與自然的共生、多元文化共生，同亞洲的共生等詞彙正在不斷地廣為流傳。但這裡是否也包含著需要共生擁抱安撫的共苦方面、現實中與矛盾發生衝突的方面、以及思想苦悶方面呢？這些都是我們需要搞清楚的問題。這就是共生所要求的條件。

我們是否滿足共生所要求的條件呢？我想，對包括生活在核心現場中居民們的痛苦在內的整體生活，我們能夠有多少同感，這應該就是判斷這個問題的尺度之一吧。在這裡，我想講一個發生在沖繩地區的相關故事。在普天間美軍基地附近的佐喜真美術館常年展示著丸木位里、丸木俊的大型圖畫〈沖繩戰之圖〉，裡面有很多被殘酷殺害的犧牲者，他們中間還有朝鮮人。停戰之後的一九四五年八月二十日，與日本女性結婚後一起生活在久米島的朝鮮男性和其家人被屠殺，這就是所謂的「朝鮮人一家被殺事件」，這幅畫就是以此事件為題材創作的[28]。這是一幅能夠喚醒我們麻木情感的畫，無論你是第一次看，還是第幾次看，去回應其中所發聲音的能力[29]將會成為將分散的我們引向共生的力量。這將作為既是倫理的、又是政治實踐的原動力而發生作用。這種能力只有在各自面對痛苦時，發生生活方式改變的情況下，才能夠被正確地培養出來。因為這種能力才是（中心軸從中華帝國到日本帝國再到美帝國的演變中而排出等級的）東亞秩序的矛盾和紛爭在濃縮的日常生活苦痛中被激發出來的產物。

我們要開啟「共生的地平線」。對於開闢了天地的假想地平線，我們總是越接近就越感到它

27 花崎皋平（二〇〇二）〈對共生的觸發：圍繞去殖民地．多文化．倫理〉（共生への觸發：脫植民地．多文化．倫理をめぐって）（東京：MISUZU書房〔みすず書房〕），頁一三一。

28 即所謂的「久米島守備隊居民屠殺事件」的一部分。停戰後正在等待返回朝鮮的朝鮮男性（日本名字叫谷川昇）一家因蒙上「間諜」罪名而被日本人判刑殺害。此事件於一九六六年傳到韓國，韓國為他們立了紀念碑。參見網址：http://ja.wikipedia.org，亦可參見〈等待歸國的遺骨〉（歸國の日を待つ遺骨），《沖繩時報》，一九六九年六月二十二日。

29 此處的想法來源於圍繞這幅畫而進行被稱為「藝術知性」的集體作業成就，參見李靜和編，《殘傷之音：向著「亞洲、政治、藝術的未來」》（殘傷の音：「アジア．政治．アート」の未來へ）（東京：岩波書店，二〇〇九）。

遙不可及。同樣的道理，所謂「共生」也是無法到達的新經驗世界。但是我相信，因為這個地平線是我能看到的世界，是我生活的空間，因此在其中有可能發生使我改變、同時也以此去改變別人的事情。換言之，開放的主體以開放的紐帶為中心，將私人的生活改變為共生的生活，這種事情終將會在未來得以實現。

第二章 連動的東亞，問題的朝鮮半島

宋文志、崔金瑛譯

一、為什麼現在還要提東亞？

二〇一〇年是韓國戰爭爆發六十週年、韓日（強行）合併一百週年，也是東亞公民社會為了和諧與和平而開始進行省察與連帶運動的這一年。但在這一年也連續發生了很多與這種努力方向相背的事件：三月發生在朝鮮半島西海的天安艦事件、十一月的延坪島炮擊事件以及在釣魚島／尖閣列島周圍發生的中日衝突事件。這些事件使東亞各國間的矛盾又進入了一個新的高潮期，並且即使在進入二〇一一年之後，這種緊張還仍然籠罩著整個東亞。不過，幸運的是一月十九日（當地時間）在華盛頓召開的美中首腦會談就朝鮮半島問題達成了一定的折衷性協定，同時南北之間似乎也出現了一些進行會談的徵兆。但在韓、美、日三國朝鮮、中國威脅論仍然存在，中國大陸正被美國包圍的危機感也使美日同盟威脅論有了更大的市場。

東亞的這種局勢使「新冷戰論」得勢，而「共同體論」則相對失利。主導這一地區的美國霸權在衰退的同時，由於中國的崛起而發生的權力轉移使這一地區不穩定的同時也出現了很多矛盾。在這種結構下，韓美日加強了同盟關係，朝中關係也更加緊密，這也激化了朝鮮半島的緊張程度。在這種情況下，相關各國間的緊張關係轉化為理念和價值觀的對立，隨之出現的向「新冷戰」方向發展的社會勢力的行動也是不可忽視的。但現在不光是美國，韓國或日本（至少在經濟方面）也都加強了與中國的相互依賴，在這種結構下，東亞很難再進入像以前那種陣營之間的對立狀態，所以「新冷戰」這種說法的根據是不足的。而且我們很容易地看到，東亞內部也存在著各種層次的相互依存與合作，並且這種合作是十分廣泛與深刻的。日本的東亞共同體評議會（CEAC）在二〇一〇年發布的白皮書中說，二〇〇五年到二〇一〇年東亞的地區合作正在扎實地進行著。即使在政治結構，即在以制度化的進展為測定標準的情況下這種合作還很不足，但如果以貿易、投資、金融、政治、安全保障、文化交流等功能性部門以及理念、價值觀統合的進展度為標準的話，那麼東亞的合作則可以說取得了令人矚目的成果[1]。

僅以筆者個人在國內外的經歷來看，關於東亞的論述和連帶運動正在活躍地進行著[2]。現在的問題是我們將這種「連動的東亞」[3]引向何方，是新冷戰還是共同體？深入地探討連動的東亞、尋找一條人類解放之路，正是筆者（和季刊《創作與批評》編輯組）從一九九〇年代初就開始提倡的東亞論述。那麼在今天這種局面下，這種論述是不是反而更有必要了呢？

在韓國關於東亞的論述從一九九〇年初開始出現，到現在已經近二十年了[4]，有評論說「過去二十年間，東亞論述總是與政治、經濟、文化領域中最現實的爭論相結合，引起了一定程度的波及效果」，所以「雖然看起來很豐富，但實際上可能只是一些泡沫」[5]。這個結論是否正確還需要進一步的考察，但正如有評論說的那樣，《創作與批評》編輯組主導了韓國東亞論[6]。作為該編輯組的成員之一，筆者與其說感到了自豪，不如說感到一種責任。那麼在成果豐富的各種論述（其中多少會有「泡沫」的存在）中[7]，有怎樣的不同或意義呢？以後的課題又是什麼呢？我

1 東アジア共同體評議會編，《東アジア共同體白書二〇一〇》（東京：たちばな出版，二〇一〇），頁一六一—一六三。

2 關於論述，其根據是後面將提到「過去二十年的豐收」和進入二十一世紀後在對東亞認識比較稀罕的中國也在擴散；關於連帶運動，其根據可參考《二〇〇六東亞連帶（共同）運動團體白皮書》（瑞南論壇編，二〇〇六）。

3 筆者這裡說的「連動」區別於山室信一講的「連鎖」，根據旅日學者趙景達的批判，在亞洲思想的連鎖，日本是主體，亞洲是客體。（久留島浩、趙景達編，《アジアの國民國家構想》，青木書店，頁二—三。）與此不同，筆者所講的連動，指的是互相深入連動的東亞各地區以多方向相互作用的空間（結構），同時也是各主體之間的連帶活動。

4 大部分學者關於韓國的東亞論述的敘述都是以《創作與批評》一九九三年春季號特輯「世界中的東亞，新連帶的探索」為起點的。筆者作為編輯之一參與此次特輯的企劃，同年發表了〈韓國中國現代史研究的意義：為東亞視角的探索而進行的省察〉（《東亞的歸還》，創作與批評社，二〇〇〇）。

5 尹汝一，〈東亞這個問題〉，《黃海文化》，秋季號（二〇一〇），頁三〇六。

6 柳浚弼，〈分斷體制論和東亞論〉，《亞細亞研究》第五二卷，四號（二〇〇九），頁四〇。

7 我們論壇裡有各種類型的試探，比如說，任佑卿把其分為儒教資本主義論，政治經濟的地區統合論，後現代文明論，

認為我們現在必須明確地說明這些問題。

筆者的東亞論包含形勢論和文明論（或者思想課題）兩個方面，即與該地區的時代狀況緊密結合、忠實於每天的現實，同時又保持一種長眼光與寬視野，這就是創作與批評一直堅持的立場與努力的方向。另外，這種討論還超越了以往人文與社會科學分科討論東亞的界限與不足，而這種擺脫分科的研究、寫作又同現場的實踐經驗相結合，這正是創作與批評努力的結果，這種努力最近正通過「社會人文學」這條路來加以實踐[8]。

在解決這些我們正在面臨的問題的時候，我們要同時考慮到長期課題和中短期課題，並與一貫的實踐相結合，這一基本姿態將一直引領我們的工作。這裡我想提醒的是，這種姿態已經在韓國東亞論的知性譜系中扎下了根。

二、東亞論的知識譜系與新的情況

正如我們經常提到的，一九九〇年代初韓國知識界開始「發現」並論述東亞的重要背景是當時社會主義的沒落與冷戰的結束。特別是可以與在冷戰時期斷絕關係的中國重新接觸，這為我們想像東亞提供了核心動力。冷戰期間分斷體制下僅限於朝鮮半島南半部的「半國性」地理想像力在一九九二年和中國建交之後擴大到了東亞。另外，再加上韓國經濟的發展和一九八七年以後的民主化發展，韓國學者們開始重新回顧以往的民族民眾運動，這成為促成東亞想像力的內在原因。

除此之外，筆者還重視韓國思想史體系的內在連續性。梳理韓國人的東亞認識體系不是本文的目的，所以這裡僅介紹給筆者東亞論有所啟發、有所繼承發展的兩種淵源。首先要討論的是十九世紀末二十世紀初朝鮮知識分子們在面對西方列強侵略時提出的「東洋三國連帶」，他們把包括朝鮮在內的東亞看成是一個單位。在導致中華體系解體的甲午中日戰爭之後，他們需要積極地探索左右著國家和民族存亡的新地區秩序。衰退的中國已經不是天下的中心了，它只是構成東亞這個地區的一個國家，韓國開始出現重視與新崛起的日本的關係，提出了東亞連帶論。

對此，我已經在其他文章中做了詳細的介紹[9]，這裡只想強調一下當時的東亞論所包含的形勢論和文明論（或者思想課題）。當時的東亞論認識是將東洋（地區）的和平和朝鮮（國家）的獨立聯繫在一起，其正當性則來自於文明——作為一種普遍文明的儒教或西方文明[10]。比如說，

批判性地區主義論，把創作與批評社提出的觀點歸為批判性地區統合論。〈作為批判性地區主義的韓國東亞論的展開〉，《中國現代文學》，第四〇號，二〇〇七；另外朴承佑將其分為經濟共同體論，地區霸權主義論，東亞認同論，替代體制論，把創批提出的觀點歸為替代體制論。〈東亞地區主義的論述和東方主義〉，《東亞研究》，五四號，二〇〇八。

8 關於社會人文學，參見拙稿〈開啟社會人文學的新地平：從「公共性歷史學」談起〉，《東方學志》，一四九輯（二〇一〇年三月）。（本書第三輯第一章）

9 白永瑞，《東亞的歸還》（創作與批評社，二〇〇〇），頁一四六—一九八。拙著，《思想東亞：韓半島視角的歷史與實踐》，頁一五一—一七〇。

10 Andre Schumid, Jeong Yeoul trans. *Korea Between Empires 1895-1919* (Hamanist, 2007), pp. 234-235.

安重根在分析了日俄戰爭後朝鮮淪為日本的保護國等國際政治現實後，懷著一種探索具體對策的現實緊迫感，構想出了勢力均衡論。他以儒教的信義為基礎，體系化地提出了「東洋和平論」。另外，亡命中國的申采浩認為大陸勢力中國和海洋勢力日本外交活動的交叉點是朝鮮半島，而在半島上阻止這兩方則是「有史以來朝鮮人的天職」。在一九一九年三一運動之後他還強調幫助「朝鮮的獨立」是「東洋和平的要義」[11]。前人的這些認識結構是將短期的形勢分析與中長期的論述結合了起來，這與一九九〇年代以來筆者等人的東亞論是一脈相通的[12]。

另外一個不可忽視的論述就是活躍於一九七〇年代末到八〇年代前期的第三世界論。可以說是我們在填充第三世界論內容的過程中出現了東亞論。當時提倡的民眾民族主義是我們反省西方中心主義、探索以民族和民眾生活為基礎的抵抗邏輯和新世界觀的基本理念，還包含了對第三世界的關心與連帶意識。因此在一九九〇年代那個已改變的形勢下反省民族民主運動的時候，我們在克服民族主義（的封閉性）同時，為找到第三世界問題意識的核心，我們很自然地會從離我們最近的地區和文明開始尋找答案，即開始重視東亞。崔元植在一九八〇年代將這表述為「第三世界論的東亞式創造」[13]。如前所述，一九七〇年代以來的民族文學論與第三世界論的結合產生了東亞論，而提供這種萌芽基礎的一個契機就是對民族主義的反省。也就是說，第三世界論起到了「控制包含在民族文學論內部的民族主義這個導火線物質，從而起了一種槓桿作用」[14]。同一時期，金鍾哲也期待第三世界論可以「同時認識到民族主義所具有的歷史意義和局限」[15]。去除民族主義，乃至抵制近代國家觀點仍然是構成今天東亞論的核心內容。

當時還有另外一個契機使第三世界論發展到了東亞論（我們還沒有充分考慮這個因素）。在一九七〇年代後期到一九八〇年代初提出的第三世界論與其說是一個地區概念，不如說是一種從民眾的立場來觀察全球性現實的視角，這正是白樂晴的問題意識。「從民眾的立場來看——比如說從韓國民眾的立場來看——說自己是第三世界的一員，這句話的重要性在於這體現了他們認為他們所面臨的問題正是全世界全人類的問題，即雖然說是將世界分成三大區域，但其實它的真正含義反而是將世界看成是一個整體。」[16]這種視角可以說是我們東亞論指向世界史變革的酵母，因為我們的東亞論不是封閉性的地區主義而是一種批判性地區主義，因而以後我們還要繼續使它發酵。

11 崔元植、白永瑞編，《東亞人的「東亞」認識》（創作與批評社，二〇一〇），頁一九六—二一四。
12 姜東局所做韓國思想史內尋找東亞論連續性的研究，正好是彌補筆者的看法。他提到安重根的東洋和平論，主要以反對帝國主義基礎上強調地域和民族的結合作為主要架構，因此認為今日的東亞論也要繼承此精神和理念。不過他好像有過於強調在日本所講的亞洲主義之嫌。參考姜東局，〈韓國アジア主義における斷絶と連續〉，松浦正孝編著，《アジア主義は何を語るのか：記憶・權力・價值》（東京：ミネルァ書房，二〇一三）。
13 崔元植，〈民族文化論的反省與展望〉，《民族文學的邏輯》（創作與批評社，一九八八），頁三六八。
14 崔元植，〈天下三分地界之東亞論〉，《帝國以後的東亞》（創作與批評社，二〇一〇），頁六四。
15 金鍾哲，〈第三世界的文學和寫實主義〉，《詩性的人類和生態的人類》（三人，一九九九），頁三〇九。
16 白樂晴，〈第三世界和民眾文學〉，《尋找人類解放的邏輯》（詩人社，一九七九），頁一七八。

就像這樣，與韓國思想譜系[17]聯繫緊密的東亞論以韓國國內外的形勢為背景從一九九〇年代出現至今已經過去二十年了。今天我再環視一下周圍的話，我們發現與當時相比，現在的形勢又發生了很多的變化。首先映入眼簾的是被稱為「G2、Chimerica」中國的大國崛起。這與二十年前在和中國的接觸中「發現」東亞的時候相比，有了非常大的變化，這也是東亞論必須正面來回答的一個問題。如果說一百年前中國的沒落使東亞秩序變得不穩定的話，此次中國的崛起再次增加了結構性不穩定。那麼要牽制中國就應該依靠美國的這種認識應該是比較短淺，我們應該在東亞合作的框架內解決這一問題。從這個角度來看，進一步完善東亞論的任務就更緊迫了。

如果這種說法不僅停留在當為論的話，朝鮮半島的作用應該很重要的。南北雙方應具備主動解決自身問題的能力，不偏向中國或美國的任何一方，而是充分地利用兩方。自二〇〇〇年南北首腦會談達成六．一五宣言以來，「搖晃的分斷體制」進入了「解體期」[18]，我們至少可以確認這種可能性的存在。即使朝鮮半島現在還十分緊張，但我們依然能在日常生活中感受到過去南北和解的成果。這種不可逆轉的變化也是東亞論所必須重點考慮的。

另外，到目前為止，韓國國內外東亞連帶運動的發展和論述的擴散、深化也是一個值得關注的變化，這將成為以後東亞論發展的重要養分與刺激。

三、東亞的範圍和東亞共同體

現在筆者將探討構成東亞論的核心論點，同時也把這當成是一次省察的機會。這些問題也是我們在討論東亞的時候經常遇到的（有時是批評性的）問題。

首先是東亞這個地區名稱和範圍的問題。正如亞洲、亞太（Asia-Pacific）、東洋、東方等相關概念的歷史變遷中體現的那樣，東亞這個概念不是指地理上固定的界限或具有結構性的實體，而是根據構成這一地區主體的行為而形成了一種流動的歷史組成物。也就是說，根據稱呼這個地區的主體執行的課題不同而出現了作為不同「實踐課題的東亞」[19]。只有以此為前提，才不會產

17 在本文中沒有能詳細地說明，還應關注另外一個淵源，那就是克服朝鮮半島分斷的意識所引發的東亞論。林熒澤和崔元植在編輯《轉換的東亞文學》（創作與批評社，一九八五）的過程中回顧了東亞這個觀點提出的當時的「問題意識來源」是分斷問題和「統一意志」（〈韓國學的旅程和東亞文明論〉，《創作與批評》，冬季號（二〇〇九），頁三三九—三四〇）。此書的序言中指出，為了解決分裂問題，作者真切地期望「從根本上對東亞世界的主體認識和有機的理解」。

18 根據白樂晴一九九八年的用語「搖晃的分斷體制」，其分期為：分斷體制以一九八七年的六月抗爭為起點進入動搖階段，隨後二〇〇〇年六月南北首腦會談的成果表明「分斷體制的自我終結」，即進入解體期。白樂晴，《朝鮮半島式的統一，現在進行式》（創批社，二〇〇六），頁四五—四八。

19 東協＋3（韓中日）再加上印度、澳大利亞、紐西蘭擴大為「東亞共同體」。有的「東亞」概念還包括南亞和太平洋地區，所以地區的名稱是具有建構性的。同樣，與朝鮮半島的軍事安全問題有關的六方會談是包括了美國和俄羅斯的

生東亞這個概念的模糊性混亂，從而使論述更銳利，東亞連帶活動的目的更加明確。

筆者這裡使用的「東亞」概念包括東北亞和東南亞。由於概念的流動性，所以從早開始就將「作為知性實驗的東亞」這個用語作為關鍵字。將東北亞和東南亞廣泛地包含在東亞這個概念裡，雖然可能有弱化儒家文化圈甚至是漢字文化圈同一性的問題，但是這一概念卻具有涵蓋這一地區在經濟、文化上相互相關性增大的現實和歷史——中華秩序、大東亞共榮圈等東亞秩序史——的優點。另外，加上東南亞的話，可以擺脫「東北亞中心主義」這個嫌疑，通過「東協模式」（ASEAN way）加強在東協＋3框架中起中樞作用的東南亞和韓國的戰略性連帶[20]。

這一點與筆者提出的「雙重周邊視角」有關，即同時需要兩種周邊視角的問題意識，「在以西方為中心的世界史展開過程中，被迫走上非主體化道路的東亞這一周邊的視角」，以及「在東亞內部的秩序中，處於周邊地位的周邊視角」[21]。能夠在理論和實踐方面同時擔當擺脫殖民、冷戰與霸權的這個三位一體[22]的課題，為贏得這種自主性空間而提出了這一視角，通過這個視角可以同時批判美國（及其下級夥伴——日本）的霸權和（過去的傳統時代也是一樣）二十一世紀中國預將在東亞建立的霸權。另外，這裡講的「周邊」性存在不僅僅是指周邊的國家，還包括了「在近代國家形成過程中作為一種周邊性存在而被忽視的國家縫隙間『不具備國家形態』的社會，以及那些超越國境的離散民族集團」[23]，這樣我們就獲得了擺脫國家這個單位來思考的自由。

再來是東亞共同體的問題。比起東亞共同體，筆者一直強調的是超越國家單位，把東亞這個地區看成是一個思考單位的「東亞視角」。但強調東亞視角使筆者在宣導和諧、和平的東亞未來的實踐中經常被認為是「東亞共同體論者」，因此筆者開始關注這個問題，但如果誰要是問筆者所追求的是否是東亞共同體的時候，我的回答是「是，不是」兩種答案。社會科學研究者們關注的是狹義的或者政策層面上的東亞共同體。他們主要關心的在國際或資本主導的政治、經濟、文化領域裡日益緊密的相互依存關係這種現實（即地區化），和以此為基礎的地區合作制度化（即地區主義）。以此相對，人文學者們更重視個人之間的自發性結社共同體或者是非制度性聯繫網的構建。正如在前面強調的「社會人文學」性的態度一樣，筆者一直在努力堅持一種克服這種社

東北亞，而作為都市交流圈的「黃海沿岸」、「黃海城市共同體」（金錫哲）等這些概念對橫貫國境的地區進行多種多樣的設計。

20 黃寅遠，〈擴大指向的東亞地區主義和東盟的認識與應對〉，《東亞研究》五四號（二〇〇八），頁五九。「東盟模式」是指不是多數表決，而是根據會員國集體協定的方式進行表決。這樣就會出現不易達成協議的問題，這時會「考慮到會員國多樣的政治、戰略性利害關係，通過非正式的私下的接觸來解決問題的方式」。

21 關於「雙重周邊視角」，參考白永瑞，〈從周邊看東亞〉，鄭文吉等編，《從周邊看到的東亞》，序言（文學和知性社，二〇〇四）。筆者將關心的範圍從東北亞（狹義的東亞）擴大到包括東南亞的東亞應該是從提出「雙重周邊視角」開始的。朴承佑指出了這一點，前文頁一一。這種關心的契機來自筆者二〇〇一年休假研究年在台灣的經歷。

22 這裡將陳光興所說的「擺脫殖民、冷戰和帝國的三位一體」稍作改變，通過將擺脫帝國轉換為擺脫霸權，這樣如果中國也追求霸權的話，就可以將其列為考察的對象。

23 鄭文吉等編，前書，頁三六。

會科學和人文學間分歧的統合性視角[24]。唯有如此才能順利地以批判性的角度介入地區化的具體現實和地區主義構想，同時（以整合制度和價值的視角）銳利地來檢核此是否正走向更能充分實現人性尊嚴的地區共生社會，即真正意義的東亞共同體之路。與國家和資本主導的制度性東亞共同體相比，我們追求的是作為邁向真正共同體過程的東亞共同體。因此我同時回答「是和不是」這兩個答案的理由即在於此。

當然現實中的地區化和地區主義之間也存在著不一致的地方，然而就是在這些縫隙中，公民社會才有參與東亞共同體形成的機會。實際上，地區統合在進行的過程中那種制度化的正式統合（community），或者是更廣泛的聯合（union）也不是很容易實現的。因為除了國家間的利益衝突等一些一般性的理由之外，這個地區的特殊情況，即中國相對來說太大，也會影響到地區內的統合。但是有意思的是，正是因為這個原因，比起國家間的合作，以民眾、公民為中心的合作就更重要了。也就是說，公民參與是東亞共同體有別於其他地區共同體的一個特點。

但是不管是公民參與型還是國家主導型，在通向東亞共同體的這條路上，我們應該進行雙方向的推進，即構成東亞的國家之間跨越國境的地區統合過程和將每個國家內部構成人員——個人的參與最大化的內部改革過程[25]。只有這樣才能在東亞人的日常生活中感受到東亞共同體，即像追求這種目標的人們所期待的那樣，真切地感受到能夠提高生活水準的真正共同體正在一天天地形成。

四、東亞論和分斷體制結合的三個層面

現在看一下在朝鮮半島的現實中這種雙向性過程是否在正常運行。我們重視朝鮮半島的理由不僅僅是因為這是我生活的地方，更重要的是朝鮮半島是全球層次霸權體系的一個重要據點，這個地方的變革將是對整個世界性壓迫體系的攻擊，成為世界體制變革的催化劑。但是可能是因為這種說明還不充分，所以我經常被懷疑是「韓國、朝鮮半島中心主義」[26]。在後面還將詳細論述，這裡想先說明一下朝鮮半島的場所性，即「現場」的意義。所謂現場，就像若林千代說的那樣，「在各自是各自的同時又互相緊密聯繫的流動的社會或歷史中，每一個人通過和自己緊密聯繫的社會中的聯繫去思考怎麼去尋找世界意識，又怎麼將這種意識分享與改變」的場所[27]。問題是朝鮮半島這個現場——孫歌所講的「核心現場」[28]——是否能真的從其具體性中得出什麼思想性的東西。也就是說，「經過全球性規模的長期性和中小規模的地區、中短期課題同時進行思

24 日本的中國問題專家也有類似的想法。天兒慧強調，「東亞地區統合」本身也可以理解為通過「作為方法的東亞」這個途徑來予以實踐。天兒慧，《アジア連合への道》（東京：筑摩書房，二〇一〇），頁二七。

25 白永瑞，〈和平想像力的條件和限制：東亞共同體的省察〉，《公民和世界》，一〇號（二〇〇七）。《思想東亞》第一章二，頁二一一—三八。

26 白永瑞，〈東亞論述與適應近代、克服近代的雙重課題〉，《創作與批評》，春季號（二〇〇八），頁四六。

27 若林千代在北京召開的「作為思想和現實的亞洲——沖繩會議」上的發言（二〇〇八年八月二十六—二十九日）。

28 孫歌，〈民眾視角和民眾連帶〉，《創作與批評》，春季號（二〇一一），頁九三。

考，同時將其與「一貫的實踐進行連接的任務」是否得以順利地展開。如果這種任務符合本文主題的話，東亞論和分斷體制論的相互作用將得以闡明。

那麼在複雜的多層的時間和空間裡，東亞論與分斷體制論是怎麼相互作用的呢？我將從短期、中期和長期三個層面進行考察。

首先，以具體的形勢分析為基礎，分析韓國的短期改革實踐是怎麼與東亞連接的。這裡將介紹我個人對這種連接的體驗。二〇一〇年美日兩國政府共同發表了將沖繩的普天間美軍基地移到沖繩縣內的聲明，對此沖繩的四千多居民進行了抗議集會和示威遊行，當時（五月二十八日）我就在現場。可以說鳩山首相違背了之前所說的將基地移到縣外的約定，理由是有必要保持美軍基地的「威懾力」，威懾的對象是朝鮮和中國。天安艦事件發生之後，因普天間基地問題陷入困境的鳩山首相馬上提出了朝鮮威脅論，將此作為美軍基地不得不繼續留在縣內的藉口。當時我是這麼想的，如果我們韓國人按照二〇〇〇年南北首腦會談達成的六・一五協議去深化南北和解的話，那麼這是不是能夠緩解現在沖繩人的痛苦呢？我把自己的這種想法將給他們聽，這馬上就喚起了他們「沉痛」的同感[29]。半年之後，十一月份延坪島炮擊事件再次使局勢緊張起來，這時在台灣金門島召開的第三次東亞批判性雜誌會議[30]上，沖繩的《けーし風》總編岡本由希子反覆問到：在緩解朝鮮半島緊張的問題上，沖繩人應該做些什麼？這些瞬間都讓我生動地感受到東亞之間的這種相互連動。

所以為了東亞的和平，我們應該繼續努力進行符合南北民眾生活要求的和解合作、再統合，建立一種能管理這些危險要素的最基本體系。這是南北走向統一的「中間階段」，也是穩定地管理這個過渡時期的機制——國家聯合或者低階段的聯邦（這是二〇〇〇年南北首腦達成的六・一五協定中第二項內容）得以早日實現。在這個框架內保障朝鮮的體制穩定，使朝鮮參與到「與南北的漸進性統合過程相聯繫的總體性改革」中來，這是緩解朝鮮半島危機狀況的最現實、合理的方案。

而這一方案正好與中期任務——複合國家論[31]相連接。歷史上已經出現過很多次聯邦制和國家聯合，所以實際上我們對國家間的聯合體——複合國家本身並不陌生。但是在朝鮮半島正在試驗中的複合國家卻是一種獨特的國家間結合，因為它還兼有近代國家自我轉換的這樣一種使命。這也是六・一五宣言以後在新的時代情況下出現的一種現象。它的基本目標不是向南北任何一方的吸收統一，而是通過反抗分斷體制來建立一種實用的、保障人尊嚴的政治共同體。這當然與保

29 胡冬竹，〈保釣と反復歸〉，《琉球新報》二〇一〇年九月二十七日。

30 關於第一次會議，參考裴永大，〈進步的危機和批判性知識人的路〉，《創作與批評》，夏季號（二〇〇六）；關於第二次會議，參考白永瑞〈在韓・中・日・台灣「批判性雜誌會議」的現場〉，《韓民族新聞》，二〇〇八年五月三十一日。

31 這一用語最開始由千寬宇提出（〈我為民族統一的建言〉，《創造》，一九七二年九月號），後由白樂晴將其整理為克服分斷體制的具體課題（《搖晃的分斷體制》（創作與批評社，一九九八），頁一九三—一九四、二〇四。筆者在一九九九年發表〈中國有「東亞」嗎？：韓國人的視角〉（收錄在前面提到的拙著）這篇文章時曾經引用這個概念，並且將其擴大到東亞。

守勢力對處於「崩潰危機」的朝鮮進行「吸收統一」的見解不同。另外，一部分左派人士警惕地認為，統一會成為韓國資本構建霸權或成為世界資本主義擴張的一環，還有一部分去民族主義者擔心以民族同質性為前提的統一可能會限制個人的多樣性或多重身分認同，筆者提到的觀點與這些觀點有很大的不同。一味地追求靜態的南北和平共處的話，就無法回應朝鮮半島的現實危機，這也是筆者的觀點與前面兩種觀點的區別之處[32]。另外我在這裡並沒有預先設定這將會以怎樣的國家形態出現，這是因為我們的目標不是通過一次性事件來實現南北的統一，而是克服根深於我們生活世界的分斷體制，即通過各種改革在朝鮮半島建立一個具有人性的社會的「作為一種過程的」統一。

在這個建設過程中，我們從東亞的視角再重新來看這個構想中的複合國家時，生活在多元社會台灣的甯應斌所提概念值得我們去思考，他從筆者「複合國家」概念得到啟發，提出了「複合社會」這個概念，這一概念意味著克服社會中的各種分裂現實的同時也具有一種國家橫斷性（trans-national），通過這個橫斷性再來構建複合國家。特別是他通過周邊弱勢群體——他舉了同性戀的例子——來解構近代國家的意識很濃。他這種對國家極度的不信任，實際上與（前面提到的）「雙重周邊視角」有關[33]。與此相關，在日學者徐京植提出的「半國民半難民」的觀點也很引人注目，即通過保障處於半難民狀態的在日朝鮮人的權利，讓他們「作為一種跨領域的政治性主體在東亞來形成自己的機會」[34]，不是作為單一近代國家的統一的複合國家，自然具有身分的多樣性和靈活性。與在日朝鮮人、移住勞動者、脫北者等具有跨國經驗的主體們保持多層的連帶，參與到「克服分斷體制（包括對以前國家的解體戰略，建立一種開放的、居民親和型國家機構的方案）的過程」[35]中，這就是建立複合國家的路。

這種主張一方面可能會導致會不會被近代國家「收編」的這種擔心[36]，另一方面有批判說這「忽視了在這一地區仍然很重要的近代國家的存在」[37]。但是筆者所說的複合國家同時在履行適應和克服近代國家的雙重課題。不是去國家化，而是通過「克服國家主義的短期國家改革」[38]來實現建立複合國家的目的，所以這可以說是具有一定實現可能性的。

國家聯合形態的複合國家在朝鮮半島克服分裂的運動進行南北再統合的過程中可能會被建成，但在東亞其他地方各自為應對近代國家的形成而履行「雙重課題」的過程中，複合國家的形

32 對此相關的批判，參考柳在建，〈統一時代的改革和進步〉，《創作與批評》，春季號（二〇〇二）。

33 甯應斌，〈複合社會〉，《台灣社會研究季刊》，第七一期（二〇〇八年九月），頁二七六—二七九。對應「雙重周邊視角」，他提出了「三重周邊視角」，即「人民內部的周邊」，比如，相對於男性的周邊——女性。

34 徐京植，〈在「半難民」的位置上看到的〉，《難民和國民之間》，二〇〇六，頁二三五。

35 白樂晴，〈近代韓國的雙重任務和綠色論述〉，李南周編，《雙重課題論》（創作與批評社，二〇〇九），頁一九〇。

36 鄭善太，〈東亞論，超越背信和傷痕的記憶〉，《文學社區》，夏季號（二〇〇四），頁四一五。

37 張寅成，〈韓國的東亞論和東亞的認同〉，《世界政治》，第二六輯二號（二〇〇五），頁一七。另外崔章集也批判說過小評價了仍然存在的近代國家的重要作用，是一種去民族主義。〈東亞共同體的理念基礎〉，《亞洲研究》，一一八號（二〇〇四），頁一〇六—一〇七。

38 更具體的敘述，參考白樂晴，〈國家主義的克服和朝鮮半島的國家改造任務〉，《創作與批評》，春季號（二〇一一）。

態也將會顯露出來。這樣看來，把複合國家論（和跟它聯繫的東亞論）看作是「韓國、朝鮮半島中心主義」的批評顯然是一種誤會[39]。

在韓國出現的分斷體制論和東亞論的結合已經在東亞成為一種參照體系的事實實際已經在某種程度上解除了這個誤會[40]。台灣的陳光興敏銳地認知到與朝鮮半島南北雙方處於對稱狀態不同，中國和台灣是一種不對稱的分裂狀態，他用新的思考框架來看兩岸問題，靈活地運用了分斷體制論。他明確指出分斷體制的克服不是單純的統一，而應具備新的挑戰，即「克服分斷體制必然需要超越以往的自由、民主、市場、社會主義等想像，分裂社會間的差異在不斷地相互作用的過程中產生新的形式和邏輯」[41]。

另外，朝鮮半島上形成的國家聯合是形成東亞共同體不可少的部分，但是白樂晴再三強調這只不過「為形成東亞固有的地區連帶提供了一**個**必要條件」（引用者強調），值得注意的是他的發言是對韓國中心主義這個批判的反駁。對於複合國家為東亞和平帶來的良性循環效果，白樂晴將其簡明地概括如下：

> 南北韓選擇鬆散的、開放的複合國家形態，緊接著就會出現「東亞聯合」或者引起中國、日本的聯邦國家化的機率即使很小，可是，會觸發比如西藏、新疆或沖繩轉化為更具自治權的地區。另外，中國本土和台灣也會選擇名義上的香港式「一國兩制」，可能在內容上也會找到與南北聯合類似的妥善解決方法。[42]

與此相應，像阪本義和那樣，果斷地強調排除朝鮮的東亞共同體討論是不現實的，南北聯合是為東亞共同體「轉換範式的中核之一」，是一個有意義的事例[43]。即使是這樣，朝鮮半島國家聯合的東亞、世界性意義在這一地區的知識界還沒有得到充分的認識[44]。從這點來看，二〇一〇年發生的從天安艦事件到延坪島炮擊事件等一系列發自於朝鮮半島的緊張反而成為切實建立「連動的東亞」的契機，為此我們深刻感到要進一層地積極地去闡明它的意義。分斷體制論和東亞論的結合，我認為探究這種結合對探索全球性方案會起到什麼長期性作用就是闡明這個問題的一個適合的方法。

二〇一〇年是韓國戰爭六十週年。美國主導的世界體系在以現在的形式固定下來的過程中，

39　國內的批評論者有柳、鄭等，另外國外有孫雪岩，試析韓國學者白永瑞的「東亞論述」，《山東師範大學學報（人文社會科學版）》第五四卷，第二期（二〇〇九）。

40　對此現象的集中報導，參考〈在台灣受到關注的白樂晴的分斷體制論〉，《韓民族新聞》，二〇一一年一月二十七日。

41　陳光興，〈白樂晴的「超克分斷體制」論〉，《台灣社會研究季刊》，第七四期（二〇〇九年六月），頁三〇。

42　白樂晴，〈「東亞共同體」構想和朝鮮半島〉，《歷史批評》，秋季號（二〇一〇），頁二四二。

43　阪本義和，〈二十一世紀「東亞共同體」的意義〉，《創作與批評》，冬季號（二〇〇九），頁三九九。另外，木宮正史認為，分斷體制「不僅局限於朝鮮半島，還包括日本，這至少在東亞地區成立的」（〈分斷體制論和韓日公民社會〉，《創作與批評》，冬季號（二〇〇九），頁四一四）。

44　比如，筆者和寺島實郎之間的對談，〈認識世界的力量，東亞共同體的道路〉，《創作與批評》，夏季號（二〇一〇）。

韓國戰爭起到了多少決定性的作用，另外這以後的南北分斷體制對於世界體系的維持以及美國的強硬勢力或軍產複合體的再生產又起到了多少重要的作用，如果想到這些的話，我們一眼就可以看出問題的朝鮮半島所具有的世界性的位置。朝鮮半島可以說是世界性層次上霸權支配體系的「核心現場」，在克服分斷體制的過程中，如果可以引起美國霸權主義出現裂痕，確保超越美國標準的空間的話，（雖然它自己不能從資本主義世界體系中脫離出來）那麼可以確定的是朝鮮半島將是長期變革世界體系的催化劑。

這樣在朝鮮半島複合國家這個必要條件滿足之過程中，將要形成的「東亞固有的地區連帶」對具有全球規模的長時間段的現階段——新自由主義時代會產生怎樣的影響呢？這也我們現在要討論的問題。對此，我曾經引用柳在建的觀點提出「在美國、歐洲、東亞這三種世界地緣政治運作的世界當中，東亞雖然還處在流動性的狀態」，不過「在某種替代性質的共同體正式形成的時候，其引起世界體系變化的潛在力之大將超過我們的想像力」[45]。

在這一點上還要更深入的討論，這裡還要補充說明的一點是我們正處在在東亞崛起、「地區主義躍動萌芽，全球權力重整」這樣一個從未出現的歷史階段，因此我們不得不具備這種時代意識[46]。

另外，要克服已經深深浸透到我們日常生活中的新自由主義，要使這種長期性的展望更具說服力的話，我們還需要有文明論層面的藍圖，即在具體化的過程中要充分地利用東亞的文明財產。但到目前為止我們發掘出來的似乎只限於小國主義這種程度的內容。

筆者曾指出複合國家論「具有一種小國主義與親和性特徵」，我也曾經分析過小國主義不僅韓國，在日本和中國都曾出現過，後又曲折沒落的歷史過程[47]。崔元植將這種構想發展為「將小國主義嫁接到中型國家論」這樣一個課題上來。他提出通過小國主義「來冷靜地認識我們內部的大國主義，建構去除大國主義的實踐性思維框架」[48]。強調小國主義，但並不是說我們就可以提倡「共貧」或者忽視物質性條件。白樂晴確切地指出，所謂在克服分斷體制過程中出現的社會，「不是一起分擔貧窮的社會，而是各自都很富裕，同時又能夠保持節儉與節制的社會，另外在社會層面積累可以滿足人類多樣要求的物質性財富，在分配上又很民主的社會」[49]。這是「生命持續性的發展」（life-sustaining development），即「無論何時都將維持和激揚生命作為基本，尋找

45 柳在建，〈作為歷史性試驗的六．一五時代〉，《創作與批評》，春季號（二〇〇六）。
46 〈東亞地區主義的三個階段〉，《創作與批評》，夏季號（二〇〇九）。他認為第一是以中國為中心的中國治世（Pax Sinica）時期（十六—十九世紀）；第二是分裂與矛盾的時期（一八四〇—一九七〇），即中國的解體，以及日本和美國先後主導的以殖民主義和戰爭、革命為主要特徵的時期；第三是一九七〇年代以來亞洲的崛起、地區主義躍動萌芽這樣三個歷史性模式。
47 白永瑞，《東亞的歸還》，頁二四—三一。《思想東亞》，頁七三—七九。
48 崔元植，〈大國和小國的相互進化〉，《帝國以後的東亞》，頁二九。
49 白樂晴，〈近代韓國的雙重課題和綠色論壇〉，李南周編，《雙重課題論：近代適應和近代克服的雙重課題》（創批社，二〇〇九），頁一九五。

與此相關的發展可能性」[50]這樣替代性質的文明觀，也就是說，與更抽象的「適應近代和克服近代的雙重課題」的履行相聯繫。這種新的文明觀以後還要進行更精密、更豐富的討論，這時毫無疑問的，我們不僅要在東亞的文明遺產，還要更勇敢地創造性地在現實的經驗中去找尋，然後不管出處地去廣泛地運用這些資產。

從這種觀點出發再來環視周圍的話，我們可以注意到在日本和中國對這種長期課題也進行著活躍地討論。在討論日本大戰略的時候，姜尚中反問道：依靠美日同盟牽制中國，成為美中日三極結構中的一極，從而占據大國地位？還是丟掉「大國意識」，作為「非霸權中位國家」在與鄰國形成的一種多極分散型安保體系和繁榮的網路中起帶頭作用？另外在這個連動的過程中形成怎樣的國內秩序？[51]另外在中國，在改編美國主導的世界秩序的過程中，作為一種必要的思想基礎，中國特有的社會主義經驗作為一種普世價值被提出，即被稱為「北京共識」的中國模式[52]也正在探索中。這是以儒家或道家等傳統思想為基礎的對西方近代文明的挑戰，具有探索替代型方案的意義。但是，在日本，現在的菅直人內閣轉換了政權交替初期強調的東亞，好像是選擇了大國之路（姜尚中批判性提到）。在中國，中國模式也還是在國家主導的改革中獲得動力，並且仍處於論爭中。這種模式是否能真正作為一種替代模式成為東亞的共同財產，這還需要在東亞這個脈絡上進行實事求是的研究。

這裡雖然沒有進行再討論的餘地，但關鍵在於現實中是否有達成這種長期目標的中短期戰略。特別是在遺漏了連接長期和短期課題的複合國家這個媒介的時候，就更容易陷入抽象化和觀念化的錯誤中，這點需要明確認識。

五、複合國家這個媒介和聯繫現場的網路

在朝鮮半島通過克服分斷體制而形成南北國家聯合——複合國家，在東亞其他地方也以各自不同的形態來實現「對以往國家的解體，建立一種更開放、居民親和性國家機構」。另外，東亞人應對各自近代國家形成的特徵，在履行克服國家主義的國家改革事業短期任務的過程中獲得履行中期課題的動力。

在這裡介紹兩種現場情況。兩種情況都是通過解決圍繞國境這條線的對立，是一種關於國境和領土問題的思維轉換。一個是朝鮮半島西海的和平合作特別地帶。眾所周知，北方界線（NLL）是聯合國於一九五三年八月三十日防止在海軍力量方面占優勢的南韓北進而單方面劃定

50 白樂晴，〈為了二十一世紀韓國和朝鮮半島的發展戰略〉，白樂晴等，《二十一世紀的朝鮮半島構想》（創批社，二〇〇四），頁二二一。

51 姜尚中，〈アジアの日本への道〉，武者小路公秀外編，《新しい日本のかたち：外交、內政、文明戰略》（東京：藤原書店，二〇〇二），頁一六三。

52 中國模式是在經濟決定論思考中提出來的，有批評認為其為獨裁和大國體制提供了理論根據，參考錢理群，〈中國國內問題的冷戰背景〉，《創作與批評》，春季號（二〇一一）。

的，進入一九七〇年代，朝鮮不予以承認，但南韓卻將其作為進行實際管理的根據，將其作為實際的境界，在海上劃定了不是國境線的國境線。但是二〇〇七年十月四日第二次南北首腦會談中共同發布了西海和平合作特別地帶構想，南北通過共同促進在西海的合作，創意性地試圖使北方界線失去意義。但不幸的是由於李明博政府的強硬對北政策，使這種構想再沒有什麼新的進展。

另外一個是沖繩和台灣的一部分城市之間協商的觀光經濟圈。二〇〇九年四月十五日台灣東部的三個城市（花蓮、宜蘭、台東）和沖繩周邊的島嶼（八重山的石垣市、竹富町、與那國町）的行政負責人簽署了「觀光經濟圈國境交流促進共同宣言」。現在因為出入境管理問題還沒有得以實行，但這個問題得以解決的話，非國家城市共同體就會形成。

上面這兩個事例和國家開發事業結合在一起。為實現西海和平合作特別地帶就需要克服分斷體制的運動，這毫無疑問。另外，就像沖繩知名學者新琦盛輝在台灣金門的會議上展望的那樣，要想順利地履行「觀光經濟圈」這個具體的方案，必須加強其「核心現場」沖繩的自治權，進行日本國家的改造，並且還會對其背後的美日同盟產生很大的影響（這肯定會與二〇一〇年十二月民主黨政府發布的將沖繩和其周圍的島嶼作為軍事基地來牽制中國的新防衛大綱相衝突）。

僅僅是這兩個地區的例子嗎？在南北韓之間緊張的局勢中還在生產的開城工業園區，東北亞幾個國家即將參與的長吉圖（長春、吉林、圖們）開發等圖們江流域的開發專案，兩岸交流的橋頭堡——金門的「小三通」（通信、通商、通航）等事例也應該得以促進。雖然層次不同，但這些交流或大或小地在東亞同時得以擴散，這種超越國境的聯繫將使新地區共同體的基礎更加結實穩定。

當然每個近代國家形成的路徑不同，所以不管是東亞論述還是連帶運動都不能一概而論。我們體會著在各自的現實中奮鬥的主體們經歷的「困惑」或者「與自我的鬥爭」[53]，或者是「被害者」也是「加害者」[54]的意識，省察自己，實現真正的連帶，這才是真正東亞共同體的基礎。

53 這種表達出自於錢理群，〈中國國內問題的冷戰背景〉，《創作與批評》，春季號（二〇一一），同樣，賀照田也重視「對亞洲地區內部困惑和苦惱的理解和共有」是面向未來的主體性基礎。賀照田，〈中國革命和東亞論述〉，《亞太研究》一三五號（二〇〇九）。二人都反映了大國化過程中國的「獨立性批評知識分子」的位置。

54 沖繩人是「受害者」，同時在反對美軍基地運動中「不要成為加害者」的自覺中獲得動力。對此，參考前面提到的孫歌文章。

第三章 東亞中產階層的成長與民間社會的形成

王元周譯

一、問題的提出

二十世紀後半期，在中國、日本、韓國東南亞各國所實現的追趕型近代化的成果以及在這一過程中形成的各種矛盾，到一九九〇年代以後日益顯露出來。在表示九〇年代危機的兩面性方面，恐伯沒有比「亞洲」這一詞更極端的了。隨著「亞洲金融風暴」襲來，亞洲也隨即從過去被讚譽的對象而淪為被侮蔑的對象。

不過，對於這種侮蔑的視角，即使在當時也有人提出批評。例如，在報紙檔案中，一位政治學者說道，「不久前還被作為高速經濟增長的火車頭而備受讚譽的亞洲價值，現在卻被作為引起經濟危機的主犯而痛加聲討」，「關於東亞成功的討論好像一下子成了過去的故事」，主張找出陳舊的東亞式框架中的內在缺陷，追求普遍的價值[1]。可是也有人不同意這種看法，反駁說，這是將部分負面因素「錯誤地當作亞洲價值的全部」，主張越是在困難時期，越是需要堅持亞洲的主體性[2]。

當時在海外「亞洲價值的明暗面禍亂了以往的奇蹟」式的見解成了主流，其批判的靶子便是「人情資本主義」。不過與此同時，對強迫亞洲輕率地拋棄過去經濟高速成長的原動力的金融危機處理方式，也有人指出其冒昧性[3]，還有人指出「亞洲的美國化」並不是理想的解決方案，進而謹慎地提出展望「亞洲價值復活的可能性」的見解[4]。

這種爭論表明，我們之所以在分析現實和展望未來時會出現觀點上的差異，主要是因為我們對東亞發展模式的是非功過有著不同的認識。現在有人主張我們已經從「金融危機」中離開了，也就是說我們已經在某種程度上從那次事件中解脫出來了，現在對這一問題進行正面分析也許是一個比較適當的時機。

本文首先梳理亞洲（東亞）這一概念，接著將對東亞各國在發展和危機上面臨的問題異同及其在社會文化領域上的反映，進行分析。主要針對八〇年代以來東亞地區所發生的社會變動的主要特徵，即中產階層的出現，從是否適合用公民社會概念來進行分析的角度，考察其對該地區政治發展的意義，從而確認了重視東亞傳統脈絡的「民間社會」概念的有用性。而且，為了從民主主義發展的觀點來展望東亞中產階層公民社會的未來，不可避免地要考察中產階級的意識，乃至價值觀（例如公民意識的形成程度）。首先，在說明東亞中產階層的價值觀時，主要批判地分析了影響比較大的「亞洲價值」論（主要是儒教資本主義論）。在此基礎上，進而分析在全球主義影響之下，東亞地區新創造的大眾文化是否會成為有助於東亞人形成新的主體性的文化資源。希望這種研究能夠對探索適應已經發生了很大變化的二十一世紀新環境的新的發展模式有所裨益。

二、亞洲概念的政治化

為了對我們早已熟悉的東亞概念有更為明白的理解，首先有必要從「亞細亞」的語源開始，做一個簡單的梳理。通常所說的亞細亞（Asia）指的是古代西方人的空間經驗範圍，其語源來自「日出（asu）」或「太陽升起的地方」，也就是相對於他們來說的東方。可是我們必須注意的是，這種概念從一開始就是與「日落（erebu）」或「太陽落下的地方（Europe）」有著相輔相成的關

1 任伯爀，〈韓國的危機應對模式〉，《中央日報》，一九九八年六月十五日。

2 《中央日報》，一九九八年六月二十二日。

3 Robert Wade&Frank Veneroso, "The East Asian Crash and the Wall Street – IMF Complex," *New Left Review* (March/April, 1998)

4 參見《韓國經濟》，一九九八年七月十八日的Donald Emerson的文章和《韓民族新聞》一九九七年十二月九—十日的Walden Bello的文章。

係，只有將兩者合起來，才能構成「世界」[5]。大約在十五世紀以後，經過大航海時代，我們所處的東亞地域也被包括在亞細亞的範圍之內。這一地域在英國還是西方中心的時候，被稱為遠東（Far East），第二次世界大戰以後美國掌握了世界霸權，就被稱為「東亞」[6]。可是，到了七〇年代中期，亞洲經濟發展較快，美國為了鞏固其在亞洲沿海地區的霸權，開始重新認識東亞和東南亞地區，而排除其他地區，於是以這種方式規畫出了「歐美太平洋圈」，因此「亞太」這一亞洲和太平洋連稱的詞彙也開始成為人們關注的對象[7]。

那麼，生活在這一地域的當事人又曾經擁有什麼樣的概念呢？漢字文化圈最早產生的指稱這一地域的詞彙是「東洋」。可是，在傳統時代中國所使用的東洋（或西洋）是以「較大的海洋」為標準的「東邊的海洋」（和西邊的海洋相對）的意思。當然，其所指稱的對象也隨著中國人地理經驗的擴大而變化，但基本上與現在我們所熟悉的東洋、西洋概念裡暗含文明優劣的價值判斷不同，明顯地不含有任何文明優劣的價值判斷。

此外，亞細亞一詞是明末耶穌會傳教士們在介紹世界地圖時輸入的地理名稱，直至清末它都只不過是地圖上的一個大陸的名稱，並沒有什麼特別的社會意義。只是有一點引人注目，那就是在翻譯 Asia 一詞時，為什麼要用「亞細亞」這三個漢字來進行音譯？因為這三個漢字含有「次級—細小—次級」的意思，多少帶有貶義。對於這個問題，最近有研究認為，亞細亞含有「Inferior-Trifling-Inferior」的意思，並推測這種音譯不是來自傳教士，而是來自中國官吏，是他們出於以中國為中心，而以周邊地區為亞細亞的想法而選擇的一種標記[8]。

可是到了二十世紀，在東亞地域出現了前所未有的嶄新的視角，即將其視為能夠與西洋帝國主義相抗衡的聯合的對象[9]。但是，不管怎麼說，對於中國人來說亞細亞只是一個正式的地理名詞，似乎並不具有很強的文化含義。與「亞細亞」和「東洋」相比，具有更悠久的歷史背景的詞彙不是「洋」，而是以土地（方）為基準的東方概念，這是與西方相對的概念，具有認同作為東方文化中心的中國文化的象徵意義。

下面我們再回過頭來看看日本的用法。在傳統時代，日本人認為世界由大和、唐（中國）和天竺（西洋）構成，而亞細亞概念的接受是十八世紀後期的事情。日本人接受西洋人的世界觀只是為了用來將中華文化相對化。於是將中國稱作「支那」，將日本也作為構成「亞細亞」的一個國家，這點在蘭學者和國學者那裡是共通的。他們為了克服中華觀念而輸入了亞細亞這一概念，所以具有很強的日本中心主義色彩。這與明治維新以後日本的認同形成過程中，以文明論為根據創造出與優越、進步的西洋是相對照的，代表著劣等、落後的東洋概念，從而追求脫亞入歐的傾

5 伊東俊太郎，〈アジアの定義、意味〉，《アジア學のみかた》（東京：朝日新聞社，一九八八）。
6 金炅一，〈東亞與世界體治理論〉，《精神文化研究》，二一（一），一九九八，頁二九—三三。
7 阿里夫・德里克，〈亞洲——太平洋概念〉，鄭文吉等編，《東亞：問題與視角》（文學與知性社，一九九五）。
8 Pekka Korhonen, "Asia's Chinese Name," *Inter-Asia Cultural Studies*, Vol. 3 No. 2 (Aug. 2001).
9 白永瑞，《東亞的歸還：探索中國的近代性》（創作與批評社，二〇〇〇），頁四四—六六。

向也是相通的[10]。這種地域概念對我們的意識和潛意識世界似乎都有很深的影響。

從以上關於各種名稱的分析中也可以看出，地域概念在地理上並不是固定不變的，而是隨著認識主體的經驗變化而變化的、不斷被「創造」出來的東西。因此，我們將這一地域命名為東亞的時候，首先需要明確說明的不是這一概念在地域範圍上要包括哪些對象，而是要說明你設定的方向是什麼，又是從哪些方面來強調其實用性的。

筆者在本文所用的「東亞」概念包括東北亞和東南亞。當然，一般所說的東亞指的是包括台灣在內的中國、朝鮮半島和日本，這可以說是狹義的東亞。如果像筆者這樣使用廣義的東亞，作為儒教文化圈或漢字文化圈的一體性也許多少會削弱，但是這一地域在經濟上的相互依存度日益增強，甚至在政治或安全保障領域也出現謀求合作的趨勢，廣義的東亞概念也正好能反映這種趨勢。更重要的是，如果將東南亞納入東亞概念之內的話，可以打消部分人的「建立以東北亞為中心的地域經濟共同體，發展成為超大型恐龍，將會給其他地區的民眾和地球環境帶來大災難」這樣的擔憂，從而可以避免「東北亞中心主義」的嫌疑[11]。換句話說，在包括不同的發展道路和多種多樣的文明要素的廣義的東亞地域的位階構造中，確立「周邊」的視角。可以對批判東亞的「中心」——不管是中國的「威嚇」，還是美國的霸權，還是美國的盟友日本——提供一個根據[12]。

三、東亞中產階級的出現與公民社會論

如上所述，為了便於準確地理解全球資本主義現實的多層次時空性，採用了廣義的東亞概念。此外，在重視東亞這一分析單位的同時，也試圖把握這一地域所發生的社會文化變動的實際情況。那麼，現在所呈現出來的現象是什麼呢？

自八〇年代以來，作為東亞社會變動的指標，最引人關注的是亞洲中產階層或「新興富裕階層」（arriviste middle class）的產生。不管是在經濟相對比較發達的日本，還是在經濟相對比較落後的新興工業化經濟體，包括中國和東南亞各國在內，整個地域在八〇年代以後（儘管在時間先後上有差異）都出現了中產階層，這是共通的現象。

要想對東亞各國的中產階層進行比較是相當困難的，這裡只想簡單分析印度尼西亞的例子。自八〇年代後半期起，就業於工商業等民間部門的城市新中產階層人數急劇增加。新中產階層的出現也引起了研究者們的爭論。一般學者主要強調新中產階層的社會基礎，即民族資本的脆弱性，社會來源的多樣性，對權力或華僑大資本以及外國資本的依賴性，以及政治上的軟弱與安於現狀等負面特徵。不過，幾乎所有的研究者都不得不承認，新的社會變動的中心內容就是中產階

---

10 Stephan Tanaka，〈近代日本與東洋的創出〉，鄭文吉等編，《東亞：問題與視角》（文學與知性社，一九九五）。

11 白樂晴，〈為了重開智慧的時代〉，《創作與批評》，春季號（二〇〇一），頁三三。

12 白永瑞、鄭文吉、崔元植、全炯俊編，《從周邊看東亞》（文學與知性社，二〇〇四）。

層的出現。到了九〇年代，隨著伊斯蘭化傾向的出現，新中產階層的社會意義更加突出。作為新中產階層的基礎。出現了以伊斯蘭為社會倫理建設公民社會的可能性。八〇年代以來生活水準的上升及城市化的發展，已經引起了國民生活方式的顯著變化，其中最引人注目的現象就是消費生活的歐美化，尤其是時裝、業餘愛好、體育運動和休閒活動已經明顯地呈現出歐美化的趨勢。此外，物質生活的改變也促使他們廣泛參與各種志願活動、自我實現和教養項目[13]。

雖然這裡說的只是一個東南亞國家的例子，但其實在整個廣義的東亞地域都可以發現這種現象。可是，根據一項比較研究的結果，他們的共同特徵是：「暴發戶們被連根拔起的憂慮意識，因此產生了謀求建立政治上和社會上的人際關係網，以保障其安定的心理」。而且在這一地域也並沒有形成公民社會，所發生的政治變化只是「反映了一種與暴發的中產階級建立新的關係，借以和緩政治統治上保守的行政管理方式的戰略」而已[14]。

事實上，在關於東亞中產階層的作用問題上，一直存在爭論。收入的增長可以使他們享受麥當勞漢堡和手機所象徵的現代生活樣式，而他們的出身背景卻並不相同，不僅自我主體性不明顯，與社會變化的關係也很不單純。正如「每天吃麥當勞就是民主化運動」這句話所反映的那樣，引進外國資本、擴大私營經濟領域有助於促進社會改革和發展，減少政府壓制。但同時他們為了分享快速經濟增長所帶來的好處，也會毫不猶豫地向威權主義的權力妥協，對政治和社會問題漠不關心，孜孜於私人領域，享受消費文化，成為一個「追求技術和專業」的集團[15]。

難道沒有一種辦法能夠超越這兩種互相對立的解釋，切實說明本地域中產階級出現的意義嗎？為了解決這個問題，下面筆者將重點考察一下一般學者認為在東亞各國中產階層中對國家依賴性較強的中國大陸中產階層的性質與作用。

在中國社會主義體制下，（舊）中產階層原來主要指的是普通幹部、普通知識分子和國有企業的工人。可是到八〇年代以後，改革開放引起了產業結構的巨大變化，即產業重心從重工業、製造業向新興的高科技產業轉移，原來的中產階層隨之沒落，取而代之的是新中產階層。新中產階層的人數大約有一億人，主要由行政管理人員、專業技術人員、服務行業的店員、白領和教師等組成。二〇〇一年七月中國國家資訊中心的一位研究者預測，「從現在起，在未來的五年內，中國大約有二億人口會進入中產階層這一消費群體」。如果這種預測能夠實現，確實是非常快的發展速度[16]。

在中國，對中產階層生活水準的定義是：「有穩定的收入，有能力購置住房和汽車，有一部分收入可以用於旅遊和教育消費，大部分家庭擁有手機、CD播放機、VCD播放機、電視、遊樂機、照相機等電器」。這種生活水準實際上還達不到中產階層的水準，也許包括了那些與過去

13 中村光男，〈インドネシアにおける新中間層の形成とイスラーム主流化〉，《講座現代アジア》三（東京：東京大學出版會，一九九四）。
14 David Martin Jones, *Political Development in Pacific Asia* (Cambridge: Polity Press, 1997), pp. 149, 161.
15 Niels Mulder, *Southeast Asian Images: Towards Civil Society?* (Chiang Mai: Silkworm Books, 2003), pp. 9-10.
16 朱建榮，《中國第三的革命》（東京：中央公論社，二〇〇二），頁二。

和周圍人相比而擁有一種自我評分式的中流意識的群體，所以這種中產階層定義實際上包含了所有中產階層和中流意識擁有者。目前有調查顯示，擁有中流意識的人在城市占百分之六七十，在農村也占百分之四五十，說明中流意識正在擴散，中國社會的大部分人擁有中流意識。

在過去的二十年間，城市和沿海地區經濟快速發展，中產階層也主要居住在這些地區，享有較高的教育水準。對於他們的評價，也同東南亞地區一樣，存在很大的爭論。首先看一下樂觀派的觀點。他們認為：「隨著中產階層的擴大，貧困人口向中產階層轉移，他們主導中國政治或社會變革的趨勢將強有力地促進中國公民社會的形成。」[17]也就是說，「中國現在已經走到公民社會的大門口」，目前是進入公民社會的準備階段，社會構造急劇變化，國民意識也隨之發生變化。決定這種發展方向的主要因素是中產階層的擴大，納稅制度的引入和「納稅人意識」的確立，以及共產黨領導機關控制力的減弱。從這派觀點來看，中國正從單極結構轉向政治、經濟、社會領域三群分立的多極構造[18]。

與樂觀派不同，在悲觀派看來，在中國形成中產階級並非易事，主要是由於中產階級必須占有的資源「為總體資本（掌握文化資本、政治資本和經濟資本的總體資本菁英集團）所獨占」的緣故[19]。因此，「雖然社會中同組織的發展處於『暴增』的過程之中，而這些組織實際上並不一定就是西方社會那樣的中間組織。在本質上不過是政府組織的延展而已」。這些組織的作用與公民社會是不一樣的，它只是代表政府行使管理職能[20]。

出現這兩種既互相對立又相互交融的觀點，也許是中國社會快速發展變化過程中不可避免的現象。此外，也只有龐大的中國才可能出現這種分別走向兩個極端的現象和數據。可是筆者為了超越這兩種趨於極端化的現象，最近所採取的一便利措施就是分析社團這一中間組織的職能，考察社團到底在多大程度上共有一般認為是公民社會構成要素的公共性和自發結社性質。

在社會主義體制下的中國，政治體系上能夠充分反映個人的利害關係的途徑是行政官僚機構和基層社會組織「單位」。可是，在改革開放以後，個體戶和私營企業此等新尖領域的出現超出了前者所能擔負的範圍，後者也因為主管機關的分割和成員同横向聯繫的缺乏，無法滿足成員日益多樣的要求，所以社團作為「第三條道路」而受到重視。

這裡所說的社團是指在政府有關部門登記在案的團體。值得注意的是，社團的活躍與政府促進社會團體自律化的政策有著密切的關係。改革開放以後，黨和政府如果還像過去那樣將業務主管單位視為黨和政府的下級組織，繼續通過密切聯繫業務主管單位的方式，來直接掌握經濟上日益複雜的利害關係和多種多樣的價值觀的話，就會大大增加政府的財政負擔。如果要在財政上實現「小政府」的目標，必然要重視社團這一對政府有輔助作用的「中間組織」。換句話說，需要

17 朱建榮，《中國第三的革命》（東京：中央公論社，二〇〇二），頁一三。
18 朱建榮，《中國第三的革命》（東京：中央公論社，二〇〇二），頁二六—二七。
19 何清漣，《現代化的陷阱：當代中國的經濟社會問題》（今日中國出版社，一九九八），頁三五二。
20 何清漣，《現代化的陷阱：當代中國的經濟社會問題》（今日中國出版社，一九九八），頁三五〇。

引進「新的管理模式」[21]。可是，社團的活躍可以促進政治的自由化和權力的多元化，最終可能導致「大社會」的出現。所以，社團是反映處於「統制與自律的兩難」的中國現實的重要指標[22]。

這樣，從分析國家與社會關係的變化方向這一宏觀的問題意識出發來考察社團雖然也是有意思的途徑，而如果從參與社團的成員的視角來觀察社團的作用[23]，對於社團成員個人來說，社團可以說是比個人本身更能保護成員個人權益的社會保護裝置。之所以如此，是因為社團與中國人日常生活的基礎社會組織單位不同，是同類成員之間的組織，不僅具有超越單位的限制而建立同類意識的作用，而且作為代表特定社會力量的組織，可以號召輿論，在與黨——政府的協商中處於更為有利的位置。

可是，社團與政府之間的協商基本上是透過社團領導機構與政府各部門之間建立聯繫的形式進行的。當然，不同類型的社團，即官方主導型，半官半民型和民間主導型之間也多少有些差別，但是它們的基本型態是一致的。尤其是作為社團主要形態的半官半民型社團，一部分領導者也參與到人民代表大會或政治協商會議等政治機構之中，或者接受有關部門的政策諮詢，通過這些方式建立與政府的聯繫。這正反映了社團對關係的重視。

從這種意義來說，作為「大社會」展望根據的社團在發展過程，利用了傳統的聯繫網絡關係，這種現象是社團的普遍特徵。那麼，如何解釋這種特徵呢？簡單地將其定義為「社會主義的公民社會」[24]也不失為一種方便的解釋。但是這種解釋除了能擴大公民社會這一概念的外延之外，什麼也說明不了。與這種解釋方式相比，考慮創立本土性公民社會論的可能性也許是更具建設性的方式。

筆者在之前發表的一篇論文中提出，對中國不應使用「公民社會」概念。而應使用「民間社會」概念。只因為與官相伴而存的民間這一概念，既能反映傳統上已有的內容與civil society的差別，也能反映二者的共同點。之所以這麼說，是因為不想將公民社會與資本主義相聯繫，以狹義的角度來使用這一概念。換句話說，不願意將公民社會限定為資產階級的社會，而是利用哈貝馬斯的公共領域所包含的內容，將參與公共議題討論的社會（尤其是不同職能）集團自主結合的領域作為民間社會來看待。在西方，公民社會是國家權利之外的自立的共同領域。相比之下，民間社會在傳統上既有脫離國家權利的自立傾向，同時也有依靠國家權力的傾向。因此，「有必要意識到，國家與（民間）社會在中國不是對立的關係，兩者擁有共同的理念，是既互相競爭又互相妥協的關係」，這就是筆者最核心的觀點[25]。關於中國中間階層對政治民主化的態度的最近研究表明，他們的態度具有矛盾性，既支持權威主義體制，同時還要求更多的政治民主。也就是說，

21　李南周，〈改革開放以後中國公民社會的發展趨勢與展望：以中國民間組織的發展為中心〉，權赫泰等著，《亞洲公民社會：概念與歷史》（Arike，二〇〇三），頁二五二。

22　渡邊剛，〈中國における統制と自律のジレンマ：社會團體管理政策をめぐて〉，《東亞》，No. 381（一九九九年三月）。

23　王穎、孫炳耀等，《社會中間層》（中國發展出版社，一九九三），頁八五—一三六。

24　渡邊剛，前揭書，頁八八。

25　白永瑞，《東亞的歸還：探索中國的近代性》（創作與批評社，二〇〇〇），頁一〇六—一〇七。

他們對權威主義體制的態度具有雙重屬性，兼具親和性和抵抗性。因此他們很有可能成為中國領導層所追求的通過從上而下的漸進式民主化實現中國式「社會主義民主政治」的積極的支援勢力[26]。

隨著中國中產階層的出現，社團的作用就開始受到關注。而筆者從上述觀點出發，將社團的作用視為「民間社會」領域。由此再進一步，東亞中產階層所具有的兩面性，即對國家的依賴性和相對於國家的自律性，也許可以理解為東亞民間社會的特徵。可是，即使用民間社會的概念來把握東亞中產階層所構成的社會（以及與國家的關係）的特徵，為了能夠從民主主義發展的角度出發來展望其未來發展前途，還需要考察一下他們的意識以及價值觀（例如公民意識的形成程度）。

四、東亞的價值觀與大眾文化交流

在解釋東亞價值觀的理論中，最有影響力的就是被稱為「亞洲價值」的儒教價值觀。所以本文也從這裡開始分析。

眾所皆知，自八〇年代開始，就出現了關於「亞洲價值」論的討論，在社會主義陣營崩潰以後的理論空白期，為了說明亞洲部分國家經濟高速增長的成就，這一理論受到廣泛關注。可是，學術界內也有部分學者指出，「亞洲價值」論不僅內容不夠明確，而且是一個受到了政治污染的概念。與「亞洲價值」論相比，在各種價值中，將儒教價值視為經濟發展的原動力的儒教資本主義論在內容上更為明確，所以成為學者們主要關注的對象。這裡也將其作為分析的重點。

儒教資本主義一詞最早是未來學者赫曼・卡恩（Herman Kahn）提出來的，而較早對其加以闡述的是研究中國學的麥克法夸爾（Roderick MacFarquhar）[27]。他著眼於經濟高速發展的亞洲國家在文化上的共同點，將其定義為「後儒教集團主義」（Post-confucian collectivism）。在他看來，如同西方資本主義的興起與新教倫理有密切關係一樣，儒教在東亞產業化時代的超高速經濟增長中也扮演了重要的角色，其核心就是增強了國家的凝聚力。可是，在他簡要闡明儒教資本主義理論框架的論文中，有一個值得注意的問題意識，就是該文題目所提出來的「後儒教的挑戰」。他之所以提出這一概念，是因為他從外交戰略的角度，擔心以中國和日本為軸心而集結起來的東亞圈有可能成為西方的威嚇。

對麥克法夸爾的理論加以發展，並經常被引用的社會學者皮特・彼得（Peter Berger）也同樣將「後儒教倫理」作為說明日本等亞洲新興工業國經濟成就的核心變量。這雖然與傳統時代官僚所掌握的「高級」儒教相脫節，卻是影響更為廣泛的下層文化。在他看來，在沒有讀過儒家經典，沒有受過儒學教育的一般人的生活中，也很容易發現儒教的因素。具體說來，主要有對世俗

---

26 李文基，〈中國中產階層的成長與政治民主化的展望〉，《亞細亞研究》，第一三卷三號，二〇一〇。

27 Roderick MacFarquhar, "The Post- Confucian Challenge," *The Economist* (Feb.9.1980).

的肯定態度，有規律的自我開發的生活態度，對權威的尊敬、儉樸、重視安定的家庭生活等等。儘管如此，他也不是僅僅重視這些儒教因素，而是從民眾中儒、佛、仙混合的宗教生活，即下層文化中尋找「亞洲近代性的精神」[28]。

非常重視儒教，甚至要從儒教中尋找開創新文明的可能性，被人們稱為儒教「傳道者」的哲學家杜維明，對儒教資本主義論的傳播發揮了很大的推動作用。他認為東亞新興工業國與歐美的資本主義類型以及蘇聯、東歐的社會主義類型都有所不同，是「第三工業文明」，是以「後儒家社會」為文化基礎的東亞類型，從而預測「新儒教」能夠超越西方的近代，為人類提出新的發展前景。也就是說，「新儒教」是可以拯救資本主義在精神和生態方面的危機的「靈性」文明[29]。杜維明積極暢揚儒教在世界史上的作用，當然對亞洲人有很大的吸引力。

但是，自儒教資本主義論開始流行時，也同時出現了各種批評的聲音。有人認為將亞洲各國都視為儒教國家本身已經過於簡單化，也有人認為這種觀點把文化與經濟的因果關係看得過於單純，容易陷入文化決定論。類似的批評還有很多。筆者在這裡只想指出這樣一種事實，即在全球資本主義已經發生變化的今天，它依然是有助於維護全球資本主義的一種意識形態。

其實在東亞歷史上，已經多次試圖復興儒教，而之所以直到八〇年代才引起如此強烈的反響，也只能從世界資本主義體制自身的變化來解釋。即歐美產業社會開始衰退，出現種種不穩定因素，相反東亞卻意外地經濟發展迅速，於是為了補救歐美資本主義的弊端，恢復全球資本主義的活力，增強全球資本主義的力量，一部分人開始關注東亞成功的祕訣。這樣，儒教資本主義當然不會對資本主義提出任何有真知灼見的批評。在這種背景下，一些活動於美國這一世界中心的華人學者，為了完成後現代的宏偉事業而提倡儒教，作為資本主義的資料提供者和文化上的技術人員，像為消費者提供好的商品那樣，「製造」了儒教資本主義[30]。這種批評意見也值得我們注意。

可是，如果儒教資本主義論所追求的新的文明不是超越了資本主義的文明，而只是在資本主義的基礎上，建立與西方資本主義有所不同的、部分克服了西方資本主義的弊端的，即作為複數的資本主義中的一個分支的東亞型文明的話（儘管這到底算不算是新的文明，還存有懷疑），上面的這種批評仍不足以給儒教資本主義論致命打擊。

決定性的打擊不是來自理論，而是來自東亞的現實，那就是亞洲金融風暴。亞洲金融風暴為一部分人諷刺儒教資本主義論提供了依據。有人這樣揶揄道：「不加謹慎考慮而再度引進西方的儒教讚揚論和對儒教的再發現」，恰恰反映的是「學術的殖民性」而已[31]。但是儒教資本主義論的擁護者們對此不加理睬，仍斷言「儒教資本主義模式」依然有效。在他們看來，這一模式之所

---

28 Peter L. Berger, "An East Asian Development Model?" Peter L. Berger & Hsin-Huang Michael Hsiao, ed., *In Search of an East Developmental Model* (NJ:Trans-action Books, 1988).

29 杜維明，〈儒家哲學與現代化〉，鄭文吉等編，《東亞：問題與視角》（文學與知性社，一九九五）。

30 Arif Dirlik, "Confucius in the Bcrderlands: Global Capitalism and the Reinvention of Confucianism," *Boundary* 2 (Fall 1995).

31 孫浩哲，〈危機的韓國，危機的社會科學〉，《經濟與社會》，春季號（一九九八），頁一五七。

以會面臨危機，原因在於「過去促進經濟發展的勤儉節約喪失，以及公務員紀律和國家綱紀的廢弛」。從這種觀點來看，引起危機的「最具決定性的因素」只是作為儒教資本主義推動主體的國家和企業，未能及時感知和應對世界金融市場的急劇變化而已[32]。

由此可知，儒教資本主義論與說明亞洲經濟增長的制度性分析是相輔相成的關係。因此，要想弄清楚這一模式是否有效，還需要將眼光轉向制度方面，其中國家的作用是最為重要的爭論焦點。

從制度角度說明儒教資本主義時，一般認為其特徵是國家官僚統制市場，其活力也來自於此。而財閥是促進經濟發展的主要力量，國家在支持財閥時，可能會產生「不正當勾結」的嫌疑。對此，企業如果能滿足下面兩個條件，就能確立自己的正當性。即使財閥在國內享受特惠待遇，而如果其在海外市場具有競爭力，在國內市場也具有最低限度的競爭力（市場機制主義），就能說服國民接受這種安排。因此，如果將優惠待遇集中給予不具備這兩個標準的企業就是不正當勾結，是腐敗行為，否則就是建設性關係。當然，除了通過對不正當勾結和正當結合加以區別來說明儒教資本主義的正當性之外，也還重視其他機制，即作為國家的制衡力量的輿論和知識分子（尤其是學生）的批判作用[33]。

柳錫春將國家官僚看成學者官僚的繼承者，把輿論和知識分子看成「言官和士林的現代版」，強調傳統歷史構造的延續性，進而強辯「儒教與資本主義的相調和是已存在著的歷史事實」。但仔細分析起來，給人只不過是在「發展國家論」上塗抹儒教因素塗得更濃而已這樣的感覺。也許是因為硬要引入儒教這一文化因素來論證儒教資本主義論的妥當性，其結果是反而降低了說服力。

還有一個問題是，儒教資本主義所包含的主要內容果真都是儒教的嗎？不過還是中國和韓國過去存在著的部分文化現象冠以「儒教」的名稱，賦予其同質性，而遮蔽了它們之間的差別，結果（正如上面所反映的那樣）導致擁護儒教資本主義的人們所說的「儒教」不過是他們所「製造的」商品罷了[34]。當然，本來就有一種觀點認為傳統文化也不是固定不變的本質性的東西；而是不斷被創造的（invention），這裡也不認為這樣做有何不妥。根據現實的需要，過去的文化遺產中的任何部分都可以被重新提出來，賦予活力。問題的核心是「誰」「出於什麼目的」使用傳統的「什麼方面」的問題[35]。從這點來看，所謂「亞洲價值」概念一方面是以美國為首的西方國家用來作為一種修辭手段，為其對其他地域的政治和經濟支配提供合理化依據；另一方面也是開發獨裁國家的政治家們為了維護其既得利益而使用的一種意識形態，也就是要通過經濟增長來增強其在政治上的正統性的「柔性權威主義」理念。這種批判也頗值得關注[36]。

32 咸在鳳，〈依然有效的儒教資本主義〉，《教授新聞》，一九九八年七月十三日。
33 柳錫春，〈儒教資本主義的可能性與局限〉，《傳統與現代》，夏季號（一九九七）。
34 Arif Dirlik，前揭文章，頁二六一。
35 李承煥，〈「亞洲價值」的論述學分析〉，李承煥等著，《亞洲價值》（傳統與現代社，一九九九），頁三二八。
36 李承煥，〈「亞洲價值」的論述學分析〉，李承煥等著，《亞洲價值》（傳統與現代社，一九九九），頁三二七；全濟通過以上論述，足以證明用儒教資本主義論來說明東亞中產階層的價值觀在某種程度上是不恰當的，對東亞人價值觀和文化的具體研究也同樣可以得出類似的結論。例如，至少在東南亞，以核心家庭為主的「個人中心性」（individual-centeredness）是具有支配地位的價值觀，這說明作為亞洲價值論的重要論點之一的集團主義不過是「東方主義式的神話」（orientalizing myth）而已[37]。以東亞人在日常生活中所享有的大眾文化來看，它與依賴於文化本質主義的保守亞洲價值論具有相當的距離，幾乎沒有認為具有相同文化傳統的、排他性見解發揮影響的餘地。大眾文化不可避免地要由來源於異質文化的要素相互融合而成[38]。

可是從整個亞洲來看，從北京到伊斯坦堡，亞洲的經濟發展導致了以中產階層勢力中心的全體國民都被捲入來自美國的大眾文化的漩渦，出現了生活方式日益趨同的現象。亞洲的大眾文化恐怕只能被看成是美國製造的B級商業主義文化的二手盜版。可是我們也不能完全用「文化帝國主義」的視角來看待麥當勞漢堡在東亞的流行。隨著消費主義的流行和電子通信技術的進步，東亞各國的（新）中產階層勢力在文化上的聯繫日益增強，在消費美國化（西方化）的大眾文化過程中，透過廣泛的文化流通網，自然也會超越國境，開始享有共同的大眾文化興趣。這一特徵是否真的可以定義為「真正意義上的亞洲的誕生」[39]還有待進一步的觀察。然而，在全球主義的浪潮中，具有實質性和共通性的新的大眾文化正在創造新的亞洲是明白無誤的事實[40]。

在八〇年代以後，以中產階層勢力基礎而流行起來的大眾文化中，日本的大眾文化發揮了很大的影響力，而九〇年代以後出現了韓流和華流（華潮）。從這些源自亞洲的大眾文化中，我們也可以找到支持上述觀點的具體根據。那麼，這些大眾文化能否促進亞洲人之間的相互理解和聯合，從而形成東亞人的認同性，與西方的大眾文化互相競爭呢？有人認為「這些超越國境的這流那流的興趣共同體具有發展成為另類全球化主體的潛力」[41]，但是這種看法目前還很難讓人接受。儘管如此，源自東亞的大眾文化的出現畢竟是一種複合的、充滿活力的現象。以此為契機，東亞人在很大程度上可以打破過去的國界和意識形態，確立自己的文化空間。我們希望東亞人在這一過程中：感覺到「東亞」認同性的魅力，從而為想像新的亞細亞開闢道路。但是在實現這一理想之前，我們必須首先批判東亞大眾文化交流領域中日趨嚴重的商業主義及自我民族中心主義所引起的輸出國與輸入國之間的不均衡的權力關係，並將這與大眾文化的想像力相結合，否則是不可能實現的。

國，〈「亞洲價值」的論爭再評估〉，《東亞批評》（翰林大學），第二號，一九九九。

37 Niels Mulder, *Southeast Asian Image: Towards Civil Society?* (Silkworm Books, 2003), pp. 225-227.

38 岩渕功一，《トランスナショナ・ジャパン》（東京：岩波書店，二〇〇一），一四，頁三〇九。

39 岩渕功一，〈日本大眾文化的利用價值〉，趙韓惠貞等，《「韓流」與亞洲的大眾文化》（延世大學出版部，二〇〇三），頁一〇〇。

40 岩渕功一，〈日本大眾文化的利用價值〉，《「韓流」與亞洲的大眾文化》（延世大學出版部，二〇〇三），頁九〇。

41 趙韓惠貞，〈從全球地殼變動的徵兆看「韓流熱」〉，《「韓流」與亞洲的大眾文化》（延世大學出版部，二〇〇三），頁四一。

五、結語

本文之所以要使用包括東南亞在內的廣義的東亞概念，主要是為了說明在這一地域之內，中產階層的興起引起了社會領域的變動。對於東亞社會，筆者一直主張用「民間社會」的概念來加以解釋，不願意機械地照搬西方公民社會的概念，希望一方面突出東亞社會中傳統性與現代性相結合的特徵，另一方面有助於有機地理解東亞中產階層所具有的兩面性，即對國家的依存性以及相對於國家的自律性。此外，為了展望民主主義的前景，更加深入地探討這一問題，不能不分析東亞中產階層的意識和價值觀。本文正是從這種認識出發，做了上述研究。首先，在說明東亞人價值觀的理論框架中，最有影響力的就是儒教資本主義論。而我要指出的是，用這種解釋框架來說明東亞中產階層的價值觀是否恰當。在全球主義的影響之下，在他們所要建立的源自東亞的嶄新的大眾文化之內，也許蘊涵著一種可能性，即想像力與批判意識的結合，從而成為促進東亞人的新的認同性形成的文化資源。

總之，對東亞社會文化領域在全球化的影響下發生的變化，從與傳統相連的民間社會以及以大眾文化為基礎的消費社會這兩個層面進行了一些解釋。對這兩者結合的情況，以及其與國家（乃至政治社會）發展之間作用與反作用的關係，深切感到有必要確立新的理論框架來加以深入說明，可惜上面並沒有做到這點。

這裡，我想提出這樣一個立場，即要想真正解決這一問題，需要超越現在以學科制為中心的學術體系，編制「批判的東亞學」這一新的學術體系。而且這裡還需要說明的是，要完成這項工作，沒有超越全球資本主義文明，積極探索新的文明的精神是不行的。也就是說，我們需要有這樣一種信念，即「單一資本文明橫掃全世界這麼一個經濟論主張，也只不過是過於簡單化與修辭上的虛張聲勢而已」[42]。作為資本主義的自我完成過程同時也是作為文明的自我否定過程的資本主義文明，在它變成野蠻之前，我們就要有「充分動員尚存的文明遺產，建設新的地球文明」[43]的願望。在追求新的文明的道路上，我們體會到「積極關注在密切相關的各種文化之中作為鬥爭之一翼的該地域文化遺產的所有方面，這是極其容易實現的且具有極大意義的事情」[44]這一點時，想要構築新東亞發展模式的目標才能最終達成。以「民間社會」的概念來把握東亞中產階層的產生，以及與之相伴而生的本土性公民社會的成長，重視大眾文化的作用，也算是本文對於積極關注這一「地域的文化遺產」所做出的一次小小的努力。

42 Perry Anderson，〈文明及其內容〉，《創作與批評》，夏季號（一九九六），頁三九。
43 白樂晴，〈追求新的全球文明：韓國民眾運動的作用〉，《創作與批評》，夏季號（一九九六），頁一一。
44 Perry Anderson，〈文明及其內容〉，《創作與批評》，夏季號（一九九六），頁三九。

第四章　複合國家與「近代的雙重課題」
——重審東亞二十世紀歷史

宋文志譯

一、東亞論與「雙重課題」

一九七〇年代初我剛進大學的時候，我的思維仍然局限於「半國的視角」當中。雖然當時中美關係開始緩和，冷戰秩序也有所鬆動，但是分斷體制仍在作為東北亞冷戰中心的朝鮮半島裡發揮著作用，它仍支配著我們的身心，所以不僅不可能將東亞地域作為一個單位來思考，甚至連將朝鮮半島作為一個整體來思考也是不可能的。所以，我那時的思維沒能擺脫以分斷的半個國家——不完全的（或畸形的）國家——的視角來看待事物。

在這樣的大學時代裡，當我讀了一部在德韓人作家李彌勒的自傳小說《鴨綠江在流》之後，才切實意識到「半國視角」的局限性。李彌勒十幾歲時，參加過一九一九年的三一（抗日）運動，為躲避日本帝國主義的迫害而流亡到德國，在那裡定居下來。他前往德國的旅途激發了我的地理空間想像。他從當時的首都京城（日治時 seoul 的地名）坐火車出發，越過鴨綠江，橫穿歐亞大陸，最後才到了德國。雖然現在朝鮮半島的分斷體制已經開始鬆動，南北交流也在進行，但是我們還不能乘火車渡過鴨綠江去歐洲，所以在七〇年代對於像我這樣二十多歲的青年來說，他的旅程真的是一個莫大的衝擊。

隨著歲月的流逝，到了一九八七年以後韓國國內實現了民主化，一九八九年以後冷戰體制解體。在韓國內外發生劇變的一九九〇年夏天，我接到美國哈佛燕京學社的邀請，在那裡做了一年的訪問學者。這是我第一次較長時間住在國外，在那裡可以結交美國等許多國家的學者，促使我開始思考研究中國的韓國人的認同問題。我本來是研究中國歷史的，但是外國人經常向我詢問韓國的歷史和現實問題，使我不知所措。於是在這段時間裡，我終於認識到，即使研究中國歷史，也應該運用「東亞的視角」來思考問題[1]。

從美國回國後發現，韓國已經改善了過去與中國等東亞國家的敵對關係，中國朝鮮族和東南亞勞工也開始進入韓國。也就是說，這時需要的不再是過去那種「半國的視角」，而需要同時觀察東亞裡的韓國和韓國裡的東亞地理想像。讓我感到幸運的是，我的覺悟正好符合了這種時代要求。正是在這種情況下，東亞這一地域開始成為許多人思考問題的出發點，於是在韓國思想界裡出現了「東亞論述」。稍微誇張點說，韓國知識分子重新發現了「東亞」。

可是，如果從更深的層次來看，也可以在韓國思想史的脈絡中找到其歷史淵源。遠的來說，十九世紀末朝鮮知識分子在面對西方列強的侵略而追求東洋三國聯合的過程中，已經出現了把包括韓國在內的東亞作為一個整體來思考的思想傾向。這種思維方式在日本帝國主義的殖民統治期間受到壓制，轉為地下伏流，解放後仍受美國冷戰秩序的約束而不能迸發出來，結果到了一九九〇年代隨著形勢的變化而「回歸」正道。從近的來說，是七〇—八〇年代韓國進步知識分子所持有的第三世界問題意識，到了九〇年代借冷戰體制崩潰之機而發展為東亞論述。當時我們所提倡的民眾民族主義是對西方中心主義的一種反思，是以民族和民眾的生活為出發點的一種抵抗理論，它試圖探索出一種新的世界觀，蘊含著對第三世界的關注以及聯合第三世界的意識。因此，九〇年代在新形勢下重構民族民眾主義、克服民族主義自我封閉性的同時，為了在與韓國相鄰的地域和文明貫徹第三世界的問題意識，大家自然而然地把目光集中到了東亞的問題之上[2]。

我在東亞論述剛在韓國出現時就是提倡者之一。在參與這一討論的過程中，我利用各種機會，在韓國及東亞各地同所有關注這一問題的人進行探討。因為我相信，它在一定時間內可以使我們擺脫束縛著我們思想和行動的民族主義及西方中心主義，開創出新的理論和實踐的動力。

1　白永瑞，〈在韓國研究中國現代史的意義：為探索東亞視角所作的反思〉，《中國現代史研究會會報》，創刊號，一九九三年十二月。

2　崔元植，〈民族文學論的反思與展望〉，《民族文學的理論》（首爾：創作與批評社，一九八二），頁三六四。

當然，現在韓國國內的東亞論述也並非只有一種，而是存在各種不同的觀點[3]。我的東亞論也是在和這些不同觀點相互爭論的過程中形成發展的。在韓國（和日本），我的東亞論被稱為「作為變革論的東亞論」，或「作為實踐課題的東亞論」[4]。從這些名稱中也可以看出，我的東亞論並不單純是學術研究的成果，也是我作為教授在大學裡教書和作為雜誌編輯在大學外活動的人生經驗的濃縮。我把來自大學內外的這兩種經驗歸為「作為制度的學問」和「作為社會運動的學問」[5]。自七〇年代末開始，我作為編輯兼記者參與《創作與批評》季刊（創刊於一九六六年）的工作，後來我擔任主編三十餘年（也就是我所謂的「作為社會運動的學問」），這份刊物成為我半輩子學習的場所和實踐的舞台。伴隨著這一刊物的成長，我也一直在探索能夠使韓國發展成為更民主、更具主體性的社會理論和實踐方案，也想弄明白這對東亞鄰國社會的發展和共生具有怎樣的意義。所以，我只要一有機會，不僅在韓國國內，也願意與中國大陸和台灣，以及日本等地具有批判精神的學者相互討論，共同行動。在這過程中，我學到了很多東西，也結交了很多超越國境的知己[6]。

今天也同樣是為我提供了一次與大家交流的機會，所以我非常重視。為鄭重起見，下面將簡單介紹一下我（及「創批」同事）的東亞論的幾個特點[7]，尤其是其中受批判的幾個核心問題，這也許有助於提煉出我的東亞論的思想精髓。爭論的焦點就是我所提出的複合國家論是否真的能與東亞地域共同體的形成以及近代的克服結合起來的問題。

最近不僅在韓國，在全世界，經常見到具有批判精神的知識分子批判國民國家或民族主義

（也許這裡說的有點誇張），但是國家是使近代世界得以運轉的核心制度，我們的應對也該擺脫單純的反國家主義傾向，向創造更為合適的國家構造轉變。因此，我提出在朝鮮半島進行克服分斷體制的運動中，應該建立南北結合的鬆散狀態的「複合國家（compound state）」，因為這也許會成為「克服近代」的同時可以「適應近代」的一個例證。

一方面批判過度強調後現代主義和新型現代主義，一方面尋找更具現實意義的近代克服途徑。在這一過程中，我提出了「近代的雙重課題」（double project of adapting to and overcoming

3 例如，任佑卿針對韓國的東亞論，提出儒教資本主義論、政治經濟地域統合論、後現代文明論、批判性地域主義論來加以分類，並把創批集團的東亞論歸類為批判地域主義（〈作為批判性地域主義的韓國東亞論〉，《中國現代文學》，四〇號，二〇〇七）；而朴承祐則提出經濟共同體論述、地域霸權主義論述、東亞認同論述、替代體制論述，並把創批集團的東亞論歸類為替代體制論述（〈東亞地域主義論述與東方主義〉，《東亞研究》五四號，二〇〇八）。

4 對此更為詳細的討論可參考拙著，《思想東亞：韓半島視角的歷史與實踐》（台北：台社，二〇〇九），頁三九—六〇。

5 拙稿，〈東洋史學的誕生與衰退：東亞學術制度的傳播與變形〉，《台灣社會研究》，二〇〇五年，第五九期以及拙著，《思想東亞：韓半島視角的歷史與實踐》（台北：台社，二〇〇九），頁二四六—二七一。

6 這期間產生的成果有拙著，《思想東亞：韓半島視角的歷史與實踐》（台北：台社，二〇〇九）以及與孫歌、陳光興合編，《ポスト〈東アジア〉》（三人共編，東京：作品社，二〇〇六）等。

7 有作為知性實驗的東亞，雙重周邊的視角，複合國家論，國民國家內外連動的改革課題，溝通的普遍性，全球地域學等幾個特點。

modernity）論[8]。即將適應近代與克服近代作為合二為一的課題而同時加以推進。這一觀點有點過於抽象，為了幫助大家理解這一觀點，簡單說來，其核心內容就是承認近代意味著資本主義世界體制，從而尋找超越的途徑和替代的方案。為此，必須超越過去那種以一個國家為分析單位的思想方法，所以我在本文中將東亞作為我的分析單位。作為全面變革世界體制的一個中間層次的任務，探討東亞是否出現了能夠促使國民國家體制向更有意義的方向轉變的可能性，這是我研究的重點。具體說來，就是以日本的事例為中心分析二十世紀過渡期出現的韓、中、日三國圍繞國家利益展開競爭的意義，然後分析在已經進入二十一世紀的今天依然不能單單以「國民國家」來解決的地域問題——金門（台灣）、沖繩（日本）和開城（朝鮮半島）三個城市——對國民國家提出的挑戰。

這種努力不僅可以回答那些認為我的東亞論是使「韓國／朝鮮半島特權化」的言論，也希望能夠具體地揭示出克服朝鮮半島分斷體制的過程，對解決東亞地域各種問題具有怎樣的實質性意義[9]。

二、東亞近代的歧路與國家利益的重構

從東亞的立場來看，十九世紀後半期以後的近代史具有追隨和反抗近代化的複合含義，從「近代適應和近代克服的雙重課題」的視角來看，其特徵就更加明顯。

十九世紀末二十世紀初，在被迫納入由國民國家構成的列國體制（inter-state system）的過程中，東亞各國也認為追求富國強兵符合國家的最大利益，其成敗關係到國家的存亡。韓、中、日都把富國強兵作為國家的當務之急，將國內有限的資源（人員或預算）都集中到富國強兵的事業上。結果只有日本取得「成功」，成為「優等生」。與日本相比，面臨列強瓜分危機的中國是「半優等生」，而最終成為日本殖民地的朝鮮則只能算是「劣等生」。可是在經過一個世紀後的今天，我們有必要從二十一世紀型國家利益的角度來重新思考三國走向近代，即追求國家利益過程中所走過的不同道路[10]。

雖然國家利益在二十一世紀的今天仍在現實社會中發揮著重要作用，但是其內容已經發生變

---

8 這一構想可參考白樂晴在〈韓半島的殖民性問題與近代韓國的雙重課題〉（《創作與批評》，秋季號（一九九九））與Paik Nak-chung, "Coloniality in Korea and A South Korean Project for Overcoming Modernity," *Interventions*, Vol. 2, No.1, 2000中第一次提出，逐漸擴展到各個領域。可參考李南周編，《雙重課題論：近代適應與近代克服的雙重課題》（創批，二〇〇九）。

9 對我的東亞論有不少評論，這裡只提到柳浚弼的文章（〈分斷體制論與東亞論〉，《亞細亞研究》第五二卷，第四號，二〇一〇）。關於朝鮮半島特權化的批判在海外也有人提出，參見孫雪岩，〈試析韓國學者白永瑞的「東亞論述」〉，《山東師範大學學報（人文社會科學版）》第五四卷，第二期，二〇〇九。

10 關於國家利益的討論，《東亞近代移行的三條道路》（三人共著，創批社，二〇〇九）所登拙稿有所言及。而對日本的論述參考咸東珠，《天皇制近代國家的誕生》（創批社，二〇〇九）。

化。實際上國家利益是一個頗具危險性的詞彙，雖然超越於個人和集團利益之上的國家利益，常被賦予崇高的地位，但是國家政權往往將其作為空虛的政治宣傳用語，用來為政治服務。儘管如此，筆者在本文之所以還要使用國家利益這一概念，就是因為這一概念不僅在東亞的過去，甚至在今天也依然具有巨大的威力。如果不對其加以分析，不僅不能準確把握近代史的核心內容，也不可能探索出近代克服的途徑。在過去一個世紀裡，這是幾乎所有東亞人都執著追求的關鍵概念，所以在進行近代性反思時也是不可替代的素材。

筆者重新定義這個不僅非常重要，而且稍不留神就會犯錯誤的國家利益概念，並確立了二十一世紀型國家利益的四個標準。第一，要問是國內一部分人的利益，還是全體國民的利益，追求其**整體性**；第二，要問是暫時的利益還是可持續的利益，追求其**持續性**；第三，要問是不是可以直接發揮作用的利益，追求其**直接性**；第四，要問是否能和國際社會的利益並存，追求其**共存性**[11]。

下面將基於國家利益的這四個標準，即從二十一世紀型國家利益的立場來看，分析中日甲午戰爭（一八九四—一八九五）和日俄戰爭（一九〇四—一九〇五）到底給日本這個被稱為近代化優等生的國家帶來了怎樣的（或者可以表述為國家利益的）實際利益。

首先看一下中日甲午戰爭對日本的影響。甲午戰爭給日本帶來了心理上的好處（即作為文明國的自信心）和戰爭賠款構成的經濟上的好處等直接利益，對日本的國民統合起到了很大的促進作用，從某種意義上說算是成就了日本的國家利益。可是這不僅不能與國際社會的利益（尤其是朝鮮的利益）並存，到十年之後又不得不進行第二場戰爭，對於日本來說也不能算是可持續的利益。

十年後發生的日俄戰爭，從國家利益的角度來看，也有值得討論的地方。回顧一下日俄戰爭對日本的影響，戰勝的日本不僅成功地將朝鮮納入自己的勢力範圍，進而為以後吞併朝鮮奠定了基礎（即將朝鮮納為保護國），而且從俄國那裡得到了庫頁島南部的領土和南滿鐵路，獲得了比甲午戰爭時更大的殖民地。而且，已經進入產業資本階段的日本資本主義也隨著重工業的發展和財閥的形成而進一步得到發展，可以說獲得了直接發揮作用的利益。戰勝了作為西方列強的俄國，也使日本完全擺脫了開國以來的劣等感，成為與西方並駕齊驅的帝國主義列強之一。

可是，雖然這時期日本國內愛國主義高漲，但是仍很難說這符合日本全體國民的利益，日比谷暴動（一九〇五年九月五—七日）就是一個很好的證據。為召開反對簽訂媾和條約國民大會而聚集在日比谷公園的群眾，對媾和條約中沒有關於戰爭賠償的條款感到憤怒，發生了暴動。日比谷暴動也反映出日本民眾在戰爭中的犧牲與不滿。參加暴動的主要是搬運工、臨時工和苦力等城市下層公民，他們既經受了戰爭帶來的經濟困難，也經受著被產業化拋棄在勞動市場之外的痛苦。發生這種事件的主要原因就是日本在日俄戰爭中，付出了日本自身經濟能力難以擔負的軍事費用。日俄戰爭是日本對外政策有關支出中規模最大的一次。戰爭所帶來的困難並不只限於經濟領域，日本民眾也因戰爭而遭受喪失親人的痛苦。與甲午戰爭不同，日俄戰爭中日本軍隊死傷眾

11　小原雅博，《國益と外交》（東京：日本經濟新聞出版社，二〇〇七），序章。

多。甲午戰爭中日本動員的總兵力約二十四萬人，戰死者僅一萬三千三百零九人（其中病死者一萬一千八百九十四人），而日俄戰爭中戰死者約八萬四千人，傷者約十四萬三千人。

而且，通過日俄戰爭所獲得的國家利益與國際社會的利益（尤其是朝鮮的利益）不能共存，此後又帶來中日戰爭和太平洋戰爭等，顯然也不能說給日本人帶來了可持續的利益。

在回顧了這段歷史之後，我不禁要問，對於在這兩次戰爭中都取得勝利的日本來說，在追求國家利益的道路上能算是成功嗎？而且從中長期而不是短期來看，為吞併朝鮮而發動的兩次戰爭真的擴大了日本的國家利益嗎？這兩次戰爭並沒有給**全體國民**帶來可**持續的**利益，也不能與**國際社會的利益共存**。如果沒有韓日合併，從九一八事變到抗日戰爭，再到太平洋戰爭和戰敗的歷史也許要改寫。所以，對韓日合併的看法成為反思日本近代史的關鍵。

當然，現在日本也在超越「加害者」與「被害者」這種二分法的理解，認為晚於西方列強加入帝國主義競爭的日本並不是從一開始就有侵略意圖並願意發動戰爭的，而是在成為早熟的帝國主義國家過程中，不可避免地選擇了戰爭，經歷了複雜而曲折的歷程。目前這種說法的影響越來越大。

綜上所述，日本抱著大國主義的夢想，追求二十世紀型國家利益，並沒有給日本帶來實際的利益，因此不能不拋棄二十世紀型國家利益的概念。換句話說，不應盲目地追求近代，而要將近代適應和近代克服作為一個單一過程來追求，這樣才能符合日本及其鄰國大多數的利益。在此我們有必要關注當時的日本人提出的對履行「近代的雙重課題」具有親和性的思想潮流，即小國主義。我們試圖從內部打破二十世紀型國家利益的概念，解決國家的內部矛盾，並以此為基礎，構想和實踐新形式國家的想法稍不留意，就會變得抽象化和觀念化。為了擺脫這個危險，複合國家應該具有對小國主義更親和的文明論層面上的願景，同時也應該與能夠推動實現這一願景的短期的國家改革工作緊密結合在一起。

三、探尋適應和克服國民國家的道路：以三個城市為例

上面通過重構二十世紀過渡期東亞的國家利益概念，重新審視了國民國家的作用，下面將重點分析是否可以從位於國家（間）邊界上的城市沖繩（日本）、金門（台灣）和開城（朝鮮半島）尋找出超越國民國家框架的可能性。

當然，也許有人認為將中國大陸和台灣圍繞金門的關係，日本和沖繩的關係，以及南北韓圍繞開城的關係放在同一層次來討論很不容易，但是這三個城市都是我所說的使用「雙重周邊的視角」，即在以西方為中心的世界歷史展開過程中被迫走向非主體化道路的東亞這一周邊的視角和東亞內部等級秩序中受壓制的周邊的視角來觀察的典型對象。而且，更為重要的是，在適應和克服國民國家的問題上，它們都有激發反思的作用。

（一）國家與非國家之間：兩岸問題與金門島

金門島雖在行政上隸屬於台灣（即中華民國），與在地理上坐飛機需要將近一個小時的台北相比，乘船也只需要三十分鐘的廈門反而更近。這裡在歷史上就是超國的地域文化要衝。清朝時是東南亞等地華僑的故鄉和中轉站，福建（閩南）地域文化的核心地區。金門島成為台灣的中華民國領土是五〇年代的事情。清朝因在甲午戰爭中戰敗而將台灣割讓給日本時，金門島仍屬於清朝，清朝滅亡後歸中華民國管轄。可是導致這裡成為國界線的戰鬥於一九四九年以後在共產黨與國民黨之間展開，於是金門島與廈門地區隔絕，完全成為控制了台灣的中華民國的領土。

國民黨政府在一九四九年內戰失敗後退到台灣，與掌握了大陸的共產黨政權之間為爭奪金門島而展開了激烈的戰鬥。共產黨政府在占領廈門之後，就想占領只有咫尺之遙的金門，進而占領台灣，而國民黨政府要盡力加以阻止。尤其是一九五〇年韓國戰爭爆發以後，金門島不單純是國共對峙的場合，也是美中冷戰的戰略要地。兩岸圍繞金門島展開的戰鬥，最激烈的就是一九五八年八月二十三日開始的戰鬥。從這天開始的戰鬥直到十月五日才停止。在這期間，陸海空軍對金門島進行炮擊，發射的炮彈達四十七萬發。此後兩岸的炮戰也時斷時續，到一九七八年十二月十五日美國和中華人民共和國政府建交前後才終於停止。

在戰鬥持續的時間裡，居民遭受了無法形容的損失和傷害。直到一九九二年十一月七日金門島從戰鬥地域中劃出為止，在戒嚴下生活了四十三年，比台灣本島一九八七年解除戒嚴晚了五年。他們在這期間使用的貨幣也和台灣本島不一樣，與台灣本島的往來也受到限制。現在軍事基地雖然已經大多撤除，但是在資源少，產業發展困難的地區，也只能將戰地文化當作觀光資源。

對經過曲折多變歷史的金門進行研究，擺脫被局限於國境之內的一國視角，而從地域的視角來重新看待中國海峽兩岸，進而重新看待東亞提供了豐富的啟發。特別是對批判地看待現在台灣的主流思潮台灣獨立論及台灣民族主義，重新思考台灣的認同性問題非常有幫助。

也正出於這種原因，金門這一地名中的「門」字也就具有更為重要的象徵意義。它既有禁閉和地域隔絕的意義，也表現出無限的交流可能性，將來主體性的「金門開放」也許會為包括台灣人在內的東亞人打開更為廣泛的世界觀的大門[12]。

對金門的研究尚處於起步階段，目前的研究還主要集中在「以全球的眼光探尋地域實踐的可能性」上[13]，可是這種探索尚未得出具體結果，人家還只是把金門作為觀察兩岸問題的方便之門。金門已經開始實行兩岸交流的小三通（二〇〇一年一月開始的與中國大陸進行的通航、通商和通郵），是兩岸全面實行大三通的橋梁。金門的歷史變遷也要求我們知識分子要重新思考台灣

12 林正珍，〈消失的台灣歷史文化中的金門〉，金門縣文化局、中興大學籌辦，二〇〇八年金門學術研討會（台中：二〇〇八年六月十四—十五日）《資料集》。

13 江柏煒，〈台灣研究的新版圖：以跨學科視野重新認識「金門學」之價值〉，金門縣文化局、中興大學籌辦，二〇〇八年金門學術研討會（台中：二〇〇八年六月十四—十五日）《資料集》。

和中國大陸的關係。

台灣已經深深地陷入與中國大陸統一還是獨立的政治二分法的爭論中，在台灣並不存在合理地討論兩岸關係的環境，因此統獨雙方都需要有與民族主義無關的，可以心平氣和地討論兩岸問題的第三的理論架構，東亞觀點的意義也正在於此，特別是韓國的分斷體制論應該具有一定的參考價值。當然也不能將朝鮮半島的分斷問題簡單等同於兩岸問題，因為南北韓屬於對稱關係，而中國大陸和台灣之間存在著不對稱的問題。

可是台灣的批判性季刊《台灣社會研究》群體在討論兩岸問題時開始擺脫狹隘的國家主義或民族主義的爭論，將其視為促進台灣社會的民主變革以及東亞和平的運動。在探索這種宏觀視野的過程中，他們注意到了韓國的分斷體制論[14]。因為分斷體制論的視角不單純將分斷克服限定為國家間的問題，而試圖將其發展為民眾日常生活層次的社會變革運動。

在台灣，只要一正面討論兩岸問題就會被視為「統一派」，陳光興在這種氣氛之下仍積極提倡吸收韓國的分斷體制論，他將兩岸分裂的克服視為兩岸民眾和解的一種形式，或手段，而不是目的，他追求的不單純是兩岸的統一，而是和解的方法，所以關注「後國族（post-nation）」問題。至於運動的主體，他選擇了使「中國人問題化」的道路[15]。與陳光興類似，他的同事們也提出了「開放的中國人」、「作為方法的中國人」、「作為歷史文化的中國」等構想。

可是他們的這種理論也有其難以解決的困境。白池雲曾一針見血地指出，「如果兩岸體制的克服運動（不僅追求兩岸的統一）也希望最終實現台灣社會的民主化和東亞的和解，乃至世界資本主義體制的超克，那麼完成這一任務的主體何必冠以容易引起誤會的『中國人』這一名稱？而且，在『中國人』這一主體面前，他（陳光興——引用者）如何貫徹從白樂晴的『民族』中引出普遍性、國際性和民眾性？」這是這一理論需要回答的問題[16]。

如果說台灣與中國大陸是不對稱關係，那麼南北韓可以說是對稱關係。所以台灣不能照搬在南韓提出的作為分斷體制論一部分的複合國家論。台灣反而在這一理論的刺激下提出了「分斷體制論」或「複合社會論」。但是彼此之所以可以成為參照體系，是因為無論是兩岸體制克服運動還是分斷體制克服運動，都將作為改變世界體制的重大契機，將中期的分斷／分斷體制克服與各相關社會內部的總體變革聯繫起來進行思考。如果不像這樣具有短期、中期和長期的展望，保障大多數民眾在生活上的利益，制定出擴大民主參與的計畫，則難以擺脫統獨論爭的二分法。

而且，在完成這一任務的過程中，為了凝聚起足以改變中國強大的國家主義的力量，不僅需要團結兩岸的知識分子，也需要集中整個東亞知識分子的力量，因此需要建立形式與水準與各地域現實相適應的聯合。正如甲午戰爭和韓國戰爭對台灣的命運具有決定性影響一樣，韓國和台灣

14《台灣社會研究季刊》第七四號（二〇〇九年六月）是分斷體制特輯。

15 陳光興，〈白樂晴的「『超克』分斷體制」論〉，《台灣社會研究季刊》，第七四號（二〇〇九年六月），頁三九。

16 Ji-Woon Baik, "East Asian perspective on Taiwanese identity: a critical reading of 'Overcoming the Division System' of *Taiwan: A Radical Quarterly in Social Studies,*" *Inter-Asia Cultural Studies*, Volume 11, Number 4, 2010. 在這裡也向對事先提供原稿的作者表示感謝。

在歷史上、結構上息息相關，韓國人是否也應該充分認識到韓國的作用。

（二）超越國家：沖繩、小國主義及東亞和平

沖繩位於日本的最南端，從首爾乘飛機大概需要一個小時，離台北比離東京更近。在傳統時代沖繩的歷史就缺乏明確的國家界線，是一個非常獨特的地方。

作為獨立國家的琉球王國在一六〇九年受到薩摩藩的侵略之後，一直是幕府制國家中的異國。為了在華夷秩序之下維持與中國的貿易關係，德川幕府策略性地允許琉球以王國形式繼續存在。從那時到現在，沖繩的歷史就是在外部勢力占領統治的複合重壓之下，在超時代的脈絡中走過來的。

這一特點可以用過去連續發生的「處分」歷史來說明。處分這一說法體現了決定沖繩人命運的重大事件都是在外部權力機構單方面主導下發生的歷史脈絡。在同時向日本和中國朝貢，通過雙重關係維持獨立的琉球王國，在日本明治維新成功之後，一八七九年被日本政府強行吞併，被改編為日本的一個縣。這就是所謂的第一次琉球處分。第二次琉球處分正式開始於一九五二年（實際統治發生在一九四五年），雖然名義上還是日本的領土，但是與日本分離出來，適用美國法律，接受美軍統治。第三次琉球處分是一九七二年美軍將沖繩返還給日本（二〇一〇年五月二十八日，美日兩國政府發表共同聲明，宣布將普天間美軍基地轉移到沖繩縣，引起民眾抗議，這一措施也被稱為「第四次處分」）。

像這種外部勢力從上面強加的複合重壓的歷史，特別是沖繩居民對抗戰後歷史展開的運動有著豐富的意義，引起了日本國內和國際社會的關注。例如，孫歌指出：「沖繩存在著不能被國民國家回收的豐富的認同（identity）。」[17]汪暉也指出：「琉球的曖昧的歷史地位和模糊的獨立性或獨特性並不是簡單尋求民族獨立，而是追求一種自主性的新的政治形式。」[18]那麼迄今為止反對美軍基地，抗議日本政府態度的他們到底因追求何種政治共同體而受到如此評價呢？

一九七二年沖繩回歸日本本土之後，沖繩人「漂流在作為日本人的沖繩縣人和作為沖繩居民的沖繩人這兩個主體的邊緣上」。這是日本的沖繩研究者森宣雄形容他們複雜的主體性時所用的話語，他把可以排列在這兩個主體之間的思想偏差整理為如下四種[19]。

第一，祖國復歸運動思想。由於即使歸屬於日本本土，他們實現主權意志的願望不可能達成，祖國恢復論不能不遭受挫折。因為沖繩縣的人民能只占全國人口百分之一，以這麼點力量來左右由日本全國選舉出來的代表來組成的代議制民主主義決議，其可能性是極其稀薄的。

第二，沖繩獨立論思想。沖繩人作為主權擔任者得到解放，可從政治獨立來實現。可是這一道路要面對日本和美國兩大國家，很難實行。當然，能否成為獨立國家是另外一個問題。

17　孫歌，《歴史の交叉點に立って》（日本經濟評論社，二〇〇八），頁六七。
18　汪暉，〈琉球：戰爭記憶，社會運動與歷史解釋〉，《開放時代》，二〇〇九年第三期，頁一九。
19　森宣雄，《地のなかの革命：沖縄前後史における存在の解放》（現代企劃社，二〇一〇）。

第三，反戰復歸論思想。反對現實存在的日美安保體制下的日本，而希望回到和平憲法所描繪的戰後日本。

第四，反復歸論思想。希望將沖繩建構為反國家、非國民的思想共同體。

這四種思想的共同特點是，從日本國家或國民的現實中疏離，各自構想著「應該存在的沖繩形象」——存在於祖國懷抱的沖繩縣、獨立的沖繩、和平的日本人、非國民的沖繩人。

在這些不同思想並存的沖繩，我們很難判斷出他們所追求的政治共同體到底是什麼。不如說「從正面肯定認知論上可以把國民國家相對化的認同，把它培養為新的價值」（孫歌）是我們思想上的課題。在這裡，沖繩具有代表性的思想家新崎盛暉在他的著作裡提出「小國主義的立場」，從本文的旨趣來看，可以給我們很大的啟示[20]。

可是，要讓這種對國民國家的批判能上升至思想原理並得到說服力的話，不能不更加重視不僅能夠改變日本國民國家歷史的特點，也能對主導世界體制的美國霸權造成龜裂的沖繩社會運動的意義。現在美國霸權的基本體制是美國的軍事霸權。在二〇〇九年日本民主黨政權提出將沖繩的美軍基地移到沖繩之外（最初似乎想轉移到關島）時，從美國所表現出的強烈反對態度可知，美軍基地並不僅僅是要保障日本的安全，也對美國在東亞，乃至整個歐亞大陸也具有很大的戰略價值。所以，為了以最小的代價保障這些戰略利益，美國希望維持沖繩美軍基地。沖繩美軍基地問題不僅直接關係到日本政權的命運（正如它已經導致鳩山政權的垮台），也會引起美國霸權分裂的核心問題。因此，沖繩現場的美軍基地反對運動及美軍霸權批判不受現場或日本本土的範圍限制，成為關係全球的大問題，也為近代克服開闢了道路。

正是在這種意義上，沖繩問題與朝鮮半島的分斷體制緊密相關，具有世界史的意義。我們在天安艦事件（二〇一〇年）對東亞政治態勢的影響中也可以明確地看出這點，試想當時日本鳩山前首相推翻自己以前的諾言時所提出的理由正是需要維持美軍基地的「抑制力」。而這種抑制力所抑制的對象應該就是北朝鮮和中國。天安艦事件發生後，因普天間問題陷入困境的鳩山前首相立即打出朝鮮威脅論，找到了普天間基地不得不在沖繩縣內轉移的藉口。如果我們按照二〇〇〇年南北韓首腦達成的六．一五宣言的基調推進南北和解的話，也許不僅會對減輕沖繩人的痛苦多少有點貢獻，還能為日本國內的改革賦予活力，同時對制約美國的戰略也有一定的效果。這也是說明東亞已處於連動狀態的絕佳例子。

（三）國家主權重疊的地區：開城與分斷體制論

開城工業園區距離板門店八公里，距首爾也不過六十公里。這裡是和平的象徵，是經濟合作的據點，也是經濟統合的實驗基地。從歷史來看，自高麗、朝鮮直到殖民地時期，開城都是與朝鮮半島南北，以及中國等地交往甚多的開放貿易據點，但是在分斷體制確立後也成為一個對外封

---

20 新崎盛暉，《小國主義の立場で》（凱風社，一九九二）。

閉的城市。隨著分斷體制開始動搖，開城又回到其本來的歷史地位[21]，二〇〇二年設立南北住民可以在一起從事生產的開城工業園區，就是活生生的證據。

開城工業園區標誌著南北經濟合作從單純的貿易和委託加工為中心，初步階段轉換為直接投資階段，即南邊的資本和技術與北邊的勞動力相結合的直接投資形式。開城工業園區之所以受到重視，是因為這有利於增進南北的相互利益，緩和南北在文化上的分歧，而且制度合作也可以深化經濟合作，為以後的經濟統合奠定基礎。目前因南北關係緊張而大為萎縮。在如此嚴酷的南北關係之下，開城工業園區仍然如孤島一般存在著，這反而更能突出其現實重要性。

現在互惠的分工構造確立激發了未來成立包括開城、首爾和仁川等複合經濟特區的夢想。已經存在的開城工業園區有利於促使尚處於萌芽狀態的「朝鮮半島經濟圈」盡快成長起來，希望通過特區的逐步擴大，在保持南韓經濟和北韓經濟作為國民經濟原有的獨立性的同時，加強交流和合作，實現更高層次的經濟統合，進而形成朝鮮半島經濟圈。這裡所說的朝鮮半島經濟並不僅僅以韓民族為主體，而是追求一種開放型經濟。在追求統合的同時，並不以過高水準的經濟統合為前提，而是一種階段性的、動態的統合過程[22]。

將開城模式的現實意義和朝鮮半島中、長期發展計畫相聯繫而加以說明的就是複合國家論，其根據就是分斷體制論。台灣學者陳光興充分認識到，這種容易將分斷固定下來的、靜態的南北和平共存的「去分斷」論，或者由某一方單純的吸收統一相比，揭示了不同前景。他曾經說過「克服分斷體制必然意味著要超越過去有關自由、民主、市場、社會主義等的想像，在分斷社會間的差異不斷地相互作用的過程中，創造新的形式和理論。」[23]通過這段論述可以了解他的想法。

因此，複合國家既是國家間的結合形式，也是國民國家自我轉換的一種形式。而且，並不單純意味著統一，分斷體制克服也應該符合日常生活中民眾的實質利益，擴大民眾的參與，從而形成有創意的國家結構。只有在這種過程中形成的統一，才能帶來東亞的和平乃至世界體制的變革。這沒有相關國家和公民社會的合作是不可能實現的，東亞已經進入「作為過程的統一」階段。

四、分斷體制論、連動的東亞以及全球地域學

最後，我還想簡單總結一下上面提出的幾個論點。

首先，在追求二十世紀型國家利益的過程中，在三國互相競爭的東亞近代史中，各個國家成為主體，盲目地追求近代化，從而走上不同的道路。正如在歷史軌跡裡所清晰看到那樣，不應盲目地追求近代化，只有將近代適應和近代克服這一雙重目標作為一個任務來進行時，才能符合日本和周邊大多數人的利益。作為近代化「優等生」，日本的例子告訴我們，單純追求國家利益不

21 金聖甫，〈南北分斷的現代史與開城：交流與對立的雙重空間〉，《學林》，第三一號，二〇一〇。

22 韓半島社會經濟研究院編，《韓半島經濟論》（創批，二〇〇七）。

23 陳光興，〈白樂晴的「『超克』分斷體制」論〉，《台灣社會科學》七四，二〇〇九年六月，頁三〇。

僅無法與周邊國家的利益並存，也無法成為日本全體國民可持續的利益。有一點是非常明確的，那就是作為一種可能性存在的小國主義雖然在歷史現實中備受壓制，但是它能節制大國主義的野心，從而成為開闢近代克服可能性的思想資源。即使在二十一世紀仍無法實現小國主義，但是我們也可以通過了解到大國主義和小國主義之間內在的緊張關係，認識到結合時代條件創造性地重構國民國家的重要性[24]。我之所以說現在不能不實行近代適應與近代克服的雙重課題，也正是從這種意義上來說的。

當然，這一任務需要東亞各主體共同來完成，但是我還是想強調一下朝鮮半島的關鍵作用，因為朝鮮半島不僅是我實踐的現場，分斷的朝鮮半島也是世界層次的霸權支配體制的核心現場。這種主張常被誤解為韓國／朝鮮半島中心主義，但是毋庸贅言的是，在朝鮮半島形成的複合國家，即「低階段的聯邦制或國家聯合」會為「東亞固有的地域聯合形成提供一**個**（引用者強調）必要的條件」。可以用一段引文來加以說明。

> 即使南北韓選擇既鬆散又開放的複合國家形態，將帶來東亞聯合的實現或誘導中國暨日本的聯邦國家化的可能性是極其少，但至少可以促發西藏、新疆及沖繩進化為享有更充分的自治權的地區的解決辦法，也有助於中國本土和台灣在形式上採納香港式「一國兩制」的同時，在內容上找出與南北聯合接近的解決方案。[25]

但是只作這一程度的說明，有可能受到如下的批判：複合國家構想不能包括像台灣、香港、沖繩等並非完全意義上的國家問題。本文將金門、沖繩和開城工業園區放在一起討論，也是出於上述的憂慮。這些地區處於東亞位階秩序中的雙重周邊地位，因此有必要從這些地域／城市的立場，來重新審視複合國家論。

處於國家與非國家之間，甚至受「亞洲孤兒」台灣（本島）壓迫的，處於周邊地位的金門，以及在歷史上受外來政權複合重壓的沖繩人的歷史經驗，是可以將國民國家相對化的思想資源。透過當地人參與的擴大，創造出更加民主的國家構造，從長遠來看會進而成為改變世界體制的重要契機。在這一過程中，經驗裡蘊含的思想資源可以昇華為一種理論，這就是希望改變國家間結合形式，以及國民國家的自我轉換形式的複合國家論的意義之所在。

而且，東亞各地各自的努力息息相關，互相成為對方的參照體系。我們從台灣對分斷體制論的吸收，天安艦事件與日本政策變化的關係中已經可以發現其端倪。

那麼，互相作為參照體系又如何能夠與持續的思想努力結合起來呢？這裡，作為一種方便的手段，我提倡全球地域學。

全球地域學（Glocalogy）目前尚處於提出問題的構想階段，它把地方性（locality）、地域性

24 崔元植，〈世界體制無處可逃〉，收錄於李南周編，上引書（創批，二〇〇九）。

25 白樂晴，〈「東亞共同體」構想與韓半島〉，《歷史批評》，秋季號（二〇一〇），頁二四二。

（regionality）和全球性（globality）的問題放到一個緯度上進行思考的一種視角和方法，同時也規定了研究的領域。為了說明一概念，我想引用我已發表文章的兩段話。

筆者曾經把立足於全球地域主義（glocalism）而展開的一切學問稱之為全球地域學（glocalogy）。同樣屬於漢字文化圈的中國和台灣把它翻譯成「全球本土化」，在日本則用英語發音來標示。用韓語來說的話，也許可以翻譯成「全球地域學」。其核心內容，應該是指進行全球性的思考，且扎根於地域的學問。或者是把地方的，地域的和全球的放在同一層次來進行分析的學問。[26]

全球地域學中所說的「地域」一詞在韓語中具有雙重的意義，一是與中央相對的地方（local）性的地域，一是超越國民國家的地域（相當於中文中的「區域」〔region〕）。將地方的（local）和地域的（regional），以及全球的（global）放在一個層次上進行把握，意味著要優先考慮地域的對全球的作用，全球地域學上這種具有雙重意義的「地域」概念非常有用。因此，需要從兩種意義的地域中發現全球地域學的徵兆。[27]

最後還想再補充一點，全球地域學[28]必須更加關注且更加緊密結合，像複合國家論一樣更為創新更為民主的國家構造。「Glocal」這個新詞語的出現與「以全球性的視角思考，以地域的關懷行動」（Think globally, act locally）這個標語的流行有關。但我們不可忽略，這種標語的出現深藏著對作為改革機制的國家的部分否定。因此我想盡量在不忽視國家作用的範圍內進行「Glocal」思考。這正是從分斷的朝鮮半島的經驗中得出的，希望向東亞傳達的核心資訊。

26 拙稿，〈作為全球地域學的韓國學的（不）可能性：走向普遍論述的建構〉，《東方學志》（延世大學）第一四七輯，二〇〇九，頁一〇。

27 拙稿，〈作為全球地域學的韓國學的（不）可能性：走向普遍論述的建構〉，《東方學志》（延世大學）第一四七輯，二〇〇九，頁一四。

28 筆者在這裡想提倡重構作為全球地域學（Glocalogy）之一的中國現代史（乃至歷史學）。本文中提到「以現場為據點，確保對全球（global）水準的知識生產和流通過程的抵抗性和批判性」的研究態度，其實與這種主張在同一脈絡上提出來的。其核心是在考慮全球的同時，追求具有地域根基的學問，或者將地方性（locality）、區域性（regionality）的和全球性的放在同一層次上進行綜合分析的學問。將全球地域學這一生僻的概念與二十世紀中國研究聯繫起來的用意是什麼呢？眾所周知，中國現代史研究是以中國這一國家／國族（nation）為分析單位的學問。可是現在不僅被提起「中國果真是單一的？」問題，而且至少二十世紀中國的歷史與東亞史乃至世界史的動向息息相關。因此目前需要的是，不將中國當作一個單一分析單位，而將其下再分為各個下部單位，也即地域（local，或者region）單位，進而將其與地域的、全球的層次結合起來進行分析。這時，中國現代史研究重組為全球地域學的可能性才能實現。

第二輯

韓國的中台論

第一章　中華帝國論在東亞的意義
——探索批判性的中國研究

崔金瑛譯

一、為什麼關注「作為帝國的中國（China as an empire）」？

進入後冷戰時期以來，為了說明國際政治局勢，學者們提出了「歷史的終結」、文明的衝突、全球化及重新解讀帝國等一系列的主張[1]。二〇〇一年「九・一一」事件導致美國發動伊拉克戰爭之後，美國幾乎獨掌世界秩序。「帝國」這一概念正是為了說明美國這種霸權而被提出來

1 William A. Callahan, "Introduction: Tradition, Modernity, and Foreign Policy in China," in William A. Callahan and Elena Barabantseva (eds.), *China Orders the World: Normative Soft Power and Foreign Policy* (The Johns Hopkins University Press, 2011), p. 5.

的。之後，這一概念受到了超乎尋常的關注。在此之前，帝國被認為是「前近代性概念」，所以長期以來沒能在學界引起關注。可以說，「帝國」是最近才重新進入學者們的視野的[2]。但是用帝國來分析中國，似乎與上述學界的動態沒有直接的關係。筆者認為，「帝國」概念之所以能成為一個說明中國的工具，是因為與逐漸衰退的美國經濟（尤其是二〇〇八年經濟危機以後）相對，中國逐漸崛起為大國，已經到了被稱為「G2」的程度，因此更多人開始對中國的歷史獨立性產生了興趣，「帝國」這個概念也隨之進入了人們的視線[3]。

回顧過去，長期以來，人們更多是用「國民國家」這個概念來說明中國近現代史。這一概念無疑對我們分析中國起到了重要影響。在二十年前，筆者也曾從「國民國家的形成與變形」的視角貫穿了中國的近現代史[4]。在此之前，學界對中國近現代的主流歷史認識是：清末，尤其是在清日戰爭中（一八九四—一八九五）敗給日本以來，中國的文明觀發生了巨大的轉變，從「天下」到（萬國之一的）「國民國家」的轉變變得不可逆轉，當時的中國人也將完成這一轉變視為時代的課題；在中國人完成這一歷史課題的過程中發揮動力的正是民族主義（nationalism）。但是，筆者在一九九四年發表上述文章之際，韓國社會與論壇剛剛開始對二十世紀七〇至八〇年代盛行一時的韓國民族主義進行批判性探討。筆者順應這樣的思想潮流，試圖將民族主義與國民國家分離開來，分析其動態的結合過程，而不是將兩者的結合視為理所當然的結果。後來，在世紀之交的一九九九年，筆者從上述問題意識出發，更進一步著眼於國民國家「解放與壓迫的雙重作用」，將二十世紀中國史整理為：既是「國民的歷史」又是「國民被強制的歷史」，並提出二十一世紀對中國來說，是迫切需要「新的國家構想——即制約國民國家的強制性、啟動（國民國家的）解放功能——的時期」[5]。

進入二十一世紀以來，在韓國學界，裴京漢提出國民國家形成的這一視角是否適合我們理解中國現代史的疑問[6]。同時，帝國這一概念也開始運用於對中國史的理解上。再後來柳鏞泰提出

---

2 金琫中，〈後冷戰與「帝國」的重建〉，《歷史學報》（首爾），第二一七輯（二〇一三年三月），頁一八九。

3 在世界史上，現今依然存在的過去帝國中，中國是最受關注的例子，此外也有學者提及迅速恢復的俄羅斯聯邦以及歐洲聯盟、美國等例子。Jane Burbank & Frederick Cooper, *Empires in World History: Power and the Politics of Difference* (Princeton University Press, 2011), pp. 455-457.

4 拙稿，〈中國的國民國家與民族問題：形成與轉化〉，拙著，《思想東亞：朝鮮半島視角的歷史與實踐》（北京：三聯書店，二〇一一）。

5 拙稿，〈超克二十世紀型的東亞文明與國民國家：韓民族共同體的選擇〉，拙著，《思想東亞：朝鮮半島視角的歷史與實踐》，頁七八—七九。

6 裴京漢，〈中國國民黨的黨國體制與「中國式國民國家」〉，《中國近現代史研究》（首爾），第三一輯（二〇〇六年九月）；裴京漢：〈近現代中國的共和政治與國民國家的摸索〉，《歷史學報》（首爾），第二〇〇輯（二〇〇八）。但是裴京漢並沒有完全摒棄國民國家的框架。因為他認為二十世紀國民黨和共產黨的支配體系是「中國式國民國家」即「黨國體制（party-state system）」，並主張這一體制是（中國）演變到（確保共和政治與民主主義的）「普遍的國民國家」的過渡階段。他對筆者的〈中國的國民國家與民族問題：形成與轉化〉提出了批判，認為該文章遵循了西方式國民國家的視角（裴京漢，〈中國國民黨的黨國體制與「中國式國民國家」〉，頁一六），但筆者認為，普遍的國民國家這一想法不才是根據西方的歷史經驗提出來的嗎？

中華民族論具有「內化了的帝國性結構」[7]；全寅甲通過「帝國性國民國家」的概念，主張從連續性的角度理解中國的傳統與近代[8]。筆者也試圖從帝國性的角度，將中華帝國秩序的變遷與由日本帝國以及美帝國主導的地域秩序進行了比較[9]。這樣一系列的變化正是韓國研究者們想要主動地分析（二十一世紀以來的）中國（與韓國）在世界地位變化的結果[10]。

此文在順應韓國學界這種嶄新潮流的同時，試圖闡明從帝國的角度而非國民國家的角度分析中國近現代史到底具有怎樣的意義。首先，本文將那些試圖用超越國民國家框架的方法分析中國（史）的主張（無論是否直接使用帝國概念）——朝貢體制論、文明國家論、天下論等，視為廣義的帝國話語，並對這些主張進行批判性的探討。

在進入本論之前，筆者想先對「帝國」這一處於不斷爭論中的概念進行簡單的整理。當然，因為帝國這個概念極具爭議，所以這種整理也僅限於讓本文的主張更加明確。因為韓國不但沒有經營過帝國的經驗，而且還受過帝國主義的侵略，所以韓國人很容易將帝國等同於帝國主義，進而對帝國持一種否定的態度。但在本文中，筆者不願將帝國（empire）[11]這一近代以後翻譯過來的詞彙當作道德評價的對象，而願意寬鬆地將帝國定義為，擁有廣闊的統治領域，同時常常表現出對外膨脹傾向的廣域國家。因為統治領域寬廣，所以帝國具有統合多種異質性（heterogeneity）的寬容（或包容）原理。簡言之，帝國性的特點是寬容與膨脹。

考慮到這種界定會顯得太抽象，筆者打算先整理帝國與一些相關概念的差異。帝國具有包容其領域內居民的多樣性和異質性的原理，抑或是「戰略性寬容」[12]的特點，而這與強調國民同一性的國民國家是不同的。國民國家要求政治單位與民族單位的一致。所以，正如漢娜・阿倫特（Hannah Arendt）指出的那樣，國民國家不具備統合不同民族集團的原理[13]。同時，帝國與國民國

7 柳鏞泰，〈近代中國的民族認識與內化的帝國性〉，《東北亞歷史論叢》（首爾），第二三號（二〇〇九）。

8 全寅甲，〈從帝國到帝國性國民國家（I）：帝國的結構與理念〉，《中國學報》（首爾），第六五輯（二〇一二年六月）；全寅甲，〈從帝國到帝國性國民國家（II）：帝國的支配戰略與近代以後的重構〉，《中國學報》（首爾），第六六輯（二〇一二年十二月）。

9 白永瑞等，〈東亞地域秩序〉，「導論」，《超越帝國，走向東亞共同體》（坡州：創批社，二〇〇五）。

10 拙稿，〈中國的「東北工程」與韓國人的中國認識的變化：以對大眾與歷史學界的影響為中心〉，《中國近現代史研究》（首爾），第五八輯（二〇一三年六月），頁六三—七四。

11 漢字詞「帝國」很少出現在漢字古文獻之中。在韓國和日本的古文獻中，「帝國」可以推測為，與中國以外自稱「（皇）帝」的國家「相對的尊稱」。在傳統的東亞，廣域國家被視為天下，所以基本上不需要近代意義的帝國這一詞彙。請參考李三星，〈「帝國」概念的古代起源：漢字詞「帝國」的西洋起源與東洋起源以及〈日本書記〉〉，《韓國政治學會報》（首爾），第四五輯，第一號（二〇一一）。

12 Amy Chua, *Day of Empire: How Hyper Powers Rise to Global Dominance-and Why They Fall*, Anchor, 2009；見韓譯本《帝國的未來》（首爾：Viabook出版社，二〇〇八），頁一〇—一一。蔡美兒（Amy Chua）認為，帝國的寬容是選擇性的、「相對的」寬容，即關鍵是（該帝國）是否比其他競爭者更寬容。這與現代意義的寬容是完全不同的，現代意義的寬容，不僅僅是手段，而且還具有道德性的內容和尊重的意味。

13 「因為國民國家的（統治）根基是同質的（homogeneous）居民對政府主動的同意（每天的投票），所以沒有統一的原則。所以，在征服其他政權之後，較統合，更強調同化；較止義，更注重同意。」漢娜・阿倫特，《極權主義的起源》

家在空間上膨脹後要求服從、進行掠奪的帝國主義也是有區別的。國民國家在空間上膨脹以後，像日本那樣，雖然標榜為「帝國」，但實際上是以帝國主義的形式出現的[14]。當然，構成帝國的各個要素之間不可能平等地結合，（帝國的）中心會對其周邊進行支配，即形成一種「中心—周邊」關係，這種中心與周邊的支配—被支配關係成為帝國的基本結構。簡單地說，帝國的中心，具有只介入帝國周邊的外政而不直接干預內政的傾向[15]。

即便（暫時）這樣界定帝國，仍有尚待解決的問題。那就是其領域的範圍到底應該算到哪裡？與國民國家明確的國境（border）相反，前近代的帝國，是用平面形狀的境界區域（frontier）來劃分其統治領域的。這一特點在中國的（統治）範圍裡也表現得十分清晰。通常，理念上的中國帝國——天下（即世界）——與歷代王朝實際統治的現實中的中華帝國版圖是有區別，又相互重疊的。同時，實際統治的領域是通過與四夷接壤的面（即外境，一種被稱為疆域的灰色地帶）和其內部（非中國人）少數民族間的內境來劃分的。那麼中華帝國的實際版圖到底延伸到哪裡呢？我們不妨將內外境界區域裡的部分視為現實中的中華帝國。但是存在於境界區域外部的周邊各國與中國帝國也締結了朝貢、互市、蕃部、條約等一對一的國家間關係，那這些周邊國家是否應該視為帝國的一部分呢？這既是歷史的問題，也是現實的問題[16]。筆者想強調的是，現實的帝國與理念上的帝國的領域是十分流動的，在具體的狀況下，存在過前者試圖擴張到後者的傾向（即帝國性）。筆者在此將原來中華帝國的版圖（proper China）擴張到滿洲、蒙古、新疆、西藏等地區的清朝領域——其中的大部分今天已成為中華人民共和國的領土——視為現實的中華世界

（的極限），將包含其周邊國家的圈域視為東亞地域秩序。當然，因為兩者有時會相互重疊，所以不能忽略兩者關係的可變性[17]。

繼帝國的概念與領域之後，需要注意的問題是，從帝國的視角考慮中國有什麼優點。強調「作為帝國的中國」這一視角的白井聰甚至認為「如果不自覺設定這樣的視角，那麼，將無法加深對現代中國的認識」，我們一起來聽聽他的理由：

第一巻（坡州：Hangil出版社，二〇〇六），頁二七〇—二七一。

14 白井聰，〈「陸の帝國」の新時代は近代を超えうるか〉（「大陸的帝國」的新時代是否能超越近代），《atプラス》（東京），第一二號（二〇一二年五月），頁一三六。與此不同，山室信一將近代帝國規定為「國民帝國」。山室信一，〈「國民帝國」論の射程〉（「國民帝國」論的射程），山本有造（編），《帝國の研究》（名古屋大學出版會，二〇〇三）。

15 關於帝國概念與結構的更為詳細的說明，請參考木畑洋一等（編），《二十一世紀歷史學の創造4：帝國と帝國主義》（東京：有志舍，二〇一二）中，木畑洋一的總論〈帝國と帝國主義〉（帝國與帝國主義）。

16 川島真，〈近現代中國における國境の記憶：『本來の中國の域』をめぐる〉（近現代中國的國境記憶：關於「原本的中國的領域」），《境界研究》（札幌），No. 1，二〇一〇。

17 全寅甲，〈從帝國到帝國性國民國家（I）：帝國的結構與理念〉，《中國學報》（首爾），第六五輯（二〇一二年六月），頁一六六；全寅甲，〈從帝國到帝國性國民國家（II）：帝國的支配戰略與近代以後的重構〉，《中國學報》（首爾），第六六輯（二〇一二年十二月），頁二六六。在此文中，全寅甲認為朝貢國不是帝國的一部分。金成奎認為，朝貢體制是傳統中華世界秩序，而不是傳統東亞世界秩序。金成奎，〈美國及日本關於「傳統中國的世界秩序」的研究史及其特徵的比較〉，《歷史文化研究》（首爾），第三二輯（二〇〇九），頁三一。

中國的前近代帝國沒有分解成多個國民國家，至今還維持著中世紀帝國的性格，這種特殊性決定著現今中國的存在方式，同時，如果說現代是從國民國家的時代飛速轉變為「帝國」的時代，那麼從某種意義上，中國原有的帝國的性格不但不會消失，反而會進一步加強。[18]

關於此引文的後半部分中提到的時代轉換的問題是否得當，是需要進一步討論的，但這部分與本文的主旨沒有直接的關係，因此暫時放到一邊。但其前半部分提出的理由還是可以接受的。從汪暉提出的，中國近代史中存在「帝國建設與國家建設之間的重疊關係」[19]的主張中也可以看出，用來說明西方人的近代經驗的框架——帝國與國民國家的二元論，即帝國到國民國家的轉變——是無法說明中國人如此龐大而複雜的歷史經驗的。即只用國民國家或只用帝國，無法說明中國近代以來的變化。因此，筆者也曾經用過「披著國民國家外衣的帝國」[20]這一比喻。當然，也可以像全寅甲那樣，用「帝國性國民國家」這個將兩個概念合而為一的詞彙來描述中國，同時也可以考慮使用其他的概念。綜上所述，雖然帝國這個概念是由西方提出的，但這一概念有助於說明中國史在世界史中的特殊地位，強調其獨立性。這正是帝國話語的第一個優點。

用帝國話語來理解中國時，我們能獲得的第二個優點是，（正如上面已經提到的）我們可以在一定程度上擺脫研究中國史時容易陷入的問題，即傳統和近代的二分法（dichotomy），進而注意到傳統與近代之間的連續性。第三個優點是，可以確保一種將中國這一帝國與古今中外的諸帝國進行比較、分類的世界史視角，即便這種比較僅僅是形式上的。最後一個優點是，可以充分顯現出中華帝國包容多樣性與異質性的原理或運作方式，也就是膨脹與寬容相重疊的帝國的運作方式。

但是，我們也不能忽略帝國話語所導致的諸多問題。首先，帝國這一概念（或形象）除了具備寬容之外，還具有膨脹的要素，因此有可能會喚起中國內外對帝國負面的歷史記憶。第二，僅僅依靠過度強調中國史的連續性是無法克服傳統與近代的二分法的。我們不能忽略龐大帝國在按照近代世界體制的規則成為一個國民國家的過程中，依舊會顯現出其連續性。只有完整地理解中國史中的間斷與連續的複雜關係，才能有效克服二分法的歷史觀。第三，僅靠各種帝國類型的比較是無法確保世界史的視角的。帝國的基本結構是中心與周邊的支配—被支配的關係，但兩者的關係是通過雙方向的對抗與變化來完成的。（在帝國主義的描述中，我們經常可以看到帝國主義國家對其殖民地的單方向的影響，但在帝國中，中心與周邊的關係不是這種單方向的關係。）即使龐大的中國與周邊國家的關係是不對稱的，但作為其中一方的弱小國家的作用也是不容忽視的。所以，即使是從帝國的視角來理解中國，也不能忽略中國與東亞地域秩序的連動性，同時，

18　白井聰，〈「陸の帝國」の新時代は近代を超えうるか〉（「大陸的帝國」的新時代是否能超越近代），《atプラス》（東京），第一二號（二〇一二年五月），頁一三四。
19　汪暉，《亞洲視野：中國歷史的敘述》（香港：牛津大學出版社，二〇一〇），頁七四。
20　白永瑞等，《東亞地域秩序》，頁一六。

作用於此的國家間體制（inter-state）這一世界史的原理也是十分重要的。最後，帝國話語所關注的基本行為者是國家而不是社會，因此將帝國概念適用於中國社會時，尤其是適用於中國近代史時，可能會忽略國家與社會之間相互作用的動態性（dynamics）。

因此，本文特別強調將中國視為帝國的「周邊視角」。通過這一點，希望既可以充分發揮視中國為帝國這一視角的優點，又可以克服其不足。筆者在探討了有關中國的帝國話語之後，再從周邊國家和地區在主權重構方面所付出的努力這一角度來批判性地探討帝國話語的用意也正在於此。

從現在開始，我們將正式開始分析那些用來說明寬容與膨脹相重疊的帝國性帝國話語的主要分支。

二、帝國話語的批判性分析（之一）：重思朝貢體制

朝貢制度是很多用帝國概念說明中國的學者們所關注的中華帝國運作方式。但是，那些認為現代中國與中華帝國具有歷史上的連續性，而且這一連續性會以帝國的形式在二十一世紀的世界秩序中發揮積極作用的學者，都不是歷史學家。因此作為歷史研究者，如果筆者僅僅用歷史學界關於朝貢制度的研究成果來評價他們的主張與歷史現實相符程度的話，將很難開展有效的分析。因此，筆者打算把重點放在這些觀點對預測現在和未來的中國有什麼作用的問題上。通過此文，

筆者試圖與歷史學（包括大眾圖書在內的）及其他領域的帝國話語進行對話與溝通。

大眾讀物《當中國統治世界》的作者馬丁．賈克（Martin Jacques）預測，如果中國支配二十一世紀的世界，那麼朝貢制度很有可能會復甦。他認為「朝貢制度與其說是政治、經濟制度，不如說是文化、道德制度」。他主張「在東亞地區，中國即將掌握的霸權雖然與過去朝貢制度的形態會有所不同，但朝貢制度的痕跡依舊會殘留下來」[21]。隨著中國上升為東亞的新中心，他所認為的過去朝貢制度的諸要素被視為中國主導下的（二十一世紀）嶄新的（即與過去帝國主義秩序不同的）世界秩序的運作方式，因而在中國內外備受關注。

雖然，在歷史上朝貢制度確實起到過作用，但歷史學界已經提出過能否將其稱為「朝貢體制」的質疑。正如筆者在其他文章[22]中簡單提及的那樣，費正清（John K. Fairbank）通過對清帝國時期東亞國際秩序的觀察，確立了中國世界秩序（Chinese World Order）與朝貢體制（tribute system）理論，並將這一理論推廣到（清帝國）以前的時期。他的模式至今還被認為是理解傳統中國對外關係的主流學說。但是也有一些學者對他的觀點提出了批判，指出他的理論是將向近代

21 Martin Jacques, *When China rules the World: The Rise of the Middle Kingdom and the End of the Western World* (Allen Lane, 2009)。筆者參考的是韓譯本，馬丁．賈克，《當中國統治世界》（首爾：Buki出版社，二〇一〇），頁三六一—三六二。

22 拙稿，〈變與不變：韓中關係的過去、現在、未來〉，《歷史批評》（首爾），第一〇一輯（二〇一二），頁一九九—二〇二。

條約體制論的過渡視為前提的範式，是與歷史實際不相符的概念[23]。

即便中華帝國不是按照朝貢體制運作的，但多數人還是承認朝貢與冊封的等級式地域秩序。而在清日戰爭中的戰敗導致中國失去了朝鮮這個最後的朝貢國，此後這種朝貢與冊封的關係也隨之解體。但是，茂木敏夫指出，朝貢秩序作為一種理念，被進一步簡化之後，仍然保留在人們的記憶之中。因為在現實中，它已經消失了，所以反而導致這一中國世界秩序被「理想化為應該恢復的傳統」[24]。

與歷史學界批判朝貢體制的趨勢相對，國際政治學界認為，朝貢體制不僅僅是概念性的產物，而且還是一整套實際政策的組合，同時也是理念與實際相結合的世界模式[25]。其代表學者就是被稱為從博弈論的均衡視角說明朝貢體制的第一人——沃麥克（Brantly Womack）[26]。他沒有用基於儒家道德的文化或者交易關係中的外交裝飾來解釋朝貢體制，而是從國家間利益關係的角度分析了該體系，從而論證朝貢體制的合理性。他認為，朝貢體制是一種中國依靠優越於鄰國的地位而形成的地域性制度的產物，中國與周邊鄰國的關係是非對稱的，雙方通過合理的選擇與戰略上的相互作用，維持著這一體制。中國倚靠朝貢秩序來維持地域秩序的目的不僅僅在於維持其正統性，同時也是為了以最低的成本來維持邊境地域穩定的戰略。

中國的國際政治學界似乎也願意接受他的主張，因此較為受關注的觀點是：朝貢體制不是單方面的支配，而是「多重的、動態的外交現象」，是雙（多）方相互作用的結果；東亞之所以能維持長期的穩定與和平，原因正在於此[27]。隨之，一些人提出了質疑，認為當今的國際政治理論是《西伐利亞和約》以後出現的，對說明歐洲國家之間既相互對稱又相互競爭的關係是有用的，但用它來說明中國處於絕對優勢的東亞國家之間的非對稱的歷史經驗有可能是不合適的。這種質疑的呼聲最近越來越高[28]。從這種觀點考慮，他的以及那些引用他觀點的中國學者的主張，對理解中華帝國的運作原理是相當有用的。

當然，雖然他們在積極評價朝貢體制時，並沒有直接使用本文中所關注的帝國概念，但是，他們所主張的內容——即中華帝國周邊之所以能夠維持長期的和平，不是因為中國用武力來征服周邊國家，而是因為非對稱的諸多國家通過彼此間的「合理選擇與戰略上的相互作用」維持朝貢體制——正是帝國話語的核心要素。

---

23 美國與日本有關朝貢體制的研究，請參考金成奎，〈美國及日本關於「傳統中國的世界秩序」的研究史及其特徵的比較〉，《歷史文化研究》（首爾），第三二輯（二〇〇九）。

24 茂木敏夫，〈中國的世界像の変容と再編〉（中國世界像的變化與重構），飯島涉、久保亨、村田雄二郎（編），《シリーズ二十世紀中國史1，中華世界と近代》（東京大學出版會，二〇〇九），頁五四。

25 Zhou Fangyin, "Equilibrium Analysis of the Tributary System," *The Chinese Journal of International Politics*, Vol. 4, No. 2 (2011), p.149.

26 Brantly Womack, "Asymmetry and China's Tributary System," *The Chinese Journal of International Politics*, Vol. 5 (2012).

27 同注25，頁一四九、一七八。

28 林民旺，〈沃馬克的結構性錯誤知覺理論研究〉，《國際政治研究》，第二期（二〇〇九），頁五八—六〇。

那些沒有像馬丁．賈克那樣，將朝貢制度視為「文化、道德制度」，而是從國家關係這一利益角度理解朝貢體制合理性的國際政治學者們，將觀點集中體現在沃麥克的「今天的中國可以更好地運用過去中華帝國的（在與周邊小國的關係中獲得的）經驗」[29]這一觀點之中。在他們的主張中，朝貢體制這一帝國遺產對當今中國和未來中國的政策內涵占有重要地位[30]。從這一點說，帝國話語具有較強的未來指向性。

筆者並不是認為這種前瞻性本身有問題。但在此，筆者想要指出的是，在他們的朝貢體制論中，忽略了位於中華帝國周邊小國的作用[31]。這一觀點就與怎樣衡量（具有未來指向性的）朝貢體制論在世界史上的作用密切相關，因而具有相當重要的意義。（正如下面將進一步分析的，上述觀點，與在國家間體制這一資本主義世界經濟的政治上層結構的根本變革中，中國怎樣創新地利用和動員朝貢體制這一帝國遺產的問題直接相關。）

因此，有必要關注金宣旼提出的觀點，他認為正如在清帝國內部，漢人、滿人、蒙古人都有各自不同的地位與作用，「朝鮮也發揮了普遍帝國的外藩的作用」。「作為中華文明的一員，朝鮮是表現清帝國普遍主義的十分合適的主體和對象。」[32]筆者也曾經在分析韓中關係史的文章中，將韓國在韓中關係史中的地位／作用視為「不變的條件」，強調「朝鮮的態度既可以很好地維持東亞秩序，也有引起分裂的可能性」[33]。

三、帝國話語的批判性分析（之二）：文明國家論與天下觀的現今作用

此外，「文明國家（civilization-state）」這個概念雖然沒有直接提及帝國概念，但也有強化帝國話語的效果。這一概念同樣更多地應用於歷史學以外的學術領域。在這一點上，上述馬丁・賈克的主張再一次吸引我們的注意。我們一起來聽一聽他的「國民國家是文明國家這一底層結構的表層而已」[34]的主張：

29 同注26，頁三八。

30 除了國際政治學者之外，人文學者汪暉也表現出類似的思考方式。他認為「朝貢體制不是規範而明確的制度，而是具有靈活性的聯結模式」，並認為香港的「一國兩制」與朝貢體制的權力結構相似。汪暉，《亞洲視野：中國歷史的敘述》，頁二九九、三二二—三二三。

31 如周方銀（Zhou Fangyin）在Equilibrium Analysis of the Tributary System（*The Chinese Journal of International Politics*, Vol. 4, No. 2, [2011]），頁一七五中，以朝鮮光海君為例，指出小國內化朝貢體制概念對維持穩定的均衡十分重要，所以並不是完全無視小國的作用。

32 金宣旼，〈滿洲帝國還是清帝國：最近美國的清代史研究動向〉，《史叢》（首爾），第七四號（二〇一一），頁一一八—一一九。

33 同注22，頁一九四—一九五。

34 馬丁・賈克，《當中國統治世界》，頁二六三。

> 中國之所以是文明國家，不僅因為中國是最近才以國民國家的身分出現在人們的視線之中，而且還因為至少兩千年的歷史不斷地介入到當今的中國，成為一種行事的指南。中國人之所以不斷地受（視中國為世界中心的）中華思想的影響，也是因為中國是一個文明國家。……以中國為例，不僅是歷史，還有現存文明為中國人思考國家和認識自我提供了動力。[35]

他將中國規定為文明國家而不是國民國家的重要根據是，中國的國家認同植根於中國的文明，因此與國民國家的原動力——民族主義——是不同的。從本質上，中國人是依據文明觀念來解釋中國的領土和統一國家的特點，這才是體現中國作為文明國家的最典型的例子[36]。

當然，世界上存在很多文明。西方文明也是一個例子。但是，他認為在世界史中，因為中國所具有的悠久歷史和龐大的地理、人口規模及多樣性這兩個特點[37]，同時在現階段，中國又被認為成功轉變為國民國家，所以目前保留下來的文明國家就只有中國。

他所關注的文明的根基是儒家思想[38]。在這裡，追究馬丁・賈克將歷史上存在過的多種不同的儒家形態粗略地規定為中國文明根基的主張，是否與歷史事實相符等觀點，並不是十分有效的分析方式。但有一點還是需要明確地指出，那就是，正如在「新清史」的爭論中所體現的，清帝國的統治是「橫向的內亞東西模式」與「中原—江南縱向南北觀」並存的「一種複合式新型統治體制」，所以必須要有一種綜合的視角[39]。與其簡單認為只有儒家是中國文明的根基，不如著眼於中國文明的複數性和累積性，較能符合歷史事實。

當然，我們也需要指出，他提出作為文明國家的中國這一概念的理由並不是在儒家本身。他的文明國家論的核心在於強調現在和將來中國的文化身分。所以，他認為，文明國家內部的運作方式具有「實際上與聯邦制相近」的特點。表面上，雖然維持著單一的政府體制，但實際上是一個「由多個具備個別的政治、經濟、社會體系的半自治的省份構成的體制」。中國的省與國民國家相似[40]，因為清朝這一帝國領域在帝國主義侵略下並沒有分解，因而當前的中國從其規模來說，超越了世界其他地方的國家聯合體[41]。正因為這一特點，得以確保以大一統為前提的多樣性，中國賦予香港的「一國兩制」就是其典型的例子。如果是一個國民國家，將很難容忍這種方

35 同上，頁二六九。
36 同上，頁二七七。
37 Martin Jacques, "Understanding China," *LA Times*, 22 (November, 2009); "Civilization state versus nation-state," *SüddeutscheZeitung*, 15 (January, 2011).
38 同注34，頁二六五。
39 楊念群，〈「新清史」與南北文化〉，「中華民族的國族形成與認同」學術研討會，上海：華東師範大學，二〇一三年三月；楊念群：〈超越「漢化論」與「滿洲特性論」：清史研究能否走出第三條道路？〉，《中國人民大學學報》二〇一一年第二期。
40 同注34，頁二七〇—二七一。
41 柄谷行人，〈世界史の構造のなかの中國：帝國主義と帝國〉（世界史的結構中的中國：帝國主義與帝國），《atプラス》（東京），第一一號（二〇一二年十二月），頁四七。

式[42]。這不是領土上或政治上的意義，而是基於文化的、作為實體的文明國家中國的運作原理，同時又擴張到外部這一個層次，形成了「大中華圈」[43]。

我認為這樣的文明國家話語是那些（苦於無法正確理解中國的現在與未來的）西方人提出的概念。這一點，在（從政治文化的角度著手分析中國政治的）白魯恂（Lucian W. Pye）早期所使用的這個概念中表現得十分清楚。他認為現在的中國，如果從西方的角度考慮，就如同歐洲的羅馬帝國延續至今，而且現在又想以「一個國民國家」的形式存在，並稱「中國不是從屬於國家群（the family of nations）的又一個國民國家，而是一個佯裝成國家的文明國家（a civilization-state pretending to be a state）」[44]。

但是最近中國也引入了文明國家這一概念，出現了一些知識分子，用「文明國家」來表達在現代化與去西方化（de-westernization）取得成功後的自信及對本國文明的肯定。其代表人物是甘陽。他認為，二十世紀中國的中心任務是建立近代「民族國家」，但二十一世紀的中心任務是超越民族國家的邏輯，而自覺地重新將中國建設成「文明國家」（civilization-state）[45]。

上述西方學者的文明國家話語似乎對甘陽提出文明國家的主張產生了不小的影響。他認為，認真對待中國的多數研究者都會同意中國既是一個國家，又是一個具有厚重歷史的巨大文明。甘陽直接引用白魯恂所提出的「一個佯裝成國家的文明國家」這一表述，並指出這是西方政治學界的流行說法。進而，他也從中國的近代思想資源中尋找其根據。他指出，梁啟超在構思「新民說」（一九〇二—一九〇六）時，雖然只考慮到建立民族國家這一短期任務，但十幾年之後，當發表〈《大中華》雜誌發刊詞〉（一九一五）和〈中國與土耳其之異〉（一九一五）時，已注意到「大中華文明國家」的長期願景。他認為，梁啟超亦注意到構成「國性」的核心是文明性，所以應該將此資源視為二十一世紀的中國思想界的出發點[46]。為了主張要回歸過去的中國文明，他甚至主張「復古本身就是一種革新或革命」[47]。

筆者認為，我們無法不從他的主張中感受到中國民族主義的欲望。他為了強調中國的「現代化但不是西方化的」成功，將土耳其的例子稱為「自宮式的現代化道路」，並提出希望中國不要像「自我撕裂的」、「三流國家」土耳其那樣，成為西方的屬國[48]。在此，有必要明確點出，白魯恂所提出的文明國家不僅僅是指中國，其他的許多亞洲國家都可以應用此概念[49]。同時，在此我們有必要重新考慮文明國家的概念是否可以一直適用於中國。

---

42 Martin Jacques, “Understanding China,” *LA Times*, 22 (November, 2009).

43 同注34，頁三四五。

44 Lucian W. Pye, “China: Erratic State, Frustrated Society,” *Foreign Affairs*, Vol. 69, No. 4 (Fall, 1990), p. 58.

45 甘陽，〈從「民族—國家」走向「文明—國家」〉，甘陽，《文明．國家．大學》（北京：三聯書店，二〇一二），頁一。

46 同上，頁三。

47 同上，頁一五。

48 同上，頁一四。

49 Lucian W. Pye, “International Relations in Asia: Culture, Nation, and State,” *The Sigur Center for Asian Studies*, July, 1998, p. 9.

對擴散帝國話語推波助瀾的，除了文明（國家），還有「天下」概念。趙汀陽在《天下體系》[50]中，重新解讀了中國傳統的天下觀，使之成為可以與歐洲近代民族國家的擴張形態——帝國主義——相對抗的、維護二十一世紀和平與世界秩序的原理。

他認為，與西方由民族或國家構成的世界概念不同，天下這個中國人的世界觀具有多重的意義，所以天下即（中華）帝國從根本上來說，不是「國家」，更不是民族國家，而是一種政治、文化制度，是一種世界社會。

他的天下理論的核心是「無外」原則。如果說基於基督教的西方世界秩序源於劃分敵我，那麼，天下理論是一種「化敵為友」的理論，其「化」是吸引對方，而不是征服對方。因此無外原則是將天下理論上升為人類世界秩序原理的根據[51]。這難道不正與上面提到過的帝國運作的寬容原理相符嗎？

他的「無外」原則由「內外」原則作補充。對他來說，這兩個原則所說的「外」的概念不是同一層次上的，所以不會互相矛盾。「無外」原則是世界制度層面上的，是「沒有任何異端的」、四海為家的概念，「內外」原則是國際關係上的原則，用來說明親疏有別的遠近關係。而且這個內外意識通過演變，最後成為所謂「華夷之辨」的意識。但是，因為無外原則制約內外原則，所以，華夷的區別也只是表現為文化上的差異，不會導致無法共存的對立或異端之類的他者，它同時還抑制天下、帝國演變為軍事帝國。終究，他所要表明的是，中國這一天下、帝國所追求的是文化帝國，這一文化帝國以「禮」為基本原則，抑制自身的膨脹。

對於歷史研究者來說，指出趙汀陽所提出的天下話語中理論與現實之間的距離，是一件比較容易的事。所以，在此，我想從與本文主題直接相關的帝國性的一個側面——寬容的角度提出一點意見。他認為，支撐天下觀的中國思想的基本能力乃至基本精神「不在於因時而變，而在於可以（教）化萬物」的「化」。在此，我想對他的這個「化」中所包含的向心力提出一點質疑。他認為與西方的「討厭他者，但是忍著」的寬容不同，中國的「大度」是接受多樣化，將「多」化為「一」[52]。但他的分析也只到此，沒有指出「一」化為「多」的離心力[53]。

比筆者更明確地批判這一點的是威廉・卡拉漢（W.A. Callahan）。趙汀陽所說的「化敵為友」或強調「皈依」等內容，在卡拉漢的眼中，與「一種帝國暴力邏輯」是沒有區別的。進而，他認為，趙汀陽的著作之所以成功，是因為存在於中國內部的想利用民族主義的方式來解決全球性問題的欲望，同時是「一種愛國主義形式的普遍主義」（a patriotic form of cosmopolitanism）在國內流行的表現。卡拉漢批判趙汀陽的核心內容，即「後霸權體系的主張往往包含嶄新的（時而暴力性的）包容與排斥的萌芽。即天下表現出新霸權的大眾效果，通過這種方式，二十一世紀的等級

50 趙汀陽，《天下體系：世界制度哲學導論》（南京：江蘇教育出版社，二〇〇五）。

51 同上，頁五一。

52 同上，頁一一三。

53 關於這個問題，蔡美兒提出，中國是以民族為基礎的典型的非移民國家，所以其寬容性是有限的，因此雖然能成為強國，但「不能成為超級大國」。這一觀點值得深思。Amy Chua，《帝國的未來》，頁四一八。

式統治將實現升級」的主張雖然顯得有點過激，但對我們評價包括天下觀、文明國家觀在內的廣義的帝國話語，無疑是有借鑒作用的[54]。

筆者曾對許紀霖的「新天下主義」進行介紹和批判，提出了與卡拉漢類似的擔憂和主張[55]。許紀霖同樣也認為，歷史上的中華帝國得以支配周邊國家或民族的核心不是武力，而是「天下主義的華夏文明」。他認為在全球化的今天，「文明大國」的目標應該是努力使這一傳統資源成為適用於現今的普遍文明。這就是他所提出的「新天下主義」。為了建設新天下主義的中國，「我們」要在從中國的歷史文化傳統與現實經驗的特殊性中，提煉具有普遍價值（資源）的同時，將全球文明中的普遍價值轉變成適合在中國土壤中成長的「我們」（的資源）。對此，筆者希望他的「新天下主義」不僅成為對中國人有益的思想資源，同時成為對東亞乃至對全人類有益的優秀思想資源，因此曾提出，如果新天下主義僅僅局限於重構包括中國大陸在內的華文世界的中國人身分（identity）的話，絕對不可能成為普遍文明。

無論是主張文明國家論的學者，還是強調天下觀的學者，雖然在深淺程度上因人而異，但所包含的對中國和未來的預測是大體相同的。充分體現這一點的就是趙汀陽。他指出自己的寫作意圖是「重思中國，重構中國」[56]。我們應該留意他的這種主張，因為這些主張以中國為議題，通過強有力的話語，形成中國人了解中國的過去與現在的一個框架[57]。他們發出的話語，既受西方學者的研究成果的影響，同時又對西方的研究成果產生影響，通過這種循環過程，這種話語的影響力也倍增，從而對我們了解中國的認識結構產生重要的影響，所以學界與論壇應該更加注意這種變化，並且必須介入這種話語。

四、從周邊摸索出的主權重構與帝國話語

對於上述帝國話語，筆者要從哪個角度進行介入呢？東亞地區經歷了以中華帝國—日本帝國—美帝國為中心軸的更替，在此過程中形成了一種等級化的地域關係。因此東亞的周邊地區積聚了較多的矛盾與糾紛。筆者正是要從這些周邊地區，即「核心現場」[58]來發出聲音。

最近一段時間筆者較為關注的核心現場是台灣、沖繩及處於分斷體制下的朝鮮半島，所以打

---

54 William A. Callahan, "Tianxia, Empire, and the World," in William A. Callahan and Elena Barabantseva (eds.), *China Orders the World: Normative Soft Power and Foreign Policy*, 2011, p. 111.

55 拙稿，〈變與不變：韓中關係的過去、現在、未來〉，《歷史批評》（首爾），第一〇一輯（二〇一二）。收錄於本書第二輯第二章。

56 同注50，頁七。

57 同注54，頁一〇九。

58 關於這個概念，請參考拙稿〈從「核心現場」探索東亞的共生之路〉，第五屆東亞批判性雜誌會議「連動的東亞：為了真正的地域和平」，那霸，二〇一三年六月。收錄於本書第一輯第一章。

算對上述三個核心現場逐一進行論述[59]。這三個場所，過去都位於中華帝國版圖（即中華世界）與傳統東亞地域秩序相重疊的部分。在這三個核心現場，都開展過對主權（的至高無上性）的挑戰。筆者打算探討一下作為帝國的中國話語所包含的意義。

清朝初期，直到一六八三年徹底清除反清海洋勢力後，台灣才劃入中華帝國的版圖，但在台灣設立台灣省是在一八八三年，即與日本明治政府發生漂流民事件不久之後。一八九五年在清日戰爭中戰敗後，清政府將台灣割讓給日本，日本帝國戰敗後（一九四五）的國共內戰期間，台灣是屬於中華民國的領土，在一九四九年中華人民共和國建立之後，海峽兩岸處於分離狀態，最終形成了所謂「兩岸問題」這一特殊的關係。

當我們從「兩岸關係」這一較為中立的詞彙而非普通國家地區間的關係，考慮兩岸問題的當局者之一台灣時，筆者對站在「作為帝國的中國」立場的柄谷行人的主張十分感興趣。簡單地說，他認為，現在的中國通過「帝國」的方法大體上解決了延續已久的台灣問題。今天存在於台灣海峽尖銳的軍事緊張不會重現。同時，如果雙方當局能在一定程度上滿足現狀的話，那麼這在一定程度上是將近代的主權邏輯視為有害無益之物，而置於一邊的結果。這就是柄谷行人的主張[60]。為了理解他的這種觀點，我們有必要進一步留意他對「作為帝國的中國」所持的觀點。他認為，中國共產黨所掌握的（過去的中華帝國的）領土，之所以在後冷戰時期不像蘇聯那樣瓦解，不是因為共產黨統治多麼縝密，而是因為中國與俄羅斯或南斯拉夫不同，具有較強的帝國傳統。同時，他認為中國能維持帝國的祕訣不在於版圖或多民族、經濟實力的大小，而在於（用儒家的話來說）是否能具備「德」。基於這種觀點，他預測「將來中國雖然會發生巨大的變化，但一定不會導致現在的多民族國家分解」[61]。

本文的重點不是分析他的關於「作為帝國的中國」觀點，單就台灣問題來說，他和其他主張帝國話語的學者一樣，沒有對帝國的周邊——在這裡是對台灣人的主體性——給予充分的關注。難道不是統一與獨立的二分法造成了台灣社會的分裂嗎？從長遠來說，即便中國克服（統一與獨立的）兩分法的新方案（或者兩岸關係的第三種出路）最終回歸到歷史上熟悉的「過去」的可能性很高[62]，也不能忽視台灣人為了克服現在錯綜複雜的兩岸關係所進行的努力。如果考慮到了這一點，我們就不能像柄谷行人那樣輕易地認為台灣問題基本上已經按照「帝國」的方式得到了實質上的解決[63]。「中國人」這一概念本身就是一個混雜性（hybridity）很強的、非實體的概念，所

---

59 筆者曾在拙稿 Baik Young-seo, "The Compound State and the 'Double Project of Modernity': A Review of the Twentieth Century East Asian History," *International Critical Thought*, Vol. 3, No. 2, (June, 2013) 中，詳細論述了三個核心現場。

60 同注18，頁一三六。

61 同注41，頁四六。

62 文明基，〈兩岸關係沒有第三出路嗎〉，崔元植、白永瑞（編），《見識台灣：韓國與台灣共尋新徑》（坡州：創批社，二〇一二），重點是頁一一三。

63 柄谷行人對台灣的觀點與汪暉對香港的觀點相似。汪暉認為，香港雖然是中國的一部分，但在國際法律上具有加入國際組織的權利，擁有與大陸不同的、獨立的簽證系統等特點正與朝貢體制內的權力結構相似。汪暉，《現代中國思想

以它不會被任何人「獨占」。「開放的、未來指向性中國人身分」的主張也是從台灣社會提出來的[64]。在那種情況下，台灣人既是中國人，又可以成為確保其特殊性乃至獨立性的主體。同時，台灣公民社會內部也在不斷摸索可以超越主權與國民國家框架的新的可能性，「複合社會」的構想就是其中的一個例子。甯應斌主張要像「一國兩制」那樣，為少數群體設立專門的自治空間（special zone），通過全面的多元主義，超越國民國家的框架[65]。包括他透過類似於傳統時代擴大內境的方式來實現主權分割的複合社會論等多種觀點，作為測試中國彈性的石蕊試紙，對「作為帝國的中國」這一觀點提供了批判性的視角。

沖繩作為另一個核心現場，同樣也表現出國家主權歸屬的複雜性。琉球王國曾經在中華世界外境接觸的空間中維持過一段獨立統治的時期，並與當時的明清王朝維持著朝貢關係。之後琉球王國從屬於日本幕府的統治下，但仍然與中國維持著朝貢關係，形成了一種一支兩屬的雙重支配關係。但是這一關係是處於非對稱關係的兩個當事國，出於相互的戰略考慮而形成的關係，而不是中國單方面強制的結果。之後，在日本帝國的統治下，沖繩被視為「內部殖民地」；戰後美國占領時，又被視為「潛在主權（residual sovereignty）」的適用地區。一九七二年「回歸」日本之後，主權的重疊性問題依舊存在。（較之前，規模反而擴大了的）美軍基地的存在是「結構性歧視」的根源，至今還讓人思考沖繩「回歸」日本本土的意義，即追問主權對沖繩人意味著什麼[66]。

在這種情況下，一些持批判態度的東亞知識分子將沖繩問題與（沖繩）居民自治運動視為可以將國民國家相對化的契機而備受關注。對沖繩這一受害者負有「罪惡感」的日本知識分子對這些問題感興趣也許是理所當然的，而之前沒有關注過沖繩問題的華語圈知識分子也開始對這個問題發表意見。中國的孫歌就試圖通過沖繩體會日本本土所沒有經歷過的自由精神和頑強的生活意志，學習不局限於國民國家這一單位的感覺[67]。對於無法歸結為國民國家的、沖繩人豐富的身分認同（identity），汪暉將沖繩的「曖昧的獨立性與特殊性」評價為，不是單純地追求「民族獨立」而是追求一種自主的、嶄新的政治形態[68]。

但是這種創新的舉措，在日本的政治環境中，被認為是「中國的沖繩屬國化策略」的一部分，因此備受爭議[69]。處於中華帝國與東亞地域秩序灰色地帶的沖繩地區，在日本內部具有與中

的興起》上卷，第二部〈帝國與國家〉（北京：三聯出版社，二〇〇八），頁六九七。

64 鄭鴻生，〈台灣人如何再作中國人——超克分斷體制下的身分難題〉，《台灣社會研究季刊》（台北），第七四期（二〇〇九年六月），頁一一六—一二八、一三二—一三三。

65 甯應斌，〈複合社會〉，《台灣社會研究季刊》（台北），第七一期（二〇〇八年九月），頁二七六—二七九。對此文的評價，請參考拙稿〈連動的東亞：作為問題的朝鮮半島〉，《創作與批評》（坡州），第一五一號（二〇一一年春季刊），頁二九—三〇。

66 對此，較為詳細的內容，請參考新崎盛暉《新崎盛暉が説く構造的沖縄差別》的韓譯本，《沖繩：結構性歧視與抵抗的現場》，白永瑞、Lee Hangyeol 譯（坡州：創批社，二〇一三），特別是譯者與作者對話的部分。

67 孫歌，《歴史の交差點に立って》（站在歷史的交叉點）（東京：日本經濟評論社，二〇〇八），頁六七。

68 汪暉，〈琉球：戰爭記憶、社會運動與歷史解釋〉，《開放時代》二〇〇九年第三期，頁一九。

69 《週刊新潮》（東京），二〇一三年五月三十日，頁三〇—三三。

國關係最為密切的歷史、文化的特點。但這一特點現在為日本的右翼勢力提供了口實。

沖繩民眾在長期的鬥爭過程中，練就了敏銳的國際政治感覺，所以即使他們渴望實現沖繩的獨立，也不會輕易將這種願望擴大到社會範圍之中。當然，當中也存在獨立論者[70]，也有人站在獨立論者的對立面，主張「非國家的、脫領土的新社會」，即「琉球共和社會」論[71]，但正如該地區的元老新崎盛暉那樣，在沖繩較高的呼聲是獲得較高的自治權，促進日本國家的改造，成為促進東亞和平的「催化劑」。像新崎這樣的沖繩知識分子所提出的「生活圈」這個概念正是為了超越國境與領土概念而提出的[72]。

接下來，一起看看第三個核心現場——處於分斷體制下的朝鮮半島——提出的複合國家論。十九世紀後期以來，韓國在維持與清朝朝貢體制的同時，還與其他國家締結了近代性質的條約關係，較早經歷了兩截體制中主權的複雜性。在殖民地時期，又經歷了主權的喪失，領悟到恢復主權的重要性。在冷戰時期，由於朝鮮半島處於分斷體制，所以大韓民國在以美國為中心的非正式帝國中，經歷了「漏洞主權（perforated sovereignty）」。但是在南北韓促進相互交流與合作的過程中，需要提出更具新意的思考與實踐，其中「複合國家論」是對主權彈性進行思考的一個例子。

複合國家（compound state）是與我們所熟知的國家（即單一國家，unitary state）的概念相對的詞彙，其字典上的意義是兩個以上的國家結合後形成的一種國家形態。歷史上已經出現的類型有：具有對等結合關係的聯邦與國家聯合，支配—從屬關係結合的宗主國／保護國等。

但是比這種字典上的意義更為重要的是，這一概念是在韓國社會的統一、民主化運動的過程中提出來的（這一事實）。這一詞彙是在二十世紀七〇年代初的《七．四共同聲明》後[73]，由千寬宇提出來的[74]。雖然當時韓國處於嚴禁談論與朝鮮統一的冷戰體制之中，但受兩政府之間具有歷史意義的《七．四共同聲明》的鼓舞，千寬宇為了克服韓國內部的主張統一與主張自由民主主義陣營之間的分裂，使南北韓「維持各自的體制，但『形成某種作為國家的狀態』，通過對話與交流，逐漸走向單一國家」，提出的正是複合國家論構想。歷史上存在過的複合國家的形態——如北韓當時提出了聯邦制這個統一方案——很難應用到朝鮮半島，所以他所提出的「一個民族依靠某種積極的力量創造出史無前例的那種（國家形態）」正是複合國家。這一想法不是為了消極

70 二〇一三年五月十五日，琉球民族獨立綜合研究學會成立。這一組織的成員以建立琉球自治聯邦共和國為目標。《東亞日報》（首爾），二〇一三年五月十七日。

71 更為詳細的介紹，請參考拙稿〈從「核心現場」尋找東亞的共生之路〉。

72 新崎盛暉，《沖繩：結構性歧視與抵抗的現場》，頁一二二—一二四、一三四。他們將抽象的、觀念性的固有領土論放在一邊，轉而提倡扎根於釣魚島（日本稱「尖閣列島」）等紛爭地帶漁民的「生活圈」——歷史、文化、經濟的交流與合作的圈地域——的概念。

73 二戰後南北分斷局面形成以來，韓國和朝鮮政府於一九七二年七月四日首次針對統一原則發表了共同聲明。該聲明將自主、和平、民族大團結作為統一的三大原則，並同意設立正式的對話機構。雖然，這一聲明隨後就已失效，但它為其後的《南北基本協議書》（一九九一）、《六．一五南北共同宣言》（二〇〇〇）等南北關係的發展提供了重要契機。

74 千寬宇，〈民族統一之我見〉，《創造》（首爾），一九七二年九月號。

地避開北韓的統一方案，而是在維護民主與自由的原則，集結民族民主勢力，為統一作貢獻的積極意圖下提出來的。複合國家論從一開始就是從公民社會迫切的實踐意志中湧現出的一種創新構想[75]。

二十年之後，這一構想被白樂晴吸收後成為分斷體制論的構成要素，被進一步具體化。他提出「作為克服分斷體制的方案，聯邦或聯合體制如果不對『國家』這一概念進行相當程度的修改的話，是很難完成的」[76]。因為那不是走向「完整的統一國家」的過渡階段。他在與一群論者展開討論的過程中，不斷修改複合國家的構想。複合國家「不是單一國家（unitary state），而是包容所有國家形態──即各種國家聯合（confederation）與聯邦國家（federation）──的外延最為廣闊的概念」，同時「不將主權問題拘泥於單一國民國家形式之中，用更具創意的方式解決（主權）問題的根本性提議」[77]。

一九九九年筆者曾引用白樂晴的構想，試圖將其應用到東亞的範疇中來，把這一想法視為筆者東亞論的構成要素[78]。當然，這一構想通過二〇〇〇年南北韓領導層擬定的《六．一五共同宣言》的第二項（國家聯合或較低階段的聯邦制的共識），而避免了僅僅局限於單純的公民社會的創造性提案，也曾有被雙方政府進一步實現的可能性。當時，一些學者也對韓國的歷代政府提出的「南北聯合」案和現存國際法上的國家聯合或聯邦制等古典概念的差異，進行了較為深入的討論[79]。但是國家聯合或聯邦制都是多個國家的結合體，加上還有複合國家這一國家類型的字典解釋，所以，有必要強調，民間提出的複合國家是包容所有國家形態的，即所謂雨傘式構想，是兼具國家之間結合，或國民國家自我轉變等形態的新國家機構間的統合構想。像現在這樣南北韓關係惡化的情況下，更為迫切的，反而是從民間社會提出不拘泥於單一國家形式的，更具創意地解決主權問題的努力。筆者借助德希達的「主權的partage」（既是分割又是分享），將同一領域中出現多個主權重疊的體制預想為「即將來臨的民主主義」的可能性，而對東亞的共生社會進行的思考正是這種努力的一部分[80]。

南韓和北韓富有創意的複合國家形態能促進東亞地區的多種自治權運動發展。作為其中的一部分，不論中國大陸與台灣表面上拿出什麼樣的政策——香港式的「一國兩制」或「一國三制」或帝國復活，朝鮮半島的複合國家所體現的精神或過程，也許可以對他們找尋出路提供實質的借鑒吧。

75〈座談會：民族統一的構想1〉，《民眾之聲》（首爾），一九七二年八月號，頁四四—四五，千寬宇的發言。

76 白樂晴，〈為了認識分斷體制〉，白樂晴，《分斷體制變革的學習之路》（首爾：創作與批評社，一九九四），頁三五。

77 白樂晴，〈關於金永浩（音譯）對分斷體制論的批判〉，載白樂晴，《搖擺的分斷體制》（首爾：創作與批評社，一九九八），頁二〇四。

78 第一次嘗試是在〈中國有沒有「亞洲」？——韓國人的視角〉，載拙著，《思想東亞：朝鮮半島視角的歷史與實踐》。

79 鄭成章（音譯），〈南北聯合的制度裝置與運作方案〉，載《國家聯合的個案與南北韓的統一過程》（首爾：Hanul出版社，二〇〇四）。

80 拙稿，〈從「核心現場」尋找東亞的共生之路〉。

五、「帝國」論與「複合國家」論的（非對稱性）對話

前面分析到的朝貢體制論、文明國家論、天下觀等「作為帝國的中國」話語，所體現的共同特點在於無法用西方的國民國家等概念來解釋中國的過去、現在與未來。同時，另一個共同點是，雖然帝國話語強調過去的遺產的連續性，但那並非一定與歷史實際相符。正如趙汀陽所說，這些特點是由於「重思中國，重構中國」，是帝國話語的核心問題而導致的。如果充分注意到這一點，帝國話語應該被稱為「作為計畫的帝國」（empire as a project）。對中國內部的人來說，這是他們對中國過去與現在的自豪，即民族主義欲望以及預測未來中國在世界歷史地位與角色的一種展望；對於中國以外地區的論者來說，是以西方式近代的替代方案，提出謹慎出路的一種展顯。王賡武作為處於中國內部與外部之間的知識分子，對其進行了較為婉轉的描述。他認為，中國的未來「既不是國民國家也不是帝國，而是通過產業及科學與傳統遺產的精髓相融合的文明，更新成一種中國式國家」，中國人所渴望的是「可以傳播普遍價值的一種帝國軟實力（the kind of soft imperial power）」[81]。

筆者希望這種「作為計畫的帝國」話語不僅僅是中國人的（即整個華文世界），同時也能夠成為中國以外的整個世界的普遍資源，所以筆者致力於主張應該從周邊（尤其是東亞的核心現場）重新思考這一帝國話語。

筆者認為，為了使帝國話語能夠發揮這樣的作用，應該與（朝鮮半島這一核心現場提出的）

「複合國家」論形成相互參照的關係。因為帝國性當中除了包含「（戰略性）寬容」之外還包括「擴張」這一要素，所以帝國話語不可避免地將伴隨否定的意義或歷史記憶，而這些反而會對中國所追求的普遍主義增加負擔。此外，筆者還認為，當前，以及在相當長的一段時間內，中國很難走出按照近代世界體制運作的國民國家的框架。關於這一點，重要的不是從過去的國民國家話語過渡到帝國話語，而是要發明出一種（「像帝國性國民國家」這樣的）將兩種話語相結合的，進而克服這兩者的嶄新概念。應該說，複合國家應該在一定程度上符合這種要求吧。

那麼，從複合國家的角度考慮中國（史）會有什麼優點呢？最為重要的優點就是可以擺脫帝國這個歷史遺產的消極影響。因為無論怎樣重新界定或限定帝國的意義，也很難擺脫前近代「中華帝國」所包含的消極意義，正因為此，中國人自己不也是更願意選擇文明或者天下這樣的概念嗎？

其次，可以從中國這一中心與其周邊社會及國家間非對稱的均衡關係，進一步走向一個積極思考中心與周邊之間相互作用的動態均衡的關係，做到充分尊重周邊的主體性。例如，在香港已經實行了「一國兩制」。香港已經作為中國的內境和「漏洞主權」而存在，所以對中國單一國家的性格具有一定的衝擊作用。台灣（至少在中短期內）也可以通過確保高於香港的獨立性，（不

---

81 Wang Gungwu, *Renewal: The Chinese State and the New Global History* (Hong Kong: The Chinese University Press, 2013)，前言，頁九、一五〇。

論其表面上的國家框架如何）促進中國走向實質上的複合國家。進而促進中國與東北亞以及東南亞諸國形成更具彈性的關係。

第三個優點是，可以超越以國家為主的帝國話語，在更注重民間（社會）作用的同時，還可以對國家與社會的關係，換句話說，可以從嶄新的視角對帝國內部的運作原理進行分析。（在此回顧一下，複合國家論本身就是公民參與型的統一論，就是在提出國家改革的意見中形成的。）從這一角度看，為了統合中國這個「綜合社會」[82]的多樣性和龐大規模而曾於十九世紀末、二十世紀初提出過的、相當於聯邦主義的諸多構想，與基於職業代表制的民主主義理念和實踐經驗的價值，得到了復甦[83]。不僅如此，還有人主張，在現今中國，「半聯邦主義」乃至「新複合國家」實際上已經得以實施，所以憲法強調的單一國家的理念與現實是不相符的[84]。雖然這種趨勢集中於箝制中央集權的問題上，但是確實能使（保障多種社會勢力參與其中的、中國式寬容的）國家制度的想像更加活躍。

最後一個優點是，複合國家有利於今天的中國站在中華帝國歷史積累的成果之上，更有利於中國走上「後現代的帝國」（post-modern empire）[85]時代。在重視主權的多重性、重疊性的方面，帝國話語與複合國家論是相通的。但是，複合國家具備將短期國家改革的課題，與主權的重構這一中長期克服國民國家課題相結合的問題意識和一貫的實踐姿態，這正是帝國話語與複合國家論的差異[86]。換句話說，複合國家論所提出的疑問正是「後現代（實際上是後資本主義）」的世界體制是否必須是「帝國」的世界秩序這一問題。

面對中國崛起這一全球性難題，帝國話語中包含著一種期待，那就是「作為帝國的中國」不僅成為有利於中國人的帝國，同時成為有利於世界所有人的「好帝國」。但是為了使這個「自我實現的預言（self-fulfilling prophecy）」真正得到實現，光靠理解中國「帝國性」的歷史與現狀是不夠的[87]。中國會成為順應世界體制邏輯的帝國（換句話說，成為繼承美國的霸權國家），還是成為違背世界體制邏輯的帝國，抑或，中國的選擇會超出以上兩種道路？我們有必要在世界體制本身的根本變革中，摸索出創造性地運用其帝國遺產的方法。現處於十字路口的中國會做出怎樣

82 孫歌，《思想的生存之道》（首爾：Dolbegae出版社，二〇一三），頁一〇三。這一用語借用的是竹內好的觀點。

83 拙稿，〈中國的國民國家與民族問題：形成與轉化〉，拙著，《思想東亞：朝鮮半島視角的歷史與實踐》，頁一五一—一五七；柳鏞泰，《職業代表制：近代中國的民主遺產》（首爾大學出版部，二〇一一）。此外，關於宗族、村落、行會等中間團體的作用，請參考岸本美緒，〈中國中間團體論の系譜〉（中國中間團體論的譜系），岸本美緒（編），《「帝國」日本の學知》第三卷（東洋學の磁場）（東京：岩波書店，二〇〇六）。

84 劉迪，《近代中國における聯邦主義思想》（近代中國的聯邦主義思想）（東京：成文堂，二〇〇九），頁一五二、一五四、一六二。

85 同注18，頁一三八。

86 參與帝國話語的學者如果不與複合國家論提出的這種問題意識進行溝通，就會陷入抽象化和觀念化的誤區，也容易被中國領導層的國家戰略所動員。據了解，趙汀陽也加入了現任領導層所提出的「中國夢」構想的高層智囊團。張薇，〈「中國夢」課題研究始末〉，《鳳凰週刊》（香港），二〇一三年第五期。

87 同注18，頁一四六。

的選擇？這個問題雖然在原則上是由中國人來決定的，但生活在連動的東亞之中的我們也不得不尋找介入中國人選擇的可能。其中的一個辦法就是通過確立筆者所提出的「批判性的中國學」，使中國與其周邊各國主體之間形成一種相互借鑒的（即「共同主觀性」）的關係[88]。在這篇文章中，筆者在批判性地探討了帝國話語之後，為了克服其局限性，試圖用東亞核心現場之一的朝鮮半島中形成的複合國家論這一思想資源，與帝國話語進行對話。筆者之所以進行這種探索，正是出自上述批判性中國學的研究態度。在現在世界學界的話語環境中，雖然這一對話無疑會以非對稱的方式進行，同時朝鮮半島的複合國家建設僅僅是解決當前南北韓問題的一個環節，而中國走向複合國家的道路是與世界體制的變革相連的長期課題，但是只要兩者能開始進行溝通，那麼兩者之間的相互作用必定會對實現主權分割／分享的另一種國家構想發揮巨大的作用。

88 拙稿，〈中國學的軌跡與批判性的中國研究：以韓國為例〉，《大東文化研究》（首爾），第八〇輯（二〇一二年十二月）（收錄於本書第三輯第四章）。筆者所說的批判性中國學的主要要素有：跨學科研究指向；克服將研究對象分為古典中國與現實中國的二分法；在與當代中國現實與主流思維方式維持批判性立場的同時，通過研究中國，重構對各個社會的認識；解構中國中心主義。

第二章　變與不變——韓中關係的過去、現在與未來

宋文志、崔金瑛譯

一、中國是我們的命運嗎？

在韓中建交二十週年[1]之際召開的一次會議中，主辦方給筆者安排的主題是「展望韓中關係

1 二〇一二年韓中迎來了建交二十週年。這裡的韓國是指大韓民國，中國是指中華人民共和國。但二〇一二年既是韓中建交二十週年，同時也是韓國與台灣斷交二十週年。由此可見，對我們來說，中國與韓國這兩個名稱並非僅限於中華人民共和國和大韓民國。韓國可以泛指處於分斷狀態的整個朝鮮半島（包括南韓和北韓）以及在這一場所中存在過的歷史體或文化體，中國也可以是表示更廣義的歷史體或文化體的符號。多數情況下，本文中的韓國與中國指的是廣義的用法，但如果這兩個詞在文中表示狹義的內容時，基本上可以通過前後內容來分辨具體涵義的不同，但在必要的時候，筆者會在旁邊的括弧中具體標注出來，如韓國（即大韓民國）、中國（即中華人民共和國）。

的未來」。接到這個主題正考慮該說些什麼的時候，首先映入筆者眼簾的是下面的一段話。

「中國」對我們——韓國，意味著什麼？

不談中國，就無法說明我們的歷史和文化。不談中國，也無法談論我們的現實和未來。中國——它對我們來說也許是一個巨大的命運，也許是一個我們無法迴避，也無法逃避的命運。[2]

上述引文摘自一九七四年，即四十年前韓國的綜合月刊《新東亞》策劃的中國特輯的主旨文。當時，該特輯的編者提出了「中國對我們意味著什麼」這一問題，並認為中國是我們的「命運」。時間剛好是在一九七二年美國總統尼克森訪華之後，當時美中關係出現了和解局面，中國重新回到了國際舞台，控制東亞多年的嚴峻的冷戰秩序也開始瓦解。受到這種局勢變化的衝擊，朝鮮半島南北兩側（即韓國和朝鮮）都開始尋找新的對策。就是在這個過程中，韓國社會重新提出了「中國對韓國意味著什麼」這一問題[3]。

每當東亞局勢發生變化，韓國社會都會反覆提出這個關切。在中國已崛起為G2的情況下，可以說「中國對我們意味著什麼」已成為全世界共同關注的問題，而對離中國這麼近的韓國人來說，這一問題無疑是最為迫切的。

關於「中國對我們意味著什麼」這一問題，「中國是我們的命運」的回答確實恰當地比喻了韓國與中國之間不可分割的關係，但也要知道這種想法可能會忽略一些問題。在韓語中，（也許在中文裡也是一樣的）「命運」一詞常常意味著「宿命」，即與生俱來的命運之意。換句話說，命運是控制人類的一種必然的、不可踰越的力量，所以人類無法擺脫它。但我們不是命運的俘虜。同樣在韓中關係中，我們也不是囚禁在過去的囚犯。我們雖然生活在長久以來形成的結構性制約之中，但作為行為的主體，我們可以利用其中的縫隙，集結眾人之志，創造未來。

其實，這對歷史研究者而言，是非常熟悉的思維方式，因為歷史研究者的必備素質就是既能辨別變與不變，又能同時認識變與不變的綜合思考能力，換句話說，歷史研究者要做到在歷史的脈絡中，把握兩者的相互作用。如果將歷史看作過去（與其說是「現在」，倒不如說是「未來」）與未來的對話，也就是說，將歷史看作未來計畫（project）的話，那麼展望韓中關係的未來，就必須要回顧它的過去。正是因為這一點，本文為展望韓中關係的未來而關注韓中關係在歷史中的變與不變，也是理所當然的。

2 《新東亞》，一九七四年二月號，頁一〇五。

3 有關這一狀況的更為縝密的分析，請參考洪錫律，《分斷的歇斯底里：通過公開檔看美中關係和朝鮮半島》（坡州：創批社，二〇一二）。

二、決定韓中關係的歷史條件

回顧韓中關係的歷史，不變的條件有什麼呢？

筆者首先想起的是雙方關係的非對稱性。作為大國的中國與作為弱小國的韓國（或朝鮮半島）之間不僅在於領土和人口規模等單純物理上的差異，還儼然存在著歷史和文化規模上的差異。孫歌曾經在評論筆者向中國讀者提出的「中國有沒有亞洲」這一問題意識[4]的文章中指出了「伴隨著地理上的實體感覺」的大國心理與不伴隨這種「地理上的實體性感覺」的鄰國之間的心理差異[5]。這一實體性感覺不僅存在於過去，也將是未來韓中關係不變的條件。當然，處於分斷朝鮮半島一端的韓國在經濟規模上，（以GDP來衡量的話）已是世界第十二位，而且規模也的確達到了世界先進國家的水準，但即便如此，韓國與中國在規模上的非對稱性也不會發生根本改變。

其次要關注的是韓中的鄰近性（contiguity）特點。朝鮮半島與中國東北地區相鄰，這一特點是決定韓中關係的核心條件。由此形成和衍生的歷史的、文化的鄰近性也是顯而易見的。韓中關係的歷史綿綿不斷也正是因為這一鄰近性。雖然從一九〇六年韓國喪失作為獨立國家的外交權到日本強占時期結束，兩國間沒有官方的外交關係，但民間的交流從未間斷過。在二戰結束以來的冷戰秩序影響下，朝鮮半島出現分斷，我們與中國的關係也出現斷裂。中華人民共和國與北韓結為血盟關係，到現在也保持著密切的「傳統友好合作關係」。相比之下，韓國在一段時間內曾與中華人民共和國處於敵對關係，將台灣（即中華民國）視為共同反共的友邦和保留傳統文化的

「唯一中國」，並與台灣維持了緊密的關係。但即使是在中華人民共和國與韓國（即大韓民國）官方關係斷交，徹底禁止兩國居民的接觸，韓國居民甚至將中國理解為「共匪」的時期，中華人民共和國也沒有從韓國人的意識中完全消失。中國作為對朝鮮半島發揮重要影響的鄰國（如休戰協議的當事國），仍然存在於韓國人的意識之中。通過這些事實，我們可以確認在漫長的韓中關係史中，韓國戰爭到一九九二年建交的這段大韓民國與中華人民共和國斷交的時間，也許只是短暫的插曲。

最後，韓國在韓中關係中重要的地位和作用也是「不變的條件」。雖然兩者之間是非對稱的關係，但是作為大國的中國，並不能按照自己的意願單方面的強制作為弱小國的韓國。因為關係到生存問題，所以弱小國的抵抗動機要比大國的統治動機強烈很多，而大國也要考慮與韓國的關係對與其他國家關係的影響[6]。如果說這是體現韓國重要性的比較消極的理由，那更為積極的理由可以說是在每一次東亞秩序發生劇變的轉捩點，韓國對中國產生的影響。這一點是展望未來韓中關係十分重要的條件，因此筆者打算進行更詳細的闡述。

4 拙稿，〈世紀之交再思東亞〉，《讀書》，一九九九年八月號。

5 孫歌，〈亞洲論述與「我們」的兩難之境〉，鄭文吉、崔元植、白永瑞、全炯俊編，《從周邊看東亞》（首爾：文學與知性社，二〇〇四），頁二七一；孫歌，〈亞洲論述與我們的兩難之境〉，《讀書》，二月號（二〇〇〇）。

6 李相淑（音），〈金正日—胡錦濤時代的朝中關係〉，《韓國與國際政治》第二六卷，第四號（二〇一〇年冬），頁一二一—一二二。

首先，在二〇一二年迎來第七個甲子輪迴之年的壬辰倭亂（中國的萬曆朝鮮戰爭或萬曆日本戰爭）之中，以及在發生於壬辰倭亂三十年之後的丁卯胡亂和丙子胡亂之中，朝鮮都有著重要的戰略地位和作用。對十六世紀的明朝而言，朝鮮對明朝維持東亞秩序具有十分重要的作用。長期受蒙古威脅的明朝在牽制滿洲的女真和日本的問題上，只能依賴朝鮮。同時對朝鮮而言，因為女真和倭寇是威脅朝鮮國家安危的不穩定因素，所以也希望與明朝聯盟，共同維持東亞秩序[7]。但日本還是通過進攻朝鮮，發動了被認為是「最早的東亞三國戰爭」[8]的「七年戰爭」，受此影響，又相繼發生了丁卯胡亂和丙子胡亂。在這一連串的因果關係中，最終完成了明清交替的歷史遽變。特別是一六三七年朝鮮向清稱臣，對清朝入關掌握中原有一定的影響[9]。即在壬辰倭亂之前的一五八九年，努爾哈赤（Nurhachi，一五五九—一六二六）統一建州女真後，利用明朝無暇他顧的機會，進攻其他部族，通過外交手段，確保了在戰後可以挑戰明朝的實力[10]。後來，通過丁卯胡亂和丙子胡亂，使本不承認清朝的朝鮮臣服於清，成為清的朝貢國，剔除了清朝走向「帝國」的絆腳石[11]。對朝鮮而言，這兩場戰爭絕不是互不相干的個別事件，在這個過程中，朝鮮無疑是東亞的戰略要地。

由此可見，朝鮮在地緣政治（geopolitics）上的地位賦予了朝鮮雙重作用。朝鮮的態度既可能維持現有的東亞秩序，也可能使東亞秩序發生動搖[12]。這完全可以適用於之後的甲午戰爭、日俄戰爭以及韓國戰爭（一九五〇—一九五三），乃至今天（朝鮮半島處於分斷狀態的）東亞的變動期（在此不再詳細說明這一點）。

上面提到了韓中關係中的三種「不變的條件」，接下來看一下韓中關係裡「變化的條件」。

近來，韓中關係發生了令人矚目的變化，構成韓中關係的主體變得更加多元化，相互依賴的程度也得到了進一步的加深。在傳統時代，韓中關係主要限於國家間關係，交流也由少數的特權階層主導。但進入二十世紀以來，跨越國境的人口遷移變得十分活躍，因此民間層面上的韓中關係也變得十分重要。尤其在前面提到的從一九〇六年韓國喪失作為獨立國家的外交權到日本強占時期的結束，兩國雖然斷絕了正式的外交關係，但民間層面上卻開展了十分活躍的交流，包括為維持生計的遷移和抗日聯合運動。此外，在冷戰時期，相比中華人民共和國與朝鮮的交流[13]，韓中兩國的交流雖然經歷了一段冰凍期，但一九九二年韓中建交以後，兩國交流的規模變得史無前

7 桂勝範，《朝鮮時代的海外派兵與韓中關係》（首爾：Bluehistory出版社，二〇〇九），頁二八四、二九一。
8 鄭杜熙、李璟珣編，《壬辰倭亂，東亞的三國戰爭》（首爾：Humanist出版社，二〇〇七），頁一九。
9 韓明基，〈從朝中關係的角度看仁祖反正的歷史意義〉，《南冥學》第一六卷（二〇一一），頁二七四。
10 桂勝範，〈壬辰倭亂與努爾哈赤〉，鄭杜熙、李璟珣編，同上，頁三六五。
11 韓明基，《丁卯、丙子胡亂與東亞》（首爾：Bluehistory出版社，二〇〇九），頁二三七。
12 桂勝範，〈十五—十七世紀東亞中的朝鮮〉，李益柱等，《東亞國際秩序中的韓中關係史》（東北亞歷史財團，二〇一〇），頁二七八。
13 關於這一點，請參考鄭文祥，〈冷戰期朝鮮的中國認識：以韓國戰爭後的中國訪問記為中心〉，《我們的語文研究》，四〇號（二〇一一）。

例。兩國居民都能在日常生活中體會人力、物資、知識、資訊方面的交流和相互的依賴。通過簡單的統計資料就可以了解這一趨勢，如中國市場占韓國總輸出的四分之一，而韓國是到中國旅遊人數最多和旅遊消費規模最大的國家；兩國還興起互派留學生的浪潮[14]。

這種交流主體的多元化和相互依賴程度的加深在非國家行為者（Non-State-Actors）的地位與作用日漸增大的國際秩序中具有重要的意義。過去在國際關係中，主要由國家發揮決定性的作用，但最近受跨越國境的政治、經濟、文化相互依賴的影響，跨國企業、個人、非政府組織（NGO）、國際組織等非國家行為者開始受到關注。這在韓中關係中也是一樣的，因為這些非國家行為者對各國的決策產生越來越重要的作用，所以我們有必要關注韓中公民之間的相互認識。韓國人與中國人之間頻繁的日常接觸提升了相互理解的程度，這一點既有利於形成兩國人民相互認識的良性循環，也引發了很多矛盾和衝突。但這裡必須要留意的事實是，韓中（也包括中日，中美）之間的相互依賴是不可逆的。與安保體系不同，兩國在通商體系上的關係變得越來越緊密。正是因為這種條件的變化，已無法回到過去兩大陣營對立的局面，所以出現「新冷戰」局面的依據是不足的。所有人之所以都認同中國是我們無法敬而遠之的重要存在，原因也在於此。即使是保守派人士也認為「至少在幾十年內，要順應中國經濟繁榮的浪潮」，並提出「如果我們內部分裂為親中派與親美派，就會淪為舊韓末時代的局面」[15]的警告，在韓國社會出現「聯美和中」一詞也不足為奇。

韓中關係的另一個變化是強大的第三國介入韓中關係。中國在甲午戰爭中戰敗、日本在東亞秩序的地位上升以來，尤其是在日本強占時期，日本官民的中國觀也擴散到了韓國，導致韓國社會形成了蔑視中國的風潮。由此可見，受日本影響，我們所能體會到的韓國與中國的非對稱性和鄰近性在很大程度得到了削弱。此後，韓國的戰略地位雖然依舊重要，但其主體性的作用變得相對微弱。而且受冷戰影響，朝鮮半島分斷後，朝鮮和韓國分別加入由蘇聯和美國主導的兩大陣營，韓國與中國（中華人民共和國）關係的非對稱性與鄰近性也各不相同。尤其對韓國而言，韓國戰爭後，不但斷絕了與中國的正式外交關係，還把中國當成「敵對國」。在美國這一第三國霸權的影響下，韓國社會蔑視「竹幕」（Bamboo curtain）背後的中國風潮與殖民地時期的該風潮交織在一起，使蔑視中國的氛圍變得更加強烈。進入去冷戰時期以來，在中國再次崛起和美國霸權削弱等東亞秩序的變化中，韓國（即包括韓國和朝鮮的朝鮮半島）與中國的關係進入了新的調整期。

韓中關係的新「變化」，如韓中關係的多元化、相互依賴程度的加深，以及第三國影響等，

14　隨著韓中兩國經濟交流的激增，兩國間的留學生人數也迅速增加。二〇〇〇年代初期，在中韓國留學生比在韓中國留學生多三倍以上，但兩者人數逐漸接近。二〇〇三年在韓中國留學生與在中韓國留學生分別是五千六百零七人和一萬八千二百六十七人，到二〇一〇年，這一資料分別是五萬七千七百八十三人和六萬四千二百三十二人。值得一提的是，二〇一〇年在中韓國留學生比二〇〇九年有小幅降低，但在韓中國留學生每年都在增加。如果這一趨勢一直持續，今後數年內，在韓中國留學生人數會超過在中韓國留學生（參考韓國對外經濟政策研究院的「韓中建交二十週年」公告欄，http://csf.kiep.go.kr/20th/stat03.jsp）。

15　文昌克，〈為了不明知故犯〉，《中央日報》，二〇一〇年十月五日版。

在韓中之間的「不變」條件中具有怎樣的意義呢？它的意義在於，可以在歷史的脈絡中，解釋兩者相互作用的方式。因此，筆者打算集中分析相互交織的「變」化條件與「不變」的條件是否能形成韓中相互認識的良性循環。這是因為相互認識的問題，對作為行為主體的我們聚集眾人的意志，創造未來具有十分重要的意義。隨著韓中之間相互依賴程度的加深，目前兩國間的相互認識也進入了相互影響的階段，所以現在關注這一問題，可以為今後形成韓國與中國共進的關係提供必要的核心根據。

為了正確分析這一問題，當然需要多方面的討論，但在展望二十一世紀韓中關係的問題上，筆者打算把分析的重點放在（對韓國人和中國人的相互認識產生一定影響的）朝貢秩序的記憶上。在體現韓中關係中「不變的條件」在「變化的條件」中發揮作用的方式的這個問題上，對朝貢秩序的記憶無疑是一個十分恰當的例子。

三、朝貢秩序是否會復活？

在大國崛起的中國主導下的二十一世紀的地域秩序中，韓國是否會像過去那樣成為「朝貢國」？韓國作為與中國鄰近的、與中國有著非對稱關係的國家，依然抱有這樣的擔憂。舉個例子，韓國一位原專攻中國的記者曾將專欄標題訂為「韓國是否會重新淪為中國的『朝貢國』」[16]。同時，韓國的一份報告書指出，影響韓國人對中國的認識其中一個因素是中華主義乃至朝貢關係[17]。除了韓國人，中國年輕人也保留著對朝貢秩序的記憶。中國網民在網路上攻擊韓國時，經常提到的就是韓國是中國的朝貢國這一歷史記憶。這一系列現象表明朝貢—冊封範式是影響韓國人與中國人理解韓中關係強而有力的思維框架。

透過兩國間的這種相互認識，我們可以確定正確理解朝貢秩序對韓中雙方形成良好的相互認識是不可或缺的。尤其對韓國而言更是迫切的課題，因為對朝貢秩序的主體性的、批判性的理解讓我們可以正確把握影響中國人對外界認識的歷史記憶，進而確保我們能批判性地介入相關討論。

國際歷史學界已對朝貢秩序與歷史現實的差距達成了一定的共識。「朝貢體制」並不是與現實相符的概念。費正清（John K. Fairbank）透過觀察清帝國時期的東亞國際秩序，提出了中國的世界秩序（Chinese World Order）和朝貢體制（tribute system）理論，對此歷史學界提出了批判，認為費正清將清朝的例子擴大到了之前的時期。其批判的核心是，該理論將向現代條約體系的轉換當成理所當然的前提，並且是透過把（現實中並未進行朝貢的）西方各國的貿易納入朝貢貿易的一環這一邏輯裝置來實現的。事實上，朝貢關係最多也只限於清、朝鮮、琉球、越南、泰

16 池海範，〈韓國是否會再次淪為中國的「朝貢國」〉，《朝鮮日報》，二〇一〇年十月九日版。

17 閔貴植，〈對韓中兩國國民相互認識的分析〉，《INChinaBrief》（仁川發展研究院），Vol. 224（二〇一二年八月六日），檢索於http://hanzhong.idi.re.kr。

國等五個國家，所以也無法擴大到整個東亞。

僅從這一點，也能十分明確地看出朝貢體制論的局限性。最近具凡真指出朝貢體制論的局限在於，從連續性的角度理解明朝與清朝，而且在國際秩序的脈絡中，把明清都理解成了中國。他認為十八世紀以來，在以清為中心的東亞地區的國際秩序是朝貢體制、互市體制、條約體制、藩部體制等四種體制組成的多重體制[18]。其中，一些日本研究者[19]也認為互市制度是體現朝貢體制論局限性的根據。金秉俊追溯到更久以前，認為三世紀以前的東亞世界不是以中國為中心的國際秩序，而是存在著相互重疊的多個地域秩序，而這些地域秩序只是以中國為媒介，彼此間接影響而已[20]。筆者也根據閔斗基的主張，提出以中國為中心的東亞秩序是其中存在多個小中心秩序的重疊的世界[21]。

在此筆者無意更詳細地介紹學界有關朝貢體制的爭論。僅就本文的主題，筆者想強調的是，甲午戰敗導致清朝失去朝鮮這一最後的朝貢國後，雖然東亞的朝貢與冊封的等級秩序在現實中已經消失，但得到進一步簡化後的朝貢秩序作為一個理念，留在了人們的記憶之中。茂木敏夫認為，在現實中通過朝貢和冊封關係形成的世界秩序已經不復存在，所以「中國看待世界的這一理解理想化為脫離實際的、但要作為理念被記憶和保留的秩序以及應該恢復的傳統。」[22]正是從這一角度，他認為，汪暉將孫文大亞洲主義構想中尼泊爾的朝貢解釋為平等關係是不恰當的。即汪暉將孫文的這種觀點解釋為「不是因為懷念過去的大中華，而是因為相信在這個關係中包含著互相認可和互相尊重的平等關係」，而茂木敏夫委婉地批判汪暉的這種解釋源自中國特有的「平等」

觀[23]。此外，柳鏞泰還認為，現在中國主要的知識分子對朝貢秩序持積極態度的思維深處，有著對中國獨自發展模式（即所謂「中國模式論」）的期待，並指出這與文化保守主義是相通的[24]。

有趣的是，在中國之外的二十一世紀的歐美，也有一些觀點預言朝貢秩序會在二十一世紀復活。比如馬丁．賈克（Martin Jacques）的著作《當中國統治世界》就是一個例子。他預測如果中國統治二十一世紀的世界，朝貢秩序就有可能復活。他認為朝貢制度「與其說是政治的、經濟的制度，倒不如說是文化的、道德的制度」，並將中國中心的國際秩序理解為「一個文明，多個體

18 關於這一點，請參考具凡真，〈東亞國際秩序的變動與朝清關係〉，李益柱等，同上。這裡的條約體系是鴉片戰爭後簽訂《南京條約》之前的十七世紀末，中國與俄羅斯簽訂的《尼布楚條約》與十八世紀初簽訂的《恰克圖條約》。

19 岩井茂樹，〈朝貢と互市〉，《岩波講座東アジア近現代通史　一》（東京：岩波書店，二〇一〇）；茂木敏夫，《中國的世界像の変容と再編》，《シリーズ二十世紀中國史　一，中華世界と近代》（東京：東京大學出版會，二〇〇九）。

20 金秉俊，〈三世紀以前東亞國際秩序與韓中關係〉，李益柱等，同上，尤其是頁六二。

21 白永瑞，〈超越帝國，走向共同體〉，《從核心現場重問東亞》（首爾：創批社，二〇一三），頁一〇三—一〇四。

22 茂木敏夫，〈中國的世界像の変容と再編〉，《シリーズ二十世紀中國史　一，中華世界と近代》（東京：東京大學出版會，二〇〇九），頁五四。

23 茂木敏夫，〈中華世界の再編と二十世紀ナショナリズム：抵抗／抑壓の表裏一體性〉，《現代中國研究》，第二一号（二〇〇七年十月），頁一一八—一一九。

24 柳鏞泰，〈遲到的中國近代外交與韓中關係：東亞地域史的視角〉，《韓中人文學》（韓中人文學會），三七輯（二〇一二年十二月）的結論部分。

制」，也認為「中國即將掌握的東亞霸權雖然形式上會不同於過去的朝貢制度，但依然會留下朝貢制度的痕跡。……因此，如果中國重新崛起為東亞的經濟中心，過去朝貢制度的諸要素也會以新的形式再次出現。」他還謹慎地提出西方主權概念的基礎是「一個國民國家，一個體制」，威斯特法倫體制的基礎是「一個體制，多個國民國家」，但中國中心的國際秩序不同，以「一個文明，多個體制」為基礎的中國中心的國際秩序也許會成為新的出路[25]。

馬丁．賈克提出的以朝貢秩序為核心的文明指的正是儒學，即以「承認差異的和諧」為中心的文明。事實上，並不只他一人提出朝貢秩序得以運轉的更為重要的因素是文化因素，而非政治、軍事因素。但如前所述，這一觀點是否符合歷史的事實本身就值得爭論。在此，筆者並不想更深入的探討這一爭論，如果朝貢秩序要成為適合二十一世紀國際秩序的原理，就需要中國像過去那樣提出普遍的文明，所以筆者想以此為中心進行探討。如果中國不能提出文明的標準，像韓國這樣與中國有著非對稱關係的鄰邦很容易將馬丁．賈克提出的二十一世紀「依然會留下的朝貢制度的痕跡」理解為追求霸權的「表現」。在這一點上，不得不關注中國正在提倡的「文化大國」論。那麼，它果真能提供克服歐美主導的「普遍」文明的新普遍文明嗎？

四、文化大國論與新天下主義

從二〇〇二年開始，中國的黨和政府開始著眼於「文化」的重要性，北京奧運會（二〇〇八年）前後開始抬出大量具體的政策。二〇〇九年九月國務院確定「文化產業振興計畫」以來，提高中國的軟權力（soft power）成為國家政策。為此，政府開展多種活動來培養文化產業、對外發出文化號召、促進文化交流。「文化大國」的構想就是在這個過程中提出的。這一構想希望以文化來重新建構中國的身分認同，建設文化大國。

其具體的方向集中體現在胡錦濤總書記在二〇〇七年十月的第一七大報告中提出的促進文化繁榮的四項方針。其中尤其值得關注的是「建設和諧文化，培育文明風尚」以及「弘揚中華文化，建設中華民族共有的精神家園」的方針。透過這些努力，和諧文化得到了重視，進而推動了以恢復傳統時代主流文化——儒學價值——來重構中國的步伐。

在這個過程中受到關注的儒學觀點有仁、忠恕，以及包容、寬容、均衡、合作、和諧等和諧文化的組成要素。筆者打算透過王嶽川的「三和文明」論來嘗試理解強調這些價值的思維方式。「三和文明」是與西方的「三爭文明」相對的，認為「三和——在家庭是和睦，在群體社會中是和諧，在國際間是和平——可以在中國實現」[26]。

這種以傳統價值為基礎的文化大國構想作為一種軟權力，與發揮本國的經濟實力的經濟援助、漢語的傳播，以及中國特色的國際政治概念結合在一起後，似乎對間接批判美國的（文化）

25 馬丁・賈克，《當中國統治世界》，安世民（音）譯，（首爾：Bookie，二〇一〇），頁三六一—三六二。
26 王岳川、胡淼森，《文化戰略》（上海：復旦大學出版社，二〇一〇），第十章。

霸權，具有一定的影響力。作為軟權力的重要組成部分，文化大國論與「中國模式論」一樣，都成為海外知識分子的重要議題[27]。

當然，也有很多人對此提出批判。其中一個觀點是，中國對文化的號召會加速新自由主義全球化。例如，一些評論指出在美國等地，孔子學院正在使文化成為商品（peddling of cultural artefact）[28]。另一個觀點是，這只是文化民族主義或文化保守主義。

在此，筆者想關注的並不是關於中國的文化話語對國際社會影響的爭論，而是它根本的思維框架，換句話說，筆者想關注的是利用過去思想資源的方式本身。筆者希望透過這一點，可以從更根本的角度分析它是否具有普遍性。

就這一問題，筆者想分析試圖將天下主義重構為儒學價值的核心，並使之成為普遍價值的許紀霖的「新天下主義」。在中國的思想界被稱為自由主義者的許紀霖沒有理由會直接加入官方的「文化大國」話語。但筆者之所以還是將他的新天下主義納入探討對象，是因為筆者期待許紀霖（位於目前中國有關儒學文化討論的磁場中）的觀點，能夠成為一個既體現儒學文化討論的局限性，而又能超越這一局限的例子。

他認為，最近流行於中國的文化話語的特點是，無論哪個流派都在呼籲「中國」文化的自覺，更準確地說，以儒學文化為本位的文化重構。對於思想界的這種動向，作為自由主義者的許紀霖認為，文化自覺的目標與世界主流文明不應該是對立的。如果那樣，就會像過去德帝國的納粹那樣，走上自我毀滅的道路。因此，現在中國需要的不是為了中華民族自身的文化自覺，而是為了全人類的普遍文明的自覺。

由此可見，他提出的普遍文明不僅有利於「我們」中國人，同時也有利於「他者」。但建設普遍文明，為什麼需要天下主義這一傳統資源？他認為，歷史上的中華帝國統治周邊國家和民族的原動力不是武力，而是「天下主義的華夏文明」。當然，他也不否認華夏文明當中的華夷之辨。但他還是認為具有普遍指向性的天下主義與華夷之辨是相互滲透的，如果說華夷之辨是具有防禦性和從屬性，那天下主義就具有進攻性和主導性。而且「文明大國」的目標應是使這個傳統資源轉變為同樣適用於全球化的今天的普遍文明[29]。這就是他所說的「新天下主義」。為了建設新天下主義的中國文明，一方面要從「我們」——中國的歷史文化傳統和現實經驗的特殊性——當中提煉具有的普遍價值的資源，另一方面，要將全球其他文明中的普遍價值轉變成適合成長於中國的「我們」的資源[30]。

---

27 韓國國內翻譯了不少有關中國模式論的書籍，韓國國內也有全聖興的編著，《中國模式論》（首爾：Bookie，二〇〇八）。此外，也有多篇相關論文。筆者對這一主題的觀點，請參考拙稿，〈中國對我們而言為何：探索東亞現代思想資源的事例檢討〉，《人間思想》，第一期（二〇一二年夏季號）。

28 Kam Louie, "Confucius the Chameleon: Dubious Envoy for 'Brand China'," *Boundary 2*, Spring 2011.

29 許紀霖，〈特殊的文化，還是新天下主義〉，《文化縱橫》，第二期（二〇一二）。

30 黃曉峰、丁雄飛，〈新天下主義：許紀霖談現代中國的認同〉，《東方早報》副刊《上海書評》，二〇一二年一月十四日版。

筆者希望他提出的「新天下主義」能夠發展成不僅有利於中國人，同時也有利於整個東亞地區的思想資源。為了做到這點，至少要從國內外提出以下兩個問題。

首先，適合新天下主義的中國的政治經濟制度是什麼？從許紀霖提及（包括基督教在內的）多種宗教的對話內容來看，他似乎已經想到要將各種「好」的制度進行融合。總之，如果迴避這個問題，新天下主義將無法獲得說服力。在此，我們有必要提及張旭東的主張，他認為最近中國的文化話語與政治體制的討論是分離的[31]。在目前流行思潮只追求文化更新的情況下，要想一想文化自覺是否只會產生進一步強化現有權力關係的效果[32]。在當前的中國，它是否能成為變革現實的驅動力？

第二、在「我們」當中僅包括中國人的情況下，新天下主義是否能成為普遍價值？當然，許紀霖所說的「我們」的範圍裡包括兩岸三地（中國、台灣、香港）的所有中國人。但即使這個「我們」當中不能包括全人類，但至少要擴大到包含所有東亞人。新天下主義僅僅局限於包括中國大陸在內的華文世界的中國人的新身分認同，是無法成為普遍文明的。

筆者希望今後能夠進一步探討文化大國論對與中國有著非對稱關係的韓國乃至整個東亞的意義。尤其在美國霸權衰退、中國崛起，地域秩序不穩定的現在，作為中國周邊鄰國的韓國可以成為衡量（包括新天下主義在內的）中國的文化論和其思想根源——即朝貢秩序話語——的普遍性標準[33]。為了充分發揮這一作用，我們要提供一種思維框架，使我們能批判性地介入中國社會的討論，並以此來提供韓國與中國彼此反思的契機。

五、周邊的視角，彼此借鑒的鏡子

當前正處在韓中關係史中的「不變」與「變」相互作用的多變狀況，而這種狀況無疑是檢驗韓中的相互認識是否能形成良性循環的重要機會。可以說現在正是韓中雙方發揮彼此借鑒之智慧的時候。

因此對筆者而言，葛兆光在最近的著作[34]中提出的「從周邊看中國」的視角提供了一些在韓中關係史的「不變」之中找出「變」的可能性。

31 張旭東，〈離不開政治的文化自覺〉，《文化縱橫》，二〇一二年第二期。他認為有關文化自覺的討論只有克服三個方面的障礙，才能直面問題的實質。這三個障礙分別是：一、在近代公民社會占主導地位的法權思想及其對文化政治概念的否定；二、文化拜物和復古思想；三、國家主義的行政系統主導的文化工具主義。

32 分析文化論在中國起到的作用的論文有李旭淵，《用文化想像新中國：現代中國「文化革命」的起源與展開過程》（經濟、人文社會研究會對中國綜合研究、跨學科研究總書一一—〇三—四二），可檢索於https://www.nrcs.re.kr/reference/together。

33 關於新天下主義是否在東亞具有普遍性的問題，值得參考燕岩朴趾源（一七三七—一八〇五）的中國觀。作為燕行使者，他曾在二百多年前東亞秩序的轉變期訪問過中國。他認為中國有兩個形象：一個是上國，即用文明來征服的文明的中心，另一個是大國，即用武力征服對方的強國。明朝屬於前者，清朝屬於後者。朴趾源，《熱河日記》第二卷，金血祚譯（坡州：Dolbegae，二〇〇九），頁二五八—二六一。

34 葛兆光，《宅茲中國：重建有關「中國」的歷史論述》（北京：中華書局，二〇一一）。

為了充分理解他的觀點，有必要先簡單介紹一下他（以中國的自我認識為中心）將中國史分為三個階段的觀點。他認為，中國先後經歷了「以自我為中心的想像時代」的第一階段，即沒有任何可以借鑒的他者的時代，和「一面鏡子的時代」的第二階段，即存在一個巨大的他者——西方——的時代，現已進入「在多面鏡中認識自我的時代」。因此透過周邊地區的諸他者來重新認識中國的過去與現在變得尤為重要。他指的周邊主要是日本、朝鮮、越南、印度、蒙古等地。如果中國與「西方」進行差異對比，只能在大尺度上粗略地看到自我特徵，只有與那些看似差異很小，甚至曾經共用一個文化傳統的周邊國家比較，才能真正認識細部的差異，才能確認什麼才是「中國的」文化，這正是需要周邊觀點的理由[35]。如果從「周邊」的反應來觀察曾經不斷變化的「歷史中國」，其實，也是試圖對「現實中國」自身有一個新的認識[36]。

但他的周邊視角主要批判海外的地域研究具有較強的超越現代民族國家的去現代性傾向，他自己則將重點放在中國這個國家上。下面引用一段充分展現這一點的內容。

> 我們提倡的「從周邊看中國」卻是聚焦中國史，在「中國」這個近世形成的文明空間和現代已經成型的政治國家，仍然在文化上和政治上強有力地籠罩的情況下，以中國這個「民族國家」為中心的歷史研究，依然有它的意義。[37]

從上述引文可以看出，他強調的「周邊」視角只是想透過地理位置上的周邊國家和民族，來更多角度的解釋中國。為了更準確地理解他的觀點，筆者想將他的觀點與筆者的「雙重周邊視角」[38]進行比較。筆者提出的問題意識是一種雙重周邊視角，其一是在以西方為中心開展的世界史中，被迫走上非主體性道路的東亞的周邊視角，其二是在東亞內部的等級秩序中被壓抑的周邊視角。也就是說，要同時具有在世界史的等級結構中的東亞的周邊視角，以及在東亞的等級結構中的周邊視角。這裡的周邊並不只是葛兆光所指的位於中國這一中心之周邊的國家和民族，而是包括在中國內外的周邊存在——位於國家縫隙的各種民族、地域的主體。與此同時，從筆者的「雙重周邊視角」看到的東亞論的核心，是要具備對雙重的中心——周邊等級秩序形成的東亞歷史和現實的批判性認識，以及克服這些的實踐觀點。

葛兆光的「從周邊看中國」論或（前面提到的）許紀霖的「新天下主義」論在一定程度上都與筆者的從「雙重周邊視角」看到的東亞論的問題意識是相通的。但如前所述，也存在著一定的差異。這應該又是一個反映韓中關係史中「不變」與「變」在今天相互作用和滲透的證據。

在此筆者想再次強調韓國與中國把彼此當成相互借鑒的鏡子到底意味著什麼。這意味著透過

35 同上，頁二七九—二八〇。
36 同上，頁二九五。
37 同上，頁二九二。
38 拙稿，〈什麼是從周邊看東亞〉，鄭文吉、崔元植、白永瑞、全炯俊編，同上。

對方來反思自己，並尋求共同變化的契機。我們有必要提出這樣的問題：中國人是否從（包括朝鮮半島南北所有居民和中國內外的多種）「周邊」主體的視角，批判性地看待過去與現實中的中心——周邊關係，是否渴望以更加親民的、親生命的發展，即「生命可持續發展」（life-sustaining development）[39]為未來願景的文化。當然，我們也要向自己提出同樣的問題。尤其要認真地向韓國人提出這樣的問題：我們是否在透過開展克服分斷體制的運動走向漸進式的統合，是否在透過推進南北雙方的內部改革，走向「生命可持續發展」的未來。在南北統合的過程中，會形成新的國家聯合形態，即複合國家，這一國家聯合會為「東亞固有的地域合作提供一個必要條件」[40]，會成為有利於東亞共同體「範式轉換的核心之一[41]」。[42]在執行這個有意義的工作過程中，「我們」會擴大為朝鮮半島整體居民，而此時的「我們」無疑會成為中國值得借鑒的鏡子。筆者希望作為韓中關係史中「不變」的條件之一的韓國（即朝鮮半島）的地位和作用的重要性能夠在二十一世紀以嶄新的方式得到體現。

如果韓國和中國等諸主體能夠把自己當成相互借鑑的鏡子，那麼不僅中國是韓國的命運，韓國也會是中國的命運，認識到彼此是命運共同體。這應該就是作為迎接韓中建交二十週年主體的我們所應肩負的課題吧。

39 「生命持續性發展」的概念與我們所熟悉的「可持續發展」（sustainable development）概念不同，是指「把維持生命視為根本，在此基礎上尋找恰當的發展的可能性。」有關這一問題，請參考白樂晴，〈為了二十一世紀韓國與朝鮮半島的發展戰略〉，白樂晴等，《二十一世紀朝鮮半島的構想》（坡州：創批社，二〇〇四），頁二三。

40 白樂晴的如下觀點可能有助於理解這部分內容。「韓國與朝鮮對鬆散、開放的複合國家形態的選擇，即便使東亞各國走向『東亞聯合』或使中國或日本成為聯邦國家的可能性很低，但至少可以對像西藏、新疆或沖繩等地獲得更高的自治權起到一定的作用。同時可能對中國本土和台灣在形式上選擇香港式的『一國兩制』，實質上選擇類似南北聯合的對策有一定的幫助。」白樂晴，〈「東亞共同體」的構想與韓半島〉，《歷史批評》，二〇一〇年秋季號，頁二四二。

41 阪本義和，〈「東亞共同體」在二十一世紀的意義〉，《創作與批評》，冬季號（二〇〇九），頁三九九。

42 關於複合國家的涵義和與此連動的東亞變化的詳細分析，請參考本書第一輯第二章〈連動的東亞，問題的朝鮮半島〉結尾部分。筆者的主張想要更具說服力，至少要對十九世紀末以來朝鮮半島的歷史經驗，即實際存在過或構想過的多種政治體進行更為縝密的探討，但是本文沒有做到這一點。在此筆者想提及的是，雖然與本文所指的複合國家論不同，但朴明圭提出的「柔性複合統一論」也值得參考。他認為要考慮「最終統一國家的形態體可能會成為以重疊的、複合的制度為基礎的嶄新的政治共同體」，並提出「二十一世紀型的統一不僅僅是南北的統合，而應該是超越朝鮮半島空間界限的地區內的複合型統合。」朴明圭，《南北界限的社會學》（坡州：創批社，二〇一二），頁三六〇—三六一。

第三章　對韓國人而言台灣為何
——重看韓台關係

謝秀梅譯

一、我所發現的台灣

一九九九年五四運動八十週年之際，北京和台北幾乎同時舉行了學術紀念大會。我受到了雙邊的邀請，覺得這是一個相互比較的好機會，最後兩邊的會議都出席了。那是我第一次訪問台北，在那之前我（如同其他一般的韓國人）理所當然地把台灣當作是中國的一部分。韓國人之所以會有這樣的想法是受到歷史上將中國視為統一體的大一統思想或中華主義思想的影響，不過，將台灣看作是像韓國一樣分斷（所以必須要統一）的中國的一邊，這種冷戰思想乃至民族主義的影響也許更大。也許正因如此，儘管我身為中國史研究者，當時對台灣的情形卻不甚了解。然而那時雖然是初次短期訪台，在台灣和當地知識分子接觸，知道韓國和台灣對於統一及日本殖民地經驗有不同的觀點，這讓我感到驚訝，同時也「發現」台灣之所以形成獨特的認同感其實有其歷史脈絡。從那時起我開始對台灣的獨特性產生很大的興趣。

當時台灣社會上認為台灣並非中國一部分的看法與對台灣本土社會的自主性關心（即本土化，後面會再詳細說明）正值高潮，台灣人獨有的自我認同也隨之形成。正當我想理解這樣的歷史脈絡而對台灣歷史產生興趣之際，剛好收到了台灣漢學研究中心的邀請，我以訪問學者的身分於二〇〇一年三—八月停留台北，有機會更深入地接觸台灣的歷史、社會和文化。

在那段期間我不只接觸了制度圈內的台灣史研究者或中國史研究者，還與不同領域的批判性知識分子團體結緣，這也讓我更仔細並深入地理解台灣的實際情況和台灣人的情感。從那時起，我利用身為外國人不受統獨之爭限制的優勢，與各種傾向的台灣知識分子建立了關係，並且一直維持至今。

二〇〇一年以後我受到台灣知識分子社團邀請的機會增加，參加了不少台灣的會議。他們需要我的原因，我猜想可能是因為我具有以東亞觀點來比較或連結韓國、台灣、中國和日本並加以解釋的優點。此外，二〇一二年寫這篇文章的二十年以前，即一九九二年韓國跟台灣斷交以來，由於韓國的知識分子大多將關心轉向中國大陸，關注台灣的人減少，這似乎也是原因之一。我常開玩笑說，託大韓民國與中華人民共和國建交且接受中華人民共和國「一個中國」政策之福，台灣才因此「發掘」了我。那段期間裡，我在台灣發表了不少文章，二〇〇九年在台灣友人的協助下還出版了中文著作[1]。

我個人經歷的小故事其實與韓國—台灣交流史的大故事是相互連結的。現在我就來描述這個大故事。

二、韓國人歷史經驗中的台灣：透過媒介的認識與直接相遇

事實上過去韓國與台灣在歷史上是以某個中心為媒介而交流，兩者都在東亞邊緣。回顧以往，先是透過中華帝國、日本帝國，接著是美國而產生連結，彼此從未直接相遇過。到了一九八〇年代後半，作為自身社會課題的借鏡及連帶的對象，開始關注起彼此。進入二十一世紀以後，兩個社會的知識分子開始正式活躍地交流。讓我們先來追溯一下這段歷史性變遷。

我們現在所知道最早到台灣的韓國人是朝鮮時代的漂流民。最早的紀錄是在一七二七年，三十多位朝鮮人遭逢海難漂流到了台灣，他們在台灣待了一陣子後回到首爾。之後到一八七七年為止，有十五次紀錄共一百七十多名的漂流民到過台灣[2]。他們透過台北—廈門—福州—義州的路線歸還，如同這條路線所呈現的，台灣和朝鮮是以清朝為媒介而產生連結。

1　拙著，《思想東亞：韓半島視角的歷史與實踐》（台北：台社，二〇〇九）。

2　朝鮮和殖民地時期的敘述是依據金勝一的〈台灣韓僑的歷史遷移情況和歸還問題〉，《韓國近現代史研究》，第二八輯（二〇〇四年春）。

漂流民在調查過程中一定有向台灣說明朝鮮的情況，同時在歸國以後他們也會向朝鮮人提供有關台灣的情報，但我並不認為朝鮮人因此就會對台灣產生具體的印象。不過，關於朝鮮人對台灣的印象倒是有個有趣的例子。朝鮮時代朴趾源所寫的小說《許生傳》的主角許生為了收服邊山半島的盜賊，帶他們渡海到一座島上開墾，有人認為這座島就是台灣[3]。若照這個說法，台灣應該是被想像成位於遙遠南方的未知之地。

朝鮮時代漂流民的經驗具有作為韓國與台灣交流史起點的意義，但因為不是移居而僅止於暫時的停留，所以並不具有持續性的意義。實際上的移居是在進入日據時代以後才開始。

在成為日本殖民地的朝鮮發生了抵抗朝鮮總督府強硬統治政策的三一運動（一九一九）後，有些人無法維持生計而跨海到台灣去定居。屬於生計型移居的移民不僅數量少而且是因為謀求一時的生計而來，因此大多以單身的型態居留。後來日本投入太平洋戰爭之後，也有許多人因被強制徵召而移居台灣。估計大約有一千三百名朝鮮南部的漁民和他們維持生計的漁船被日本帝國強制徵召運送太平洋地區的物資而去台灣。此外，不論是自願或被強迫，在正式的統計上也有不少去台灣從事性買賣的娼妓住在台灣。

關於這些移住者的實際情況日後若能有更詳細的資料，韓國和台灣的關係史將會變得更豐富，不過他們對於殖民時期韓國人對台灣的認識有何影響目前仍無從得知。相較於此，當時報紙上刊載的遊記反倒是觀察韓國人對台灣看法的有用資料。當時韓國人對台灣的印象是，台灣是一個四季如夏的南方國度，是生番居住的野蠻之地，從經濟面來看是日本帝國經濟圈裡競爭與合作的對象，另外同樣身為日本殖民地，韓國人對台灣感到憐憫，同時並夾雜著文化的優越感（參考孫浚植的文章）[4]。

我們很容易就能猜想到對台灣形成這種看法是受到日本帝國主流言論的影響。尤其是「獵人頭的殘忍野蠻人居住的國家」，即只想到少數南島語系原住民的南洋「未開化國家」形象，大多是受到日本媒體傳播的影響。一九五〇年代後半，親自訪問過台灣的韓國知識分子們甚至說：「因為日本人的計謀和奸計，我們一直以為台灣只有像瓜棚般的土人房屋」[5]，對自己過去偏頗的台灣印象表示反省。

從這些移往台灣的移住者例子和韓國人對台灣的認識深受日本影響，我們可以知道，日本殖民時期韓國和台灣是透過日本帝國而產生連結，因此超過日本帝國容許範圍的交流是難以持續的。韓國的申采浩就是一個例子。他為了擴展無政府聯合運動，得到台灣同志的幫助來到基隆，但一上岸就立刻被日本警察逮捕（參考邱士杰的文章）[6]。另外舞蹈家崔承喜由日本文化界媒介

---

3 朴趾源《許生傳》的原文裡只有提到「島」，並且描述此地與長崎有貿易往來。不過朴潤元的〈台灣蕃族與朝鮮〉（上、中、下），《東亞日報》一九三〇年十二月十一—十二日，主張此島就是台灣。

4 孫準植，〈殖民地朝鮮的台灣認識：以「朝鮮日報」和「東亞日報」報導為中心〉，崔元植・白永瑞編，《見識台灣：台灣與韓國共尋新徑》（首爾：創批社，二〇一二），頁一八七—二〇四。

5 宋志英等，《台灣紀行：自由中國的今日》（首爾：春潮社，一九五八），頁一一九。

6 邱士杰，〈透過申采浩看朝鮮和台灣無政府主義者的交流〉，崔元植・白永瑞編，前揭書，頁二一六—二三四。

促成的台灣表演在當地受到熱烈的回響，作為韓國與台灣文化交流的先驅，可說是別具一格（參考張文薰的文章）[7]。

然而若稍微放寬視野，可以看到韓國人和台灣人跳脫日本帝國框架在中國大陸以「共同抗日」為目標進行合作的連帶事業。雙方組織連帶團體計畫性推動的，或有力人士在個人關係層次上主導的各種活動，皆是基於殖民地共同經驗的連帶意識的產物。儘管接受中國政治勢力（國民黨或共產黨）的財政、政治支援而受限於「在中國抗日戰爭保護傘下所展開的韓台連帶」[8]，作為以中國為媒介產生的交流的一個分支，往後還有更多深入探討的空間[9]。

那麼台灣和韓國在一九四五年日本帝國滅亡脫離其勢力圈後，關係又是如何呢？

日本撤退以後，掌控中國大陸的國民黨立即接收了台灣。不久之後，蔣介石政權將大陸拱手讓給共產黨敗走台灣，並以台灣為據點維持了中華民國的法統。台灣的中華民國在冷戰時期，尤其是韓戰之後，在東亞是自由陣營與共產中國對峙的前哨基地，得到美軍的極力支持而支撐了下來。韓國與台灣同為自由陣營成員，這次是以美國為媒介而產生連結。大韓民國政府和中華民國政府互相承認為合法政府，於一九四九年一月正式建交。之後一直到一九九二年八月宣布斷交為止，兩國同為分斷國家，同時也是共同反共的盟友，一直維持了親密的關係。不過這樣的關係始終是以與美國的垂直雙邊關係為媒介而間接形成。過去台灣的蔣介石和韓國的李承晚與菲律賓的季里諾曾經試圖組織獨自的反共機構「太平洋同盟」，卻因美國的反對而失敗，這個例子非常清楚地顯現出彼此關係的界線。

但是在對美國維持世界冷戰秩序的東亞地區構圖有利的範圍內，兩國在政治、軍事以及經濟方面的交流都相當活躍。另外，在這種結構性的限制中，在政府的援助下，由民間主導的文化交流也非常頻繁。筆者所編著的《見識台灣》（創批，二〇一二）書中最後所附的「年表」，詳細地呈現了兩國作為自由陣營友邦所推動的政治、軍事、經濟和文化方面各種交流的軌跡。

像這樣在冷戰秩序中累積的交流經驗對韓國人的台灣印象所產生的影響，可從詩人趙炳華[10]的詩裡發現端倪。一九五七年，身為韓國文人親善訪問團的成員之一的趙炳華在台灣參訪十五天（十二月三日—十八日），歸國後出版了紀念詩集。詩集中充滿對自由陣營友邦台灣的好感和連帶的心情。我們來欣賞一下部分的作品內容。

極東的南邊／亞細亞原野／玫瑰之國／輕聲細語的愛和故事與明日／在我們每個人心中綻

7 張文薰，〈殖民地時期台灣和朝鮮交流的一個層面：崔承喜的台灣公演〉，崔元植．白永瑞編，前揭書，頁二〇六—二一五。

8 韓相禱，〈日帝侵略期韓國和台灣抗日運動勢力的國際聯合〉，《韓國民族運動史研究》，第四九輯（二〇〇六年十二月），頁二〇〇。

9 雖然不是以中國為媒介，如同一九二八年五月三日抗日運動家趙明河在台中刺殺視察中的日本皇族未遂事件，朝鮮人以台灣為舞台的抗日運動等，仍有待發掘。

10 趙炳華，《石阿花》（正音社，一九五八）。本文引用的詩在頁二四、三三、五六。

開的玫瑰之國／台灣是每個田野都有玫瑰綻放的玫瑰之國／明日沉睡的國度／安靜的國度（〈玫瑰之國〉部分）

現今台灣是生產之國／花恆常開放閒暇溫暖之國／常綠之國／民族之國／民權之國／民生之國／自給自足之國（〈煉油廠〉部分）

由此可見大部分的文人訪問團成員對國民黨立足於三民主義（民族、民權、民生）理念而發展的「自由中國」國家印象深有同感。他們對於過去自己受到日本影響認為台灣是「未開化國家」的「全面錯誤的認識」作了反省，同時綜合正式參訪和私下探訪的結果重新認識了台灣，認為「台灣是適合居住的國家，值得我們學習的國家」。他們大都對台灣的整潔、秩序和遵守時間印象深刻。並且認為行政方面讓台灣發展至此的原動力是國民黨的領導力、農村經濟的安定和國民的守法精神，以及有效運用美國的援助等[11]。

他們認為台灣是正在發展的模範國家，加上同為分斷國家，也有反共保壘的強烈連帶意識。趙炳華在實地探訪鄰近中華人民共和國而持續受到炮火轟擊的金門島後所作的詩即充分體現了這種認識。

「自由的要塞／亞細亞的堡壘／極東的神經／徹夜守護所有亞細亞自由公民／自由中國不

眠之島。」（〈金門島〉）

較為特別的是訪問團的成員之一鄭飛石則指出了台灣黑暗的一面。台灣缺乏言論的自由，沒有在野黨，台灣本地人（即本省人）與大陸人（即外省人）之間在感情融合上存在著問題。尤其是「大陸人的優越感和台灣人的自卑感至今仍存在於無形，因此即使是同族之間，時可窺見彼此無法釋懷之處」[12]，他的這種看法實在是看透當時台灣社會底層的敏銳觀察。

不過這樣的認識雖然與批判反共獨裁政權的韓國知識分子對台灣的看法有相通之處，但畢竟只是少數人的看法。一般而言，共同反共的友邦既是「自由中國」（與進行文化大革命的中國大陸相比），也是保存傳統文化的「唯一的中國」印象，可能才是當時韓國社會上公認的主要看法。總之，冷戰時期無法對台灣大多數民眾（主要為本省人）的生活有切身的認識。韓國和台灣在類似的結構性環境中共享冷戰文化，卻無法正確掌握其特性而跨越國界組織民間社會連帶（姜泰雄的文章[13]透過兩國反共電影的相似性很有技巧地證明了此點）。

接著進入一九七〇年代，一九七一年美國推動與中華人民共和國和解，東亞堅固的冷戰秩序

11 宋志英等，前揭書，頁二六、五〇、五二、七三。
12 同上書，頁七五。
13 姜泰雄，〈台灣的新電影與韓國〉，崔元植・白永瑞編，前揭書，頁一一九—一三六。

開始產生裂痕，韓國和台灣批判自己的獨裁政權，立基於本土社會的文化運動抬頭。兩者皆對外來思潮現代主義發起了批判性文學運動，在台灣是以鄉土文學，韓國是以民族文學作為中心（白池雲的文章[14]對此點有詳細分析）。與此相呼應，韓國的民族史學和台灣的本土史學（非中國史的台灣史研究）隨之抬頭。事實上我們因為資料尚未充分發掘而不了解罷了，面對分裂中的冷戰秩序，兩社會展開本土文化運動的經驗是相當豐富的（舉例來說，若比較韓國的《創作與批評》〔一九六六—現在〕及台灣的《夏潮》〔一九七六—七九〕這兩本一九七〇年代批判性雜誌的論調，可發現兩者有極高的類似性）。這是極為有趣的比較對象，也是第三世界文化運動的珍貴資產。但兩者卻無法意識到彼此，幾乎各自在孤立的狀態中發展。一直等到一九八七年兩社會進入民主化軌道前後，才開始將韓國與台灣的批判性文化運動視為彼此的借鏡，摸索連帶之路。一九八七年韓國的六．二九宣言[15]與七月台灣的解嚴是其分界點。

在此情況下，鼓吹鄉土文學的台灣代表作家黃春明的短篇小說集《莎喲娜啦，再見》於一九八三年被創作與批評社編入「第三世界叢書」介紹給韓國讀者，此舉極具意義。其中收錄在小說集中的作品〈兩個油漆匠〉在韓國最早改編成名為《七守與萬壽》的舞台劇，之後於一九八八年朴光洙（音）導演又將之改拍成同名電影。韓國和台灣開始意識到彼此是值得參考的對象。而將這種意識積極加以實踐的正是台灣作家陳映真。他在一九八七年六月抗爭後民主化運動激情正盛的一九八八年，曾以自己創辦的《人間》（一九八五年創刊）雜誌記者身分兩次訪問韓國，不僅認識了民族文化運動陣營的主要人士，也與各界人士見面。後來在《人間》四四號（一九八九年六月）上刊載「陳映真現地報告：激盪中的韓國民主化運動」特別報導，並在四五號（一九八九年七月）上刊載了「韓國錐子」系列特別報導。另外，當時結交的人脈成為往後兩個社會批判性知識分子連帶運動的種子（相關內容可參考陳光興的文章[16]）。正巧今年（二〇一二）夏天創意繼承《人間》雜誌走向的國際性中文雜誌《人間思想》剛創刊，包括筆者在內的韓國知識分子能夠擔任此雜誌的編輯委員可說意義非凡。

但是陳映真的行動在當時台灣社會是非常少見的例外。韓國方面直接到台灣的民主化運動和本土文化運動現場尋求連帶的努力也微乎其微。值得注意的是當時剛創刊的《韓民族新聞》（一九八八年創刊）在一九八九年到台灣兩岸交流及民主化運動的現場作了深度報導[17]，這反映出韓

14 白池雲，〈台灣「鄉土文學」的東亞脈絡〉，崔元植．白永瑞編，前揭書，頁一三七—一五〇。

15 一九八七年六月韓國發生「六月抗爭」民主化運動，大規模群眾上街頭示威爭取民主，當時的執政黨總統候選人盧泰愚為收拾時局，於六月二十九日發表特別宣言，公開宣示將修憲直選總統、一九八八年保證和平政權轉移及保障言論自由和政黨活動等。

16 陳光興，〈從經驗來看韓國和台灣的知識交流和連帶〉，崔元植．白永瑞編，前揭書，頁二七三—二八三。

17 權台仙特派員的現場報導（連載），〈打破「老舊框架」的台灣〉，《韓民族新聞》一九八三年三月十九、二十一—二十四日。這篇專題報導的完成得到中國史學家閔斗基的協助，閔斗基在很早以前就對跟韓國社會有類似過程的台灣民主化產生學術上的興趣。此外，一九八七年七月十五—十七、二十一日和一九八七年八月七日在《東亞日報》亦有〈台灣民主化風潮，時三十八年才有的變化：去現場（一—五回）〉的連載。

國人對同時代走在民主化道路上同為分斷國家的台灣產生的變化有所關心，但這也是個罕見的例子。

在此階段，一九九二年大韓民國政府與（冷戰時期敵對國）中華人民共和國政府建立邦交，導致韓國與台灣斷交。因此過去作為友邦的兩國關係也漸趨冷淡。不過按照先前美國和台灣斷交以後的先例，從一九九三年開始以代表處代替大使館的實用方式，持續了韓台間的外交關係。從另一個角度來看，斷交也可以看作是兩社會在沒有美國作為媒介的情況下，從各種層面直接面對彼此的一個契機。不再把台灣當作是觀察冷戰時期被自由陣營封鎖的中國的窗口，而看見台灣本身，這也是東亞冷戰秩序瓦解所帶來的效果。

象徵這種效果的代表性活動是台灣的二二八事件和韓國的濟州島四三抗爭（一九四八年）及五一八光州民主化運動（一九八〇年）的比較。從一九九八年韓國完成政黨交替金大中政府上台開始，韓國學界和公民社會從抵抗國家暴力的東亞人連帶的觀點，開始高度關注台灣人的本土民主化運動[18]。這也是韓國和台灣之間新層次的交流。

而更廣泛主導韓台新關係的是大眾文化交流，也就是韓流。現在民間社會之間的關係比國際間的關係更重要。韓國透過韓劇和 K-pop 滲進台灣人的日常生活中。雖然這種現象僅限於大眾文化，但託韓流之福，台灣社會對韓國的好感有顯著的提升。不過在此同時也產生了對韓流的批評，即反韓流乃至嫌韓流的出現。過去韓國一直是冷戰體制下的反共夥伴，經濟也落於台灣之後，然韓國在亞洲金融風暴之後不僅更有活力，還出口文化商品，經濟方面表現亮眼，民主化大有進展，台灣也開始用警戒和比較的眼光來看韓國（參考崔末順的文章[19]）。

在此我想強調的是，在期待台灣人了解韓國人之前，韓國人要先持想要了解台灣人的態度。為了二十一世紀理想的韓台關係，需要努力在各方面漸漸建立起新的關係，對韓國人而言，最必要的就是糾正單向的文化交流。

具有意義的第一步（比起接受大眾文化）是從正確理解台灣複雜的認同形成過程開始。如同後面所將說明的，台灣在冷戰時期國民黨黨國體制下辛苦地經歷了民主化運動和本土化過程。結果在二〇〇〇年脫離了國民黨一黨專政，由民進黨完成了政權輪替，在這過程中台灣的主體意識成為主流，並在去中國化的口號之下，追求和中國有所區隔的台灣認同成為大勢所趨。若對此沒有正確理解，就無法體會台灣人生活中的煩惱和其自尊心（陳芳明的文章[20]以其個人史為基礎，呈現出台灣知識分子的精神世界）。因此，我想以問答方式回答幾個韓國人在了解台灣人認同時必須要知道問題，另外在敘述過程中將強調幾個在了解台灣情況時重要的關鍵字，並自然佐以說明。

18　其出發點是以下兩個會議。濟州四．三研究所主辦的濟州四．三第五十週年紀念國際學術大會「二十一世紀東亞和平與人權」（一九九八年八月二十一—二十四日），全南大學五．一八研究所主辦的光州民主抗爭十八週年全國學術大會「五　一八和東亞的民主抗爭」（一九九八年五月十二日）。

19　崔末順，〈從台灣的韓流現象來看台灣社會〉，崔元植．白永瑞編，前揭書，頁二三五—二五二。

20　陳芳明，〈台灣知識分子的文化認同〉，崔元植．白永瑞編，前揭書，頁四七—六〇。

三、了解台灣人認同必須要問

（一）台灣是中國的一部分嗎？

要回答這個問題讓我們先來解析「**中國**」這個名稱。雖然「中國」從古代就開始沿用，但是第一次具有國號的意義是在一九一一年清朝滅亡後進入中華民國時期開始，也就是作為「中華民國」的簡稱。到了一九四九年中華人民共和國成立，和中華民國競爭的兩個中國共存。從一九七一年中華人民共和國代替中華民國成為了聯合國的常任理事國開始，所謂的中國狹義而言是指中華人民共和國。然而在韓國人的實際生活裡，中國在廣義上指的是地區、文化、政治領域的文化體、歷史體，並與中國的另一個泛稱「中華」通用。

現在中國在狹義上大多是作為指稱中華人民共和國的詞彙，在這裡對於中國的領域，正確而言是對於中華人民共和國的領土有必要確認清楚。我們很容易把自西元前二二一年秦始皇統一以來經過兩千年擴張、發展的中華世界看作是安定的結構。其實中華人民共和國版圖的原形可以回溯到一七五九年（清乾隆皇帝二十四年）完成中亞征服之時。清朝將領土擴展到蒙古、新疆和西藏，中華世界已不同以往，以多種族、多民族的多元化、階層化政治秩序加以維持。另外，如同眾所周知，在中國的歷史上，不僅分裂的時間比統一王朝的時期要更長一些，北方游牧民族統治的王朝也比漢族多。由此看來，中國人的領土、民族問題或與大國意識直接相關的所謂「統一中國」，絕對不是超歷史的固定實體。

因此，在廣義上台灣雖然也可以是中國的一部分，但若問到台灣是不是中華人民共和國的一部分即一個省（台灣省），這就不是簡單用是或不是就可以回答的問題。當然在中國大陸已經很習慣以「是」來回答，否則就會被視為「分裂行為」。除了韓國人，其他外國人中應該也有不少人認為台灣是「中國的一部分」。不過大部分的台灣人（如接下來將要說明的）是處於難以回答「是」的複雜立場上。若仔細研究，台灣在國際法上的地位是相當複雜的。

台灣（Taiwan）這個名稱原來是起源於十七世紀荷蘭在台灣島南部駐屯的地方（現在的台南安平），荷蘭語稱之為「Tayouan」（漢字為大員），有時又表記為「台員」或「台灣」，最後就成為稱呼台灣全島的名稱。另外，源自十六世紀葡萄牙船員稱呼**Ilha Formosa**（美麗之島，Ilha是「島」，Formosa是「美麗」之意）的名稱「福爾摩沙」也常被使用。台灣島上從石器時代就有原住民居住，從十七世紀開始，依序受到荷蘭、西班牙、清朝、日本帝國以及國民黨政府等「外來政權」的統治。

清朝在清末將歐美海洋勢力感興趣的台灣升格為一個省，並且推動地方現代化政策，但一八九五年清日戰爭失敗，即將台灣割讓給戰勝的日本。因此，一九一一年成立的中華民國在二十世紀前半並沒有實際支配過台灣。但如同下面所要探討的，日本敗戰後，台灣的歸屬問題在國際法上被模糊處理，至今仍造成紛爭。

台灣國際地位的不安定性在一九五一年九月為了決定敗戰國日本的地位由美國和日本簽訂的

《舊山金和約》中顯露無遺。不僅戰勝國中華民國代表無法出席簽約現場，有關台灣領土問題的第二條「領土權放棄」項目中，雖有「日本國表示放棄對台灣和澎湖群島的所有權利」，但卻沒有明示歸屬於中華民國（台灣）。如此模糊的處理方式在翌年四月簽訂的日華和平條約中又再度發生。

儘管如此，冷戰時期台灣受到美國支持而享有聯合國會員國地位，但一九七一年中華人民共和國取得席位，台灣抗議而退出聯合國以後，台灣的國際地位就更不穩定。中華民國雖然具有政府、國民、國土等作為一個國家的基本要件，但在北京政府推動的「一個中國」政策壓力之下，不僅和台灣建交的國家極少，也很難加入國際組織，在國際上無法得到作為一個獨立國家的待遇。現在台灣想要進入國際社會，就必須接受北京政府容許的條件，即「Chinese Taipei」的稱呼。但是這稱呼意味著台灣只是中國的一個地方政府，因此遭到台灣人的反彈。這也象徵了今日台灣作為一個國家地位的不穩定性。

（二）台灣人是中國人嗎？

事實上誰是中國人這個問題本來就不是一個容易回答的問題。不同於韓國的單一民族，今天居住在中華人民共和國的中國人，也就是被中國政府（多元一體的）看作「中華民族」的中國人的組成也相當複雜。除了占絕大多數的漢族之外，得到承認的少數民族就有五十五個。此外若包括居住在中華人民共和國及中華民國領土以外的中國人，也就是華僑、華人——華僑是擁有中國國籍而有一定期間居住在國外的人，華人指的是雖擁有僑居國的國籍，在文化上仍認同中國的人，例如華僑第二、三代——而將之視為文化共同體（華語世界），那麼中國人的範圍就更廣了。中國人並不狹義地限定是中華人民共和國的國民，反而應將之視為是隨歷史持續不斷變化的存在。

像這樣問中國人是誰的問題都不簡單了，要再問住在台灣的人即台灣人是不是中國人的問題就更複雜了。因為**台灣人的組成**本身就是複合性的。現在台灣有許多擁有共同語言和歷史經驗的許多**「族群」**（ethnic）[21]共存。最先定居在台灣屬東南亞系統的原住民、客家人、閩南人（來自福建省南部的人）、外省人，甚至還有經由結婚移民從東南亞等地來的「新移民」，是一個多元化存在共存的地方。其中一九四九年前後跟隨國民黨蔣介石撤退到台灣的外省人（主要使用國語即北京話）和一九四五年以前就已經住在台灣的本省人（主要來自福建省南部的移民，使用閩南語方言）之間所謂的「省籍情結」，省籍情結自一九四七年二二八事件後一直潛藏著，到了一九八〇年代以後**本土化**抬頭後又再次浮上檯面（所謂本土化英文譯作indigenzation或Taiwanization，指台灣人的主體意識隨著民主化運動抬頭，並在社會各方面帶來改變的潮流）。本來省籍不過是根據一九三一年訂立的戶籍法記載的籍貫而已，但是國民黨被趕到台灣之後，為了維持代表全中國的名分，成立立法院的同時，在地方民意代表的地區代表性方面，仍然承認大陸的省籍，多數

21 在台灣族群與國族（nation）有所區分，Nationalism通常被翻譯為「國族主義」。在韓國通常被翻譯為「民放主義」。

外省人仍照樣維持立法委員職位。加上敗退之前在大陸各地選出的立委不經選舉即可續任，事實上已經成為終身職，即變成所謂的萬年國會。因此本省人雖占實際統治地區的大部分，民意卻無法如實反映，使衝突更加嚴重。這種衝突以要和現今中國統一還是台灣獨立，即所謂的統獨之爭的形態將台灣社會一分為二。因此同時包括兩者又和大陸的中國人有所區隔的「新台灣人」一詞[22]也隨之誕生。

像這樣為了回答由多元族群組成的台灣人是否為中國人的問題，必須要討論他們是否有身為中國人的認同，還是擁有身為台灣人獨有的認同感。到這裡應該要追溯探討台灣人認同形成的歷史脈絡。

如同前面所討論的，台灣因為清日戰爭失敗而被割讓給日本，一直到一九四五年八月日本戰敗為止，受日本帝國殖民統治五十年。這段期間台灣和大陸處於斷絕的狀態，台灣人產生了既不是中國人也不是日本人所謂「亞細亞的孤兒」的意識，台灣人獨特的身分認同也從此發芽[23]。

若想更詳細地探討台灣意識的形成過程，黃俊傑將台灣意識的發展階段分成四個階段相當實用。根據黃俊傑的看法，第一階段是明清時代作為地方意識的時期，第二階段是日本殖民時期台灣意識出現的時期，第三階段是一九四五年以後基本省籍意識萌發的時期，最後第四階段是一九八七年解嚴以後因抗拒北京政府的台灣意識[24]。如此將台灣意識的發展區分為四個階段雖然有不少的爭議，但由於台灣意識是因每個歷史階段不平等的政治權力結構而成長，必須從其結構性脈絡加以分析的觀點有其實用性。

像這樣台灣意識的形成有其歷史脈絡，明確的分界點是在一九七〇年代。從那時開始，台灣人開始區隔以外省人為中心的國民黨正式提出的「中國人」概念，逐漸擴散以台灣人為主體的「本土化」意識，並展開反國民黨的民主化運動。過了四十年的現在，沒有人會否認台灣人的認同感必須超越原住民、客家人、本省人和外省人之間的族群差異或是國民黨和民進黨的支持政黨差異。即在同搭一條船的「命運共同體」自覺之下，將台灣人的主體性深植在現實中，確保台灣本土的安全成為共同的課題。

他們之間的差異是隨著如何設定與中華人民共和國這個政治實體的關係而產生。因此統一與獨立的二分法造成台灣社會的分斷。在這中間，也有人提出有趣的主張，認為所謂中國人的概念本身是混雜且非實體的，而今日大陸獨占「中國」代表性的情形不過是親美反共的分斷體制所生

22　所謂「新台灣人」一詞是在一九九八年十二月台北市長選舉時，由當時國民黨主席李登輝為呼籲支持國民黨候選人馬英九開始使用，之後成為公論。以新台灣人來稱呼像馬英九這種外省人第二代或戰後在台灣出生的人，試圖突破本省人和外省人之間的省籍情結。

23　梁台根，〈從台灣民族主義看中國〉，崔元植．白永瑞等編著的《在帝國的交會口上作脫帝國之夢》（創批，二〇〇八），頁二六四。白永瑞，〈日本人還是中國人：從中國旅行來看二十世紀前半台灣人的認同〉，《在核心現場重新探索東亞》（創批社，二〇一三），頁二三六—二五七。

24　黃俊傑，《台灣意識與台灣文化》（台北：台灣大學出版中心，二〇〇六），頁三—三八。（更詳細的介紹請參考白永瑞，〈日本人還是中國人：從中國旅行來看二十世紀前半台灣人的認同〉，前揭書，頁二五二—二五四、二七五。）

產的現代化產物。他們所說的中國人並不是指現在住在大陸的十四億人民，而是任何人都「無法獨占」、「開放且具未來指向的中國人認同」[25]。如此台灣人既可以是中國人，也可以是具有特殊性乃至獨立性的主體。

若將這些論點納入我們的視野，對於台灣人是不是中國人的問題，我們的答案不論肯定或否定都是有可能的，不是嗎？也可說是一種「開放的答案」吧，那意味著我們能夠了解並體會台灣人自己的主體性選擇。雖說韓國人是單一民族，但韓國人也活在一個民族、兩個分斷國家的國民、散居在全世界的韓民族共同體之一員等多元認同重疊的現實中，因此，我們算是已經具有開放性思考的條件了。

（三）台灣人肯定日本的殖民統治嗎？

只要是韓國人幾乎都會對台灣人對日本殖民統治持肯定看法感到不可思議，我第一次到台灣時也是如此。連稱呼此時期的歷史用語本身都截然不同。韓國人通常稱為「日帝強占期」，但在台灣比起意指日本帝國不法占領的「日據」，更偏好使用意指日本統治時期的「日治」這個中立性用語。

當然並非所有台灣人都是殖民地統治的肯定論者。但越是追求去中國化的台灣認同的人，持肯定論的可能性就更高。若單純地以二分法來說，傾向支持和中國統一的統一派是否定論者，獨立派則大致是肯定論者。事實上國民黨統治時期沒有肯定論的立足的餘地，因為抗日的歷史記憶是正統也是主流。肯定論浮出檯面和「台灣意識」的成長是相輔相成的。現在台灣人認同已被強化，即使說肯定論者已成為多數派也不為過。追溯歷史，當初日本戰敗後國民黨來接收台灣時，台灣大多數的居民（也就是本省人）非常高興能「回歸祖國」[26]。但是國民黨政府卻認為日帝統治下被「皇民化」的台灣人已被「奴隸化」，並對日本文化展開清算，台灣人則認為自己和「落後的」外省人相比已經「現代化」，表現出文明的優越感並起而反抗[27]。苦於國共內戰的國民黨將台灣物資運到大陸使物價高漲造成生活困難，更加深雙方的矛盾，終於在一九四七年因為一名本省婦女販賣走私香菸遭過度處罰而發生**二二八事件**，雙方衝突爆發。暴動立即擴散到全島，估計約有一萬八千人犧牲，直到五月中旬局面才穩定下來。但接下來歷經長期黑暗鎮壓，台灣人的自我意識也隨之在社會底層成長。如同前面所探討的，「台灣意識是因每個歷史階段不平等的政治權力結構而形成」。對於殖民地的選擇性集團記憶是在國民黨統治時期不平等的政治權力結構

---

25 鄭鴻生，〈台灣人如何再作中國人〉，《台灣社會研究季刊》，第七四期（二〇〇九年六月），頁一六—一二八、一三二—一三三。

26 此點在作家吳濁流迎接光復二十週年時言及對一九四五年「光復」感想變化的文章中清楚呈現。他敞開心胸地說：「對於光復節早先幾年我感到激情和喜悅，但是過了幾年我對文化感到有些徬徨和不安。感到喜悅不再，取而代之的是悲傷。而現在則是毫無感覺了。」〈光復廿週年的感想〉，《吳濁流選集五》（台北：遠行，一九七七），頁一七九。

27 台灣人之間流行著「水龍頭寓言」。台灣人揶揄從大陸逃來的士兵落後的程度，說他們以為水龍頭隨便插在哪裡自來水都會源源不絕地流出。鄭鴻生，《百年離亂：兩岸斷裂歷史中的一些摸索》（台北：台社，二〇〇六），頁八二。

中形成，因此絕對不是件容易化解的事。尤其台灣意識的成長已超越國民黨政權，現在對中國大陸共產黨政權的反抗，即去中國化和親日本化的推動，今日這種現象值得我們關注。

因此韓國與台灣對於日本殖民地經驗認識的差異，很難用客觀的殖民地比較研究或是教育來填補。就像中國大陸的中國人沒有被日本長期殖民過，他們很難理解台灣的殖民地肯定論，反日情緒強烈的韓國人也同樣難以理解。不過雖然中國只有部分國土如滿洲國或以租界的形式有被殖民的經驗，中國的思想界若能擁抱台灣人的殖民經驗，就能從內在觀點了解韓國、越南等東南亞鄰居，並且獲得動力反省大國崛起的自己[28]。另外，試圖超越對殖民地時期「剝削和抵抗」的二分法視角的觀點也逐漸在韓國社會擴散，在殖民和冷戰的經驗錯綜的東亞脈絡中，韓國社會廣泛深入理解台灣人殖民經驗（評價）的空間正逐漸擴大。

（四）台灣人希望獨立嗎？

對期盼分斷的朝鮮半島統一的韓國人而言，很難理解同為分斷國家的台灣人為何不希望和中國統一。不過，就算是具有台灣人認同的人，實際上究竟有多少人是希望建立獨立國家「台灣共和國（Republic of Taiwan）」與中國分離的呢？

台灣國立政治大學選研中心從一九九二年開始至今長期持續進行的民調結果，可在某種程度上為我們解惑。讓我們來看台灣民眾在台灣人和中國人之間對哪一邊比較具認同感，以及獨立跟統一之間比較支持哪一邊的問題其民意趨勢為何。首先認為自己是台灣人的比率持續地升高，而認為自己是中國人的人則是在減少。回答自己是台灣人的比率從一九九二年百分之十七・六、二〇〇八年百分之四十八・四、二〇一一年百分之五十二・二，到了二〇一二年六月是百分之五十三・七。而回答自己是中國人的比率依上面的年度順序分別為百分之二十五・五、百分之四・一、百分之三・七和百分之三・一。而在調查中回答自己既是台灣人也是中國人的比率也相當高，分別是百分之四十六・六、百分之四十三・一、百分之四十・三和百分之三十九・六，呈現緩慢減少的趨勢。再來看看關於統一和獨立的民意，與獨立相比，現在希望維持現狀的人以逐漸增加趨勢成為多數，回答支持儘快獨立的人從一九九二年的百分之三・一到二〇一二年六月為百分之四・三，維持現狀以後走向獨立的人從百分之八變為百分之十五・三，相較之下維持現狀再決定的人從百分之三十八・五降為百分之三十三・八，永遠支持維持現狀的人從百分之九・八驟升為百分之二十九・四。二〇一二年六月支持儘快統一的人則僅有百分之一・四，維持現狀以後走向統一的人為百分之八・四[29]。

我們從這個民意調查結果可以知道，台灣人認同雖然逐漸增加而成為主流，但是與脫離中國

28　趙剛，〈兩岸與第三世界：陳映真的歷史視野〉，《人間思想》，創刊號（二〇一二年夏），頁二一七—二一八。

29　http://esc.nccu.edu.tw/modules/tinyd2/index.php?id=3。崔元植、白永瑞編，前揭書，頁五九，陳芳明的文章中提到，在台灣認同自己是台灣人的人已經超過百分之八十。這個數據應該是包括同時認為自己既是台灣人也是中國人的人在內。關於認同的調查，不同的提問方式和不同的調查機構，結果也有所不同。

獨立相比，希望維持現狀的人更多，這樣的現象是台灣獨有的特徵，也說明了身分認同有很高的流動性。這種流動性基本上是依存於稱為台灣與中國的兩者關係——若稱為兩國關係則以代表兩個國家為前提，因此使用中立性用語（台灣海峽的）兩岸關係。

但由於台灣的兩大政黨即國民黨與民進黨為動員支持群眾在政策上對立，使兩岸關係的不穩定性逐漸升高。國民黨和民進黨的黨旗顏色分別為藍色和綠色，兩黨的衝突嚴重，常被稱為「**藍綠對立**」。不過儘管兩黨的主流都是台灣人認同，也都希望與大陸保持距離，但卻無法忽視兩岸經濟交流已經成為台灣發展「內在動力」的現實條件。雖然民進黨執政後因過度追求獨立曾經消極看待和大陸的經濟交流，但其代價就是在總統大選時失去中間選民的支持，不得不摸索新的兩岸政策。此外，冷戰時期國民黨統治時，只有反攻大陸才能保障政權的正統性，然而現在的國民黨也無法忽視持續變化的民心動向。因此，國民黨標榜所謂「不獨，不統，不武」的「三不政策」，另一方面則與中國簽訂經濟合作協定（ECFA，Economic Cooperation Framework Agreement，二〇一〇年九月正式生效），加快經濟合作的腳步。

回顧兩岸的發展，一九九二年台灣與中國曾有有過「一個中國，各自表述」的協議，這也就是規範兩岸關係所謂的「九二共識」，其內容亦隨台灣政權領導人而修正，例如李登輝提出的「兩國論」以及陳水扁的「一邊一國」。二〇一二年五月馬英九就任第十三任總統之際，他以「一國兩區（一個中國即中華民國分為兩個區域各自行使統治權）」來表示兩岸關系的現況（他所謂的「中華民國」指一九一一年建立的政體，即意指統一的中國，現在台灣仍使用「民國」年號，二〇一二年是民國一〇一年）。總而言之，在兩岸關係方面，現在最需要的就是透過民主程序接受多數台灣人希望維持現狀的要求，同時穩定兩岸關係。

對於台灣人這種「似國非國」的處境，同樣居住在分斷國家的韓國人應該是最能感同身受的。當然兩岸關係的不對稱性明顯，因此和朝鮮半島的分斷體制有所差異，但彼此的經驗仍可成為有用的參考。眾所周知，二〇〇〇年南北韓領導人在六一五宣言中，曾經做出立足於所謂「初階的聯邦制或國家聯合」原則來推動統一的協議。因此，對於台灣人尋找超越統一和獨立二分法的新道路[30]苦思建立多元兩岸關係的各種努力，韓國人也可以是最有同感和連帶感的。

四、描繪韓國—台灣關係的未來

適逢韓國台灣斷交二十週年，在展望雙方關係的未來之時，首先要銘記在心的就是必須超越中國（大陸）或台灣的二分法。儘管二十年前在國家間的關係上，不得不兩者擇一，斷交後兩個社會在沒有美國作媒介的情況下，在各個層面有直接見面的寶貴機會，若想要好好把握這樣的機會，就應該要克服中國與台灣的二分法，從連動的東亞社會的視角來重新審視台灣。

30　文明基提出兩岸關係的「第三範本」，他認為「回歸到過去歷史上熟悉的中國」的可能性是相當大的。文明基，〈兩岸關係，沒有第三範本嗎：「兩岸經濟合作架構協議」與歷史展望〉，崔元植・白永瑞編，前揭書，頁一〇〇—一一六。

在台灣，獨立派帶有強烈的反中、親日傾向；在日本，殖民地統治肯定派也有支持台灣而反對派支持中國的傾向。還有，對中國社會主義體制的反感與對大國化的恐懼則促進了台灣獨立（即脫離中國）的傾向。東亞的實際情形就是像這樣彼此環環相扣。

那麼，從連動的東亞社會視角來重新審視台灣時，不再是「自由中國」的台灣，對今日韓國有什麼樣的意義呢？

首先想到的就是，台灣是連接東北亞與東南亞的橋梁。為了防止東亞論述過度傾向於東北亞中心主義，將東南亞納入就顯得相當重要，台灣有東南亞（南島）文化與漢族文化交會，角色最為關鍵。其次是，台灣是多元文化主義實驗場。台灣人以多元性建構自身認同的經驗，這對才剛開始體悟到「多元文化家庭」重要性的韓國而言，是很好的參考點。再者，台灣提出中國是什麼的問題，這也很重要。台灣人同時推動民主化和本土化的經驗，不僅讓我們對北京政府公開標榜的「多民族統一國家論」的現實適合性與重疊於中國國民國家的帝國性產生疑問，同時也對中國現在標榜的替代性發展模式（也就是「中國模式」）的可信度產生質疑。從這點來看，台灣既是與冷戰時期不同層次的「中國之窗」，作為連帶的對象，亦具有嶄新的意義。

最後，不是從重視國力或市場大小的國家，也不從資本的角度，而是從摸索如何創造更人性化社會的觀點來重看台灣時，台灣人重視兩岸關係，更進一步重視東亞脈絡，同時並有效實行「民主化和本土化之二重奏」的苦惱與洞見就更顯珍貴。儘管在和國民黨獨裁政權鬥爭並透過選舉完成執政的過程中，本土化明顯是民主化的動力，但民進黨執政後，本土化卻因為偏頗的民族主義（福建人沙文主義）和貪污隱藏在後，而有墮落的嫌疑。在這個點上，想要實現更民主更自由的社會而尋找「進步本土」之路的團體（此可參考梁台根的文章[31]），或是以韓國的分斷體制論為參考來檢視兩岸關係，跨越統獨之爭的二分法摸索替代發展之路的團體[32]等，這些批判勢力內部的許多細微變化值得關注。

身為兩岸之一，台灣的不穩定性極高，如果韓國可以在台灣努力符合自身的社會脈絡辛苦實現更人性化社會的創意性工作上給予協助，那麼，台灣人勢必也會問：「對我們而言，韓國是什麼？」韓國身處分斷的朝鮮半島南部，如能以自己的方式逐步實現這種創意性工作並取得值得注目的成果，屆時台灣人也會認真關注韓國。這也可以稱為另一種韓流，不是嗎？

31　梁台根，〈民主化與本土化的二重奏〉，崔元植．白永瑞編，前揭書，頁八一—九九。

32　參考《台灣社會研究季刊》，第七四期（二〇〇九年六月）的分斷體制特輯「超克分斷體制」。

第四章　從核心現場重思「新的普遍」
——評論「新天下主義」

崔金瑛譯

一、為何談論「新的普遍」：共享的普遍與溝通的（communicative）普遍性

筆者想在這篇文章中要談「新的普遍」。韓國的知識界開始提出東亞話語[1]是在一九九〇年代初，後延續至今。東亞話語作為一種批判性地區主義，如果想起到（至少）在東亞地區可以共用的思想性、實踐性資源的作用，就必須不斷地進行理論上的創新。筆者從初期開始就是東亞話

1　關於韓國東亞話語軌跡的深入分析，請參考尹汝一，《東亞話語的形成和理解：以學術期刊為中心》，載《亞細亞研究》五七卷，四號，二〇一四。本文摘自其博士學位論文《對去冷戰時期東亞話語的形成和理解的知識社會學研究》（首爾大學社會學系，二〇一五年二月）。

語的主要提倡人之一，在推進這一課題的過程中，通過與韓國國內和國際知識分子的溝通，筆者深切感受到認真思考「新的普遍」的必要性。我們所面臨的現實，也正促使我們構思「新的普遍」。這種來自現實的要求，可以分為兩大主要面向。

首先是，中國方面試圖用新的方式解決一個為時已久的課題，即（雖然被不斷反覆談論，但至今還未得到很好解決的）克服西方現代所體現的普遍主義。最近，中國的知識界熱衷於探討可以克服歐美中心普遍主義的另一種普遍。難道對超越北京共識（Beijing Consensus）的中國模式進行討論的目的，不正是普遍價值？那麼，中國之外的知識分子應該如何看待這一「中國方面提出的普遍」？這個問題不但是與中國相鄰的東亞知識分子的課題，而且也是全世界規模的課題。

同時，最近東亞各國之間彼此嫌惡的情感升溫，而且與此密切相關的各國內部的矛盾也更加嚴峻。這些變化也要求我們探討新的普遍。僅僅通過增加各國之間基於相互理解的交流與合作，是無法解決這些問題的。現在正是需要結構的根本性轉變的時候，同時也是需要能夠說明這一轉變的認識框架的時候。

如上所述，如果現實使我們無法放棄能夠克服（發生在一國之內和國家之間的）分裂的普遍倫理（與政治智慧），那麼，我們到底應該在哪裡尋找新的線索呢？

好在走向「新的普遍」的過程中，我們已經有了一些值得參考的線索。作為可以克服「歐洲的普遍主義」的方案，伊曼紐爾．沃勒斯坦提出了「普遍的（即全球性）普遍主義」[2]，其根據是「與普遍的普遍主義（universal universalisms）的網路（network）類似的多重的普遍主義

（multiplicity of universalisms）」的存在。他認為「普遍的普遍主義」是成為一個「給予者不再是西方，接受者不再是其餘地區的世界」，也就是我們所有人既給予，又接受的「相遇之處」。

這與筆者曾經提出的「溝通的普遍性」是相通的[3]。如果說普遍性是得到廣泛認可的共識（而非真理本身），那麼，獲得多數人的認可應該是必不可少的，而認識主體之間的溝通無疑就是獲得認可的前提[4]。但在現實中，我們更經常面對的情況是非溝通性的（因而具有壓迫性和霸權性的）普遍性（uncommunicative universality），或雖然具有一定的溝通可能性，但實際上都分散為個體的溝通的個別性（communicative individuality）。那麼，我們怎樣才能克服這些問題，實現溝通的普遍性（communicative universality）呢？

筆者想要強調的是，能夠使溝通成為可能的普遍要素存在於個體之中，所以，可以通過個體之間在溝通過程中形成的共鳴和想像力，獲得普遍性。讓筆者感到高興的是，這一想法在東亞知

2 Immanuel Wallerstein, *European Universalism: The Rhetoric of Power* (New York: The New Press, 2006). p. 80, 84.

3 拙著，《思想東亞：韓半島視覺的歷史與實踐》（台北：台社，二〇〇九），頁二八七—二八八；（北京：三聯書店，二〇一一），頁三四五—三四六。

4 姜正仁認為，普遍性與其說是超越時間與空間的有效的真理、價值、文化，不如說是「可以廣泛運用的」真理、價值、文化。在這一點上，他提出的「普遍性（wide applicability）」與安東尼奧・葛蘭西的霸權概念也是相通的。所以，物理的力量與霸權的作用所受到的重視程度，絲毫不亞於理性的討論。姜正仁，〈評論：我們當中的普遍性〉，載《經濟與社會》（首爾），冬季號（二〇〇六）。

識分子之間也產生了一些共鳴。這並不是說東亞要確立一個可以代替西方的另一個普遍，而是在思考東亞本身的問題、敘述東亞的地域（local）故事的過程中，完成一個更為廣泛的課題，即重新思考現代（modernity）的存在方式，推理出可以批判現代的邏輯的努力，正在一點點得到反響[5]。更為直接的是，東亞各地從多個角度探討替代性的普遍性乃至普遍主義的爭論越發活躍起來[6]。也就是說，走向新的普遍的溝通過程，正在一步步進行著。

在這種變化的基礎上，在本文中，筆者想從主權重構的角度，探討中國方面提出的「普遍」，即「新天下主義」的核心內容。對另一種普遍的探討，可能會顯得過於抽象，為了避免這一點，筆者會在流動歷史的特定時空中，對其進行評價。尤其要從（因受帝國、殖民與冷戰等東亞秩序多重歷史矛盾的影響，在空間上成為矛盾集合點的）「核心現場」的角度，進行探討。關於核心現場[7]，今後還會進行更多的分析，但在本文中，筆者要對（作為核心現場之一的處於分斷狀態的）朝鮮半島提出的複合國家論這一主權重構論以及東亞（大）分斷結構論和中國方面提出的「新天下主義」進行比較。之所以進行這樣的比較，是因為筆者認為核心現場中，存在著能夠使溝通變為可能的普遍要素。

二、「新天下主義」的內部秩序與複合國家論

新天下主義是在中國被稱為自由主義知識分子或公共知識分子的許紀霖近來極力主張的話

語。筆者已在其他文章中，對許紀霖的觀點進行了介紹和批評[8]。許紀霖最近發表了一篇進一步闡述其觀點的文章，內容中也包括對筆者的回饋意見。在這篇文章中，他將新天下主義命名為

---

5 丸川哲史／鈴木將久對談，《為了東亞地區在思想上的連帶（東アジアの思想的連帯を求めて）》，載《週刊読書人》（東京），二〇一四年二月七日。這兩位日本學者通過台灣學者鄭鴻生著作的日譯版（鄭鴻生／丸川哲史譯，《台灣六八年一代，戒嚴令下的青春（台灣六八年世代、戒厳令下の青春）》，作品社，二〇一四）中收錄的台灣大學的地域性故事，以及中國大陸學者賀照田的日譯版評論集（賀照田／鈴木將久編譯，《當中國開始深入世界（中國が世界に深く入りはじめたとき）》，青土社，二〇一四）中收錄的中國大陸的略顯微小的地域性現象，解讀了普遍性意義。

6 筆者直接確認到的就有中國陳嘉映的《普遍性種種》（修訂版，華夏出版社，二〇一三）。他批判普遍性討論有一種重視上升這一高度抽象作用的傾向，這種通過抽象層面上的不斷上升獲得的普遍性會隱蔽現實問題，進而阻礙問題的解決，對此他提出了「平移到普遍性」，這種「平移到普遍性」是通過一種「通的活動」獲得的普遍性（特別是頁一六二）。此外，在CPAG WRAP-UP研討會（ラップアップ・シンポジウム，主題是圍繞「新的普遍」的東亞三方對話［「新しい普遍性」をめぐる東アジア三方対話］，東京：二〇一四年十一月十四日）中，日本學者整體上批判中國的普遍主義討論比較抽象，並強調應該探討注重人們的痛苦的普遍性討論。在這個過程中，還提到了「下降的普遍性」、「來臨的普遍性」、「作為過程的普遍性」。

7 筆者有關核心現場的集中論述，請參考拙著《從核心現場重思東亞：為了共生社會的實踐課題》（坡州：創批社，二〇一三），尤其是前言部分。

8 拙稿，《中華帝國論在東亞的意義：探索批判性的中國研究》，載《開放時代》（廣州），二〇一四年第一期；上述拙著，頁二〇〇—二〇三。收錄於本書第二輯第一章。

「共享的普遍」[9]。對於他的這一新的觀點，筆者將從主權重構的角度進行探討。這也正是（沃勒斯坦提出的）試圖接近相互給予與接受的「相遇之處」的嘗試。

他對東亞地區出現的領土紛爭與歷史矛盾，以及中國內部少數民族的恐怖事件等國內問題表示了擔憂，並對中國的現實提出了強烈的批判。他認為中國政府對中國邊疆地區少數民族的政策，含有很濃的大漢族主義傾向，現任領導主張的「中國夢」也「僅僅是為了中華民族的偉大復興」。同時，他明確指出，現在世界上蔓延著對中國的敵對態度，並提出造成這種危機的根本原因是，從官方到民間的、限制人們思考的中國的民族國家至上主義，並認為新天下主義是可以克服它的解決方案。

對於我們比較熟悉的天下主義，其實在中國，除了許紀霖以外，也是很多知識分子關注的主題。但許紀霖觀點的獨特性在於「天下主義的二・〇新版」。他認為傳統時代的天下主義，既具有「普遍的、人類主義的」性質，同時也具有「差序格局」，所以如果我們今天要恢復它，無疑就是歷史的反動。天下是由華夏為中心的三個同心圓世界，即皇帝通過郡縣制直接統治的內圈；通過冊封或羈縻、土司等制度間接統治的邊疆地區——中圈；以及通過朝貢制度連接起來的國際等級秩序組成的，如果在對其進行「去中心與去等級」的同時，創造出「新的普遍性」的話，天下主義就能獲得新的內涵。

將他的新天下主義運用到現今中國內外的話，可以具體體現為以下五個圈域的重疊形式，即，一、中國大陸的核心區域實行「一個制度，不同模式」；二、邊疆地區實現「一個國家，不同文化」；三、香港、澳門、台灣地區嘗試「一個文明，不同制度」；四、東亞地區承認「一個地區，不同利益」；五、國際社會中，運用「一個世界，不同文明」。簡單的說，這是複合型網路，即在民族國家同一性原理的基礎上，結合中華帝國（尤其是清帝國）尊重彈性與多樣性的多重體制的經驗的秩序。這一秩序是「共享的普遍性」在國際社會中的具體體現。他指出這一秩序具有「各種文明或文化之間重疊共識」的特點。用韓國和日本社會更為熟悉的詞語來描述的話，大致相當於「多元文化共生」。

新天下主義中所體現的「共享的普遍性」是十分抽象的話語，所以，不太容易進行評價，也許與筆者的「溝通的普遍性」進行比較會是一個評價的方法。更具體地說，筆者打算將他的想法置於歷史中，從主權重構的視角進行評價。此時，進入筆者視線的正是一國兩制。

眾所周知，一國兩制是北京政府針對回歸後的香港提出的制度，它賦予了香港高度的自治權——行政管理權、立法權、獨立司法權、對外交易處理權等，承認了資本主義制度與社會主義制度的共存。他認為這一制度繼承了過去帝國傳統的「多元治理的智慧」，並指出一國兩制是在中華這「一個文明」中，實驗「不同制度」的事例。而且，他希望這一制度不但能適用於香港、

9　許紀霖，《新天下主義與中國的內外秩序》，載許紀霖、劉擎主編，知識分子論叢，第一三輯《新天下主義》（上海人民出版社，二〇一五）。該論文的原標題為〈共享的普遍性：新天下主義論綱〉，可看出尤其強調「共享的普遍性」。非常感謝許紀霖教授能讓筆者提前拜讀這兩篇文章的手稿本，並給筆者提供了討論的機會。

澳門、台灣，還能進一步擴大到邊疆等地區。這就是新天下主義的內部秩序（關於與之對應的外部秩序，將在後面的內容中談到）。

但是，當一國兩制得到擴大時，主權的問題要怎樣處理？是否能確保主權的柔軟性？關於這一點，他並沒有從正面談到。他所追求的是「一體多元的國族的建設」，通過他批判現今中國是「『偽裝成文明帝國的民族國家』[10]，即用民族國家的統治方式，治理龐大國家」的內容，我們能看出他只是在原則上考慮了主權的柔軟性。

筆者關注到了一些認為「香港、澳門基本法」所體現的國家形態，既是單一型國家，又是複合型國家，尤其具有聯邦制（federalism）特點的研究[11]。可是，中國知識界僅僅將單一制國家形態視為一國兩制的前提，沒有任何試圖脫離這一結構的理論嘗試。但是，在一國兩制下的「兩個制度」，雖然本意是指資本主義制度和社會主義制度，但其外延可以擴大到包括聯邦制在內的複合國家的模式[12]。如果僅僅將這種視角當成分裂中國的態度，進而加以警惕的話，那麼，新天下主義的內部原理是無法得到具體落實的。一國兩制所包含的複合國家的要素，與其說是中國統合的障礙，倒不如說可以為中國的統合拓寬道路。只有做到這一點，才能形成可以與位於台灣海峽對面的台灣人民們進行溝通的更柔軟的框架。這並不是要求中國實行聯邦制，而是希望中國不要把單一型國家視為不可改變的前提，從而更加關注主權的重構問題。

在這一點上，中島隆博所提出的主權重構的觀點，為我們提供了十分有益的借鑒。他借助賈克・德希達（Jacques Derrida）的「主權的partage」（既是分割，又是分享）的概念，對主權至高無上的特點，乃至不可分割的特點提出了質疑，並將同一領域中，出現多個主權重疊的體制，設想為「即將來臨的民主主義」的可能性[13]。為了實現這一點，作為能夠取代國家主權或國民主權的概念，他提出了人民主權[14]的概念。在人民主權，即政治上完全平等的人民成為統治主體——主權者——的情況下，可以有多個統治主體，既可以像州和聯邦那樣，分割國家主權，也可以考慮更小規模的地域主權，還可以出現跨越國家的連帶（solidarity）。同時，在東亞一般被翻譯為

10 他的觀點不同於甘陽提出的將當今中國的課題設為建設「文明國家」的觀點。關於文明國家論的說明，請參考上述拙稿，《中華帝國論在東亞的意義：探索批判性的中國研究》中的頁八六；拙著（二〇一三）中的頁二九五—二九九。

11 香港、澳門的基本法，第一，雖然不是憲法，但其結構具備憲法的一般特點；第二，對特別行政區和中央權力的關係的規定，與聯邦權力和成員國之間權力的關係相似。金水完，《中國的「一國兩制」與其在立法上的開展：香港、澳門、台灣問題與中國的統合（中国における「一国二制度」とその法的展開：香港・マカオ・台灣問題と中国の統合）》（東京：國際書院，二〇一一）。

12 同上，頁二一三、二一九。

13 中島隆博，《分割並分享主權的partage：原子力與主權（主権のパルタージュ分割にして分有：原子力と主権）》，延世大學國學研究院與東京大學哲學中心（UTCP）共同主辦的國際學術會議「共生與公共性：在『現場』重新發問」（首爾：二〇一三年六月十三—十四日）發表文。

14 人民主權不但與國家主權不同，與國民主權也有略微差異。國民主權基本上指的是，將人們以「國民」的形式組織起來，並由作為主權者的國民選擇自己的代表，接受代表的統治。人民主權指的是人民在政治上完全平等，並由作為主權者的人民進行統治。因此，即便是在代表制的情況下，被選舉出的代表要遵循選民的意志，否則將被解任。中島隆博，同上。

民族自決權的「人民的自我決定權（the right of people to self-determination）」的問題上，最近也出現了更靈活的解釋傾向，而這種傾向也正在促進有關主權的新討論。在保障人民群體的權利的問題上，已經提出了多種試圖走出（不是分離獨立，就是鎮壓與內戰的）簡單的兩分法的意見，並正在將這些想法付諸試驗[15]。

只有對主權的這些新的意見得到積極的接受，一國兩制才能不僅僅停留於簡單的高度自治上，進而成為聯繫新天下主義內部秩序中三個圈域（上述的1、2、3）的原動力。換句話說，從周邊的而非中央的視角重新進行思考，才能發現使香港、澳門、台灣以及邊疆少數民族等各個個體之間的溝通成為可能的普遍要素。否則，許紀霖試圖通過更新天下主義，結合民族國家同一性原理和中華帝國（尤其是清帝國）所特有的寬容（尊重彈性和多樣性），來使之有別於現代主權國家的努力只會顯得空洞。「共享的普遍性」只有通過（天下主義中的三個圈域，不，若包括外部秩序，應該是五個圈域的）具體現場的溝通才能獲得說服力。這是傳統天下主義升級為新天下主義，也就是他所說的「二．〇新版」所必須要經過的階段。（網路二．〇一詞指的不正是進化為充滿參與與合作的世界，即強調相互聯繫的構成要素的，嶄新的、具有魅力的網路環境？）

在這一點上，與（處於分斷狀態的）朝鮮半島這一核心現場對國民國家的單一性提出質疑的複合國家論進行比較，會提供很好的借鑒。複合國家論指的是在統合「一個民族，不同體制、國家」的過程中，提出的對主權的創新性的實驗。更具體的說，複合國家（compound state）論是朝鮮半島實現統一過程中的一個中間階段，包括「南北聯合」（韓國和朝鮮的國家聯合，

confederation）在內的和平的、漸進的、階段性的整個過程。正是這種特點，為公民的參與提供了可能。作為朝鮮半島整體變革的一部分，在改革韓國社會的過程中，公民也會（與政府一起）參與其中。筆者已在其他文章中[16]，詳細論述了這一問題，所以在此不必贅述。簡單地說，複合國家是指包含所有國家形態的，類似雨傘的廣義的構想，同時它又是兼國家間結合形態與國民國家自我轉變形態的對國家機器具有獨創性的嘗試。具體地說，它是在位於朝鮮半島的韓國和朝鮮通過和平共識，實現創新性統一國家形態的過程中提出的方案，它的實踐過程應該可以促進東亞地區正在開展的多種自治權運動的發展。

雖然朝鮮半島提出的（包含朝鮮半島統一的實質性展望與走向統一過程的路線圖的）複合國

15 趙孝濟，《重思民族自決權》，載《韓民族新聞》（首爾），二〇一四年四月三十日。

16 上述拙著（二〇一三）中的頁七三—七八、一六〇—一六、、一七九、三〇六—三〇九中有筆者關於複合國家的更為詳細的論述。在進步陣營內部對作為複合國家論一部分的南北聯合是否就是最終目標，也還有些意見上的差異。例如，李承煥認為南北聯合是「南和北，公民社會在多個層面上相互結合的複合的統一共同體，它本身就是『最終的統一國家』的一個形態」（〈一些公民團體提出「南北聯合」不是過渡期而是最終形態〉，載《韓民族新聞》，二〇一四年二月二十四日）。對此，一直以來強調南北聯合是統一的一個階段的白樂晴斷定，那只是走向統一的一個中間階段，而非「統一的完成或最終形態」（白樂晴教授採訪，〈統一要按階段走，這個過程中公民參與最重要〉，載《韓民族新聞》，二〇一四年三月十一日）。筆者預測包括作為中間階段的南北聯合的和平的、漸進的、階段的整個過程才是複合國家的內容，統一的最終形態是在這個過程中將是某一個開放的選擇，但應該不是「正常的」單一型國民國家。

家論與中國提出的新天下主義論所追求的主權重構，針對的歷史脈絡是不同的，但對彼此都應該有值得借鑒的價值吧[17]。

三、「新天下主義」的外部秩序與東亞分斷結構

與體現「共享的普遍」的新天下主義的內部秩序相對應的，是超越民族國家主權概念的外部秩序[18]。許紀霖認為，現今中國是按照「偽裝成文明帝國的民族國家」的統治方式治理著龐大的國家。同時，他還提出，就是因為中國用民族國家至上的思維，來處理國際問題，所以導致了敵視中國的浪潮在全球範圍內不斷升溫。為了解決這一令人擔憂的現實，他從天下主義的傳統中尋找到的核心資源，這就是國家之間互惠互利的朝貢體制。他認為，通過重新復甦朝貢體制，在東亞能夠做到承認「一個地區，不同利益」，在國際社會中可以實現「一個世界，不同文明」。他與汪暉一樣，都是從中華帝國的原理，尋找可以重新想像二十一世紀亞洲這一地區空間的線索[19]。

筆者同樣想用溝通的普遍性的標準，來檢驗一下天下主義的外部秩序。新天下主義論是否希望通過找出中國大陸周邊鄰國這些個體所具有的溝通成為可能的普遍要素，來進行積極對話？許紀霖引用筆者之前發表的文章[20]，提出這樣一個疑問，即中國要和平崛起，為什麼得不到周邊國家的信任？他認為其原因是，中國所具有的「帝國身軀」與「民族國家至上主義」。這一判斷本身並沒有什麼問題。但是如果僅從朝貢體制的遺產中尋找解決方法，如強調共用海洋的天下主義

的智慧，就如他本人也考慮到的那樣，很難洗去周邊鄰國的擔憂。也許因為他所關心的問題還是更多的集中在中國的國家身分認同上，而不是與中國相鄰的亞洲各個社會和國家，所以，新天下主義很難獲得可以消解（他所擔心的）存在於東亞的矛盾的突破能力。他應該更深入探尋東亞雖然追求「不同利益」，卻可以成為「一個地區」的歷史的、現實的根據。因為，新天下主義的外部秩序所要承載的現實的東亞，就存在著分裂和矛盾。

17 有關這一問題的更為詳細的論述，請參考注8的拙稿，頁九一—九三以及拙著頁三〇九—三一三。在此筆者想再次強調的是，通過主權的重構，為了建立有利於實現（通過主權的重構）共享的普遍性的國家體制，要同步進行各國內部的改革。在這一點上，許紀霖在注9中，直接引用筆者之前的文章（白永瑞，〈東亞地域秩序：超越帝國，走向東亞共同體〉，《思想》［台北］第三期，二〇〇六），將筆者提出的制止中國威脅論所需要的有利於民主的社會發展模式的社會改革狹隘地理解為西方式的民主主義，由此提出「就算中國是非民主的良序國家，只要對內遵守法治秩序，對外遵守一般的國際準則」，就可以參與東亞共同體建設的觀點值得商榷。

18 天下概念本身在原理上是沒有內外的大一統秩序，所以許紀霖的新天下主義區分外部秩序和內部秩序的思考本身就可以說明中國知識分子的天下話語的局限性。但筆者認為理念領域的中國和現實支配領域的中國的界限是流動的，所以筆者打算根據許紀霖的觀點，依次探討兩者，而非深入其討論。

19 汪暉試圖從朝貢—冊封這一中華帝國的原理，尋找可以重新想像二十一世紀亞洲這一地域空間的新線索，但是比起亞洲本身，他更關注的是現代中國的國家身分認同及利害關係。對此，白池雲提出了明確的批評：「他的亞洲論反映出試圖合理說明（用西方現代民族國家的框架無法充分說明的）邊境問題和少數民族，社會主義體制等中國國家體制的努力。」白池雲，〈現代中國的亞洲認識的問題性〉，載《中國現代文學》（首爾），Vol. 63，二〇一二，頁一九。

20 注8中的拙稿。

我們切身體會到，由於歷史問題和領土紛爭，東亞各國之間的相互嫌惡的情感正在經歷惡性循環。對於它的原因，已經有不少學者提出了分析。其中，各國內部的社會矛盾與不安，借助網路的發展，助長了網路民族主義，將其他國家當成「假想敵」，轉嫁國內的矛盾的說法好像是被廣為接受的觀點[21]。但是，日本所謂的「網路右翼」的出現和發展的另一種解釋也引人注意[22]。這一觀點認為，出現傳播嫌韓論的網路右翼的契機是二〇〇二年的韓日世界盃，不能從一個國家的角度尋找原因，而應該從冷戰解體的全球範式轉變的角度進行分析。去冷戰以來，隨著國際形勢的變化，日本社會中出現了對韓國變化的敏感反應，這就被稱為嫌韓潮。即冷戰結束後，韓國開始將朝鮮視為同一個民族（同胞），相反，與過去的合作夥伴台灣則選擇了斷交，這其間韓國還提出了反日的口號，但日本傳統的保守右翼（因習慣於冷戰期間的做法），對此選擇保持沉默。保守右翼的這種態度反而造成了一部分日本人的反抗，促使網路右翼的出現，導致嫌韓論不斷擴大。當然，筆者並沒有能力判斷這一觀點從多大程度上正確反映了日本的現實[23]。筆者想要強調的是，這一解釋中所提及的去冷戰這一歷史的脈絡與嫌韓情感出現的相互聯繫，與本文的問題意識是相通的。日本出現嫌中論的時間是去冷戰之後的一九九五年的觀點，也為筆者的這種問題意識提供了依據[24]。

事實上，雖然一九九〇年代初以來，世界史已經進入了去冷戰時期，但是在東亞地區，還沒有形成新的穩定的地區秩序，這導致冷戰時期的不穩定局面儼然還在繼續。最近韓國的一些學者用一個新的概念，即「東亞的（大）分斷體制」[25]來說明這一特點。對筆者而言，這無疑是十分有必要積極運用的觀點，因為一直以來，筆者通過強調作為世界體制和國民國家媒介物的東亞地區的視角，試圖相對化國民國家與民族主義的同時，結合朝鮮半島的分斷體制與東亞視角。

21 關於日本，參考Rhee Won Kyung，《日本網路民族主義的開展與對韓國的涵義》，載《東亞研究》（首爾）第三二卷二號（二〇一三年八月），對於韓中日的狀況，參考高原基彰，《不安型民族主義的時代：日韓中網路一代彼此厭惡的真正理由（不安型ナショナリズムの時代：日韓中のネット世代が憎みあう本當の理由）》（洋泉社，二〇〇六）的韓譯本，《韓中日網路一代彼此厭惡的真正理由》（首爾：Sam-in出版社，二〇〇七）。

22 古谷經衡，《嫌韓與網路右翼是怎樣結合的（嫌韓とネット右翼はいかに結びついたにか）》，載安田浩一，古谷經衡（外），《仇恨言論與網路右翼（ヘイトスピーチとネット右翼）》（東京：オークラ出版，二〇一三），頁六六—六七。

23 旅居日本的韓國學者黃盛彬認為，網路右翼並不是具有特定主義和主張的政治勢力，而是在情感上達成共識的流動的群體。（不論是保守傾向的，還是激進傾向的）傳統媒體對網路右翼的出現和排外民族主義的擴散的漠不關心，反而助長了網路右翼們獲得認可的欲望。而且，今後隨著傳統媒體的輿論對網路右翼進行討論，網路右翼的影響力會減弱。黃盛彬，〈網路右翼與反韓流，排外主義的輿論〉，載《日本批評》（首爾），第一〇號，二〇一四，頁一六二。這一觀點與筆者在本文中的主張有所不同。

24 日本的諸日報中，最早出現包含「嫌中」一詞的報導是在一九九五年，其出現頻度在二〇〇〇年代以後激增，並逐漸擴散的觀點，見藤野彰，《「嫌中」時代的中國論（「嫌中」時代の中國論）》（札幌：柏艪舍，二〇一三），頁一〇。

25 韓國學界對東亞分斷體制的討論剛剛開始。其中，具有代表性的研究成果有：李三星，〈對東亞國際秩序的性格的考察：從「大分斷體制」看東亞〉，載《韓國與國際政治》（首爾），Vol. 22 No. 4（慶南大學校極東問題研究所，二〇〇六）；鄭煐璶，〈東亞分斷體制與安保分工結構的形成：為研究東亞戰後國家形成的一個嘗試〉，載《社會與歷史》（首爾），第九四輯（二〇一二）；鄭根埴，〈東亞冷戰、分斷體制的形成與解體：重新想像處於持久冷戰的東亞〉，載林熒澤編著，《韓國學的學術史展望》第二卷（首爾：So-myong出版社，二〇一四）。

在此無法詳細介紹東亞分斷體制論，所以就簡單介紹一下。在全球去冷戰的狀況下，東亞地區仍延續著大分斷體制，即由中國與美日同盟之間的分斷，以及既與這種地區層面上的大分斷緊密相連，又具有其獨立性的小分斷體制（朝鮮半島的分斷、中國的兩岸關係等）構成的重疊結構，分斷體制論就是從宏觀的角度說明這一重疊結構的概念。主張分斷體制論的觀點認為，該體制開始形成於中華人民共和國成立的一九四九年，後在韓國（朝鮮）戰爭中得到強化，並延續至今。由此可以看出，該主張特別重視中國的作用，認為與美蘇這兩個超級大國主導的全球性冷戰不同，中國在冷戰時期，就開始在美蘇的對立之中，獲得了一定的自律性，後來這一獨立性也得到了進一步強化。

用一般的冷戰與去冷戰的分析框架，我們無法理解東亞的地區秩序，但通過東亞分斷體制論，我們可以從歷史連續性的角度說明東亞地區秩序的特點，因此，這一觀點的確具有一定的意義。筆者也在相當程度上贊同東亞分斷體制論的問題意識，但目前筆者還無法完全接受這一觀點。其原因是，首先，如果使用東亞大分斷體制這一概念，既然是一個體制，各個要素之間就需要有密切的聯繫，而且還要具備再生產的機制，但是，筆者認為，這一觀點還不具備這種說明能力。另一個原因是，東亞大分斷體制似乎對小分斷體制（如朝鮮半島的分斷體制），具有過大的強制力。因此，筆者更願意選擇將「東亞分斷結構」的概念來作為從結構的角度，看待東亞近現代史的分析工具。

目前，延續東亞分斷體制的要素是，地緣政治上的緊張、政治社會體制上的異質性，以及歷史心理上的隔閡[26]。其中，筆者打算從歷史心理隔閡的角度，對東亞分斷結構進行概念化。換句話說，是重視在過去一百多年間形成的「中國與其餘地區」以及「日本與其餘地區」之間存在的歷史感覺和認識論層面上的分斷線[27]。經歷了甲午戰爭以來的戰爭以及冷戰期，中國與日本之間的歷史心理的分斷不斷凝結，並得到擴大再生產，而且至今還發揮影響，這就是「分斷結構」[28]。通過這一概念，既可以減輕要明確說明密切聯繫和再生產機制的負擔，同時，還可以更

26 李三星，〈如要把分斷體制概念運用到東亞，「大分斷體制」更為恰當〉，《韓民族新聞》，二〇一三年三月二十日。

27 上述李三星所說的促使東亞分斷體制運轉的三個因素的結合程度，在不同的歷史時期是有差異的。筆者認為，結合程度最為緊密的是冷戰時期，而去冷戰時期，因為相互交流與依賴程度的加深，地緣政治學上的緊張與政治社會體制上的異質性得到了大幅度的緩和，所以結合程度也有所下降。但是自甲午戰爭以來，歷史心理上的隔閡通過殖民與冷戰歷史的重疊，一直延續至今。因此，雖然在不同時期，地緣政治學上的緊張與歷史心理上的隔閡表現出了不同的結合方式，但是，在漫長的歷史時期內一直發揮作用的是歷史感覺與認識論的分斷，所以，筆者打算以此為中心，探討東亞分斷結構。此外，白樂晴認為，在東亞漫長的歷史中形成的「大分斷」（macro-divisions）是「日本與其餘地區」與「中國與其餘地區」之間形成的認識論上的斷層。Paik Nak-chung, "Barriers to reconciliation in East Asia: the case of two Koreas and its region-al implications," *Inter-Asia Cultural Studies*, Vol.11, No. 4（Dec. 2010）, pp. 503-504.

28 筆者將東亞分斷結構的展開過程分為前期和後期。前期是指，從甲午戰爭、日俄戰爭以及韓日強制合併後，開始形成中華圈與日本帝國圈的分斷線的時期，到一九四五年日本帝國的崩潰。後期是指，從冷戰以來自由陣營和共產陣營的分斷得到強化，到分斷逐漸經歷解體的現在。兩個時期雖然在積累上是連續的，但是兩者之間存在一定差異，前者是比較流動的分斷，而後者是更為僵硬的分斷。

好地說明全球（global）—地區（regional）—國（national）這三個層次上的矛盾凝結而成的多重分斷的地區秩序。尤其是利用分斷結構這一觀點，可以更清晰地說明東亞分斷體制論所無法解釋的諸多問題，如何形成解體多重分斷結構的原動力，以及公民社會怎樣介入其中等。

如果將範圍縮小到本文的主題，中國在（大）分斷結構中所占的位置與作用，無疑最能表現出東亞分斷結構是因為帝國與殖民，冷戰的重疊，所以才會延續至今。源自中華帝國傳統的中國與鄰國之間的非對稱關係，很容易使周邊國家認為中國具有隨時變成帝國的潛在屬性。同時，中國革命這一所謂落後（中國）對所謂先進（日本）的抵抗以來形成的東亞的歷史觀和意識形態上的深刻分歧，也使這一地區的心理糾結和情感隔閡得以延續[29]。這一狀況在分別處在大分斷兩邊的朝鮮半島南北分斷體制中也得到體現。雖然與中國的非對稱關係，可以同時適用於韓國和朝鮮，但是對政治社會體制間異質性的認識程度的不同，使這一關係的表現形式也有差異。同時韓國與朝鮮的政治社會體制上的差異與東亞地區的歷史觀和意識形態之間的分斷也是相對應的。

在東亞的這種分斷結構下，僅僅依靠公民社會之間的相互交流與合作，無法消除東亞地區日漸高漲的彼此嫌惡的情感的惡性循環，因為這是歷史矛盾累積一個歸結點。因此，為了消除矛盾，就需要使分斷結構得到解體。但是，僅僅通過天下主義二·〇版中提出的朝貢體制的遺產，是無法解決這個問題的。為了處於分斷狀態的東亞能夠實現大和解，也許需要的是它的三·〇版本吧。

在此，我們不得不提出這樣一個問題，即促使分斷結構解體的原動力來源於哪裡？筆者認為，分斷結構的解體，需要通過可以靈活地遊走於分斷線兩端的地區層面的大和解，以及小分斷（體制）內部的交流與合作、民主化的擴大來實現[30]。

從宏觀角度回顧東亞分斷結構的歷史，就可以發現雖然這一結構還存在著，但也已經開始發生解體，即便這一過程有些緩慢。其第一階段的動搖期是中美建交的一九七〇年代。當時，韓國人與日本人對中國的認識開始發生細微的變化。第二階段的裂痕期是實現韓俄建交與韓中建交的一九九〇年代初。尤其是韓國與中國之間的交流與合作的大幅度擴大，不但改變了韓中兩國之間的相互認識，也改變了日本人對中國人的認識。但是，離實現第三階段，即東亞和平與共生體制，還有相當的距離。在這一點上，作為可以促進東亞地區層面上的分斷結構解體的原動力，筆者想要關注的是，在集中經歷東亞地區矛盾的核心現場，通過克服小分斷，獲得的動態性（dynamics）與影響力。擴大小分斷內部的交流與合作、民主化變得日漸重要。有必要更深入探討在兩岸關係中的台灣以及與日本本島相互作用的沖繩的作用[31]，但在本文中筆者尤其認為，包括朝美和平協定、朝日建交、南北韓國家聯合在內的朝鮮半島統一等一系列過程是關鍵契機，因

29 張志強，〈中韓人文交流對於區域未來的意義——讀白樂晴《分斷體制．民族文學》〉，載《文學縱橫》（北京），第四期（二〇一四），頁一一三。他通過引用本文注27中的白樂晴的文章展開論述。

30 關於這一點，筆者受鄭根埴，同上，頁七〇—七三內容的啟發。

31 與朝鮮半島的分斷相比，兩岸關係中，中國大陸和台灣的非對稱性更為突出，但是台灣知識界試圖重新看待中國的多種嘗試無疑是值得關注的。同時，韓國內外已經開始重視沖繩人民批判日本的國民國家特點的理論上和實踐上的努力。

為作為在東亞歷史上起到要塞作用的朝鮮半島處在橫跨東亞分斷線兩端的十分微妙的位置上。

當然，東亞分斷結構解體的原動力並不僅僅來源於小分斷的變革。只有通過與（作為地區層面上的分斷結構重要一方的）中國的努力相互作用，才能加快實現這一解體。本文關注新天下主義的「共享的普遍」是否具能夠起到這一作用的原因，也在於此。中國提出要和平崛起，但是如果其善意的行為得不到周邊相應的反應，即周邊的信任，那麼，中國最終會因為失望，反而強化對世界的警惕心理，提高危機感。但如果中國真的要談論普遍，因為中國與周邊國家之間的非對稱關係，就需要正視中國自身的「大」。這意味著中國認識到自身所具有的大的媒介作用，以及隨之而來的大的責任[32]。這一認識會體現在（中國）站在周邊鄰國和內部他者的歷史脈絡中，感受對方、理解對方的能力上。即便這種能力不能馬上解除敵意，但至少能起到削弱敵意，引向和解的作用[33]。

當然，這並不意味著我們只向中國追究東亞分斷結構這一弊端的責任，不論在這一結構中處於什麼位置，各個主體在各自的現場為克服分斷做出努力都是十分重要的。當這一作業獲得階段性成果時，走向「新的普遍」的步伐會變得輕鬆很多。

四、結語：將「新的普遍」運用到核心現場

除了上面提到的，還剩下一個很重要的問題，那就是（筆者所分析的）追求溝通的普遍性的

東亞人的嘗試，是否能夠克服歐美中心普遍主義這一長久以來的課題？筆者認為，這些嘗試具有確認（沃勒斯坦提出的）「與普遍的普遍主義的網路類似的多重的普遍主義」的存在，即彼此相互借鑒的「相遇之處」的意義。

如果說，中心對周邊的支配是通過物理權力和話語權力兩個層面實現的，那麼，克服歐美中心的普遍主義這一抵抗話語，如果不能與物理權力層面上的變化同步進行，那只能成為空洞的話語。在這一點上，東亞分斷結構的解體具有十分重要的意義。因為其解體過程會自然而然地引出在分斷結構中發揮重要作用的美國主導的等級式的世界秩序的權力關係（以及資本主義世界體系這一根基）的重構。而且，這種物理權力關係上的變化無疑會促進歐美中心的普遍主義話語的解體和「新的普遍」的擴散。

可以說在本文中，筆者將朝鮮半島小分斷體制這一個體視為一個核心現場，強調了它具有能夠使溝通成為可能的普遍要素。但是如果仔細觀察，我們身邊隨處都可以成為核心現場。但同時要注意的是，正如「隨處作主立處皆真」這一禪家的教誨，每個人只有在自己生活的地方真正成

32 當然，作為中國鄰國的小國也需要面對非對稱關係形成的差異。面對差異，是共同適用於雙方的「倫理要求與政治智慧」。關於這一點，筆者受到張志強，同上，頁二一七的啟發。

33 賀照田，鈴木將久編譯，《當中國開始深入世界（中国が世界に深く入りはじめたとき）》（東京：青土社），頁二〇一三、二一四—二一五；徐進鈺，《海峽兩岸的自我他者化：兩岸的糾結》，《東亞危機下的國家感覺與國際感覺》會議（二〇一四年七月六—七日，金澤）發表論文。

為主人，才能發現核心現場。更確切的說，當我們正確認識到某個地方凝結著時間與空間的矛盾與糾紛，並堅持要克服這一矛盾的態度時（即主體形成時），才能發現核心現場。筆者希望在這個過程中，通過分享彼此的苦惱和痛苦，使日常生活中共有的新的普遍性能夠得以出現。

為了確保東亞話語的具體性和實踐性，筆者一直以來關注的核心現場是朝鮮半島、台灣、沖繩，這些地區相當於東亞的小分斷[34]。但是，此外還有一些既與這些小分斷密切聯繫，又有別於這些小分斷的諸如中國大陸、日本本土等在帝國、殖民以及冷戰的多重影響下，形成的凝結東亞矛盾的空間上較大的分斷。今後，我們需要更積極地去發現這些核心現場。

34 並非只有我重視這三個地方。美國保守派智庫美國企業研究所（AEI）的亞洲研究負責人卜大年（Dan Blumenthall）認為在東亞地區，朝鮮半島、台灣以及釣魚島（尖閣諸島）是有可能擺脫中國和美國控制的地區。釣魚島剛好鄰近沖繩。李鎔寅・Taylor Washburn編，《美國的亞洲回歸戰略》（首爾：創批社，二〇一四），頁八九。

第三輯

社會人文學與批判性學術運動

第一章　開啟社會人文學的新地平
——從「公共性歷史學」談起

謝秀梅譯

一、為什麼是社會人文學？

延世大學國學研究院得到韓國教育部的經費補助，從二〇〇八年開始進行的「人文韓國（簡稱ＨＫ）」事業底下「作為二十一世紀實學之社會人文學（Social-Humanities）」研究計畫，至今年（二〇一一年）十一月即將邁入第三年（此為十年期的長期研究計畫）[1]。過去這段期間經常被人問起所謂社會人文學這個新詞彙，究竟是所指為何？此時總不免要強調在「人文學」之前加上

1　這裡所謂的「實學」是指十八、十九世紀朝鮮的部分學者在批評當時主流學問（即虛學）的同時，並追求能夠改革當代現實的實事求是之學問。我們所提倡的新人文學就是要在二十一世紀的今天重新實踐這種追求實事求是學問的精神。

「社會（social）」的原因。「社會人文學」雖由「社會」與「人文學」這兩個詞彙組成，但並不只是單純意指社會科學與人文學的結合，我們的構想主要是希望通過「恢復人文學的社會性」來重新找回人文學的本貌，即「統合的人文學」（humanities as a comprehensive discipline）也就是作為整合學問的人文學本質[2]。

在做更進一步的說明之前，首先應回顧人文學的歷史軌跡。現今社會上通用的人文學概念並非東亞的傳統意涵[3]，而是源自西洋的用法[4]。尤其十八世紀末十九世紀初人文學及科學——或稱哲學及科學——開始分裂後，人文學即自成一門分科學問，至今仍影響著全世界。

有關人文學與科學的分裂所引起的問題一直是眾人關注的議題，其中值得特別注意的是「the Snow-Leavis controversy」。這個論戰源於身兼作家及科學著述家的斯諾（C.P. Snow）於一九五九年在劍橋大學演講時提出「兩種文化」論點後，引起文學批評家李維斯（R.F. Leavis）對此提出強烈批判而起。然而之後，人文學與科學的分裂（即「兩種文化（the two cultures）」的問題）亦成為理解近代人文學本質的主要爭議點。以對此論戰的討論為開端，探索知識結構的研究持續至今。

華勒斯坦（Immanuel Wallerstein）將「兩種文化」問題視為資本主義這個歷史性社會體制產生、維持及崩潰過程的核心加以討論，使論戰有更進一步的進展。他嘗試超越兩種文化的分裂，主張重新以一種「科學（scientia＝學問、知識）」來建構「歷史的社會科學（historical social science）」[5]。白樂晴基本上支持他的論點，但比他更進一步主張人類的學問活動原則上應該既是「一體的科學」（a single science），同時也是「一體的人文學」（a single humanities），並且特別強調學問應扮演好「人生批評」（criticism of life）」之角色。他所謂的「人生批評」是借用英國文學家馬修・阿諾德（Matthew Arnold）之語，這裡的「人生」（life）不只是個人層次，社會層次亦包含在內，同時亦非只局限文學，而含有政治性意涵。白樂晴的論點與華勒斯坦不同，他的主張就如「對現在現實的批評性、人文性介入是人文精神的本質」一言所示，他強調的是「一體

2　所謂社會人文學主要是希望人文學能從非場所化及非歷史化中掙脫出來，藉由對於利用韓語書寫的人文學之省察，重新找回韓國學在人文學談論空間中的地位，並克服韓國學的邊緣性問題，以追求韓國學議題的普遍化。筆者對韓國學的重構與社會人文學運動過程之構想已刊載於〈作為全球本土學的韓國學之（不）可能性：朝向普遍論述的建構〉，收錄於《東方學誌》，第一四七期（二〇〇九）。收錄於本書第三輯第二章。

3　在東亞所謂「人文」一詞源自儒教經典《易經》中的「觀乎人文以化成天下」一句。這裡的人文與意指天之理的天文為相對概念，主要指的是「人之道」，可解釋為觀察人之道以教化天下之意。儒教學問的理念及目標在於學道及達到聖人境界，因此人文即意指廣義的學問。也正因人文含有此義，「humanities」才會翻譯成「人文」學。不過東亞的傳統學問最初想要實現的終極目標就是結合修身、教學及政治三者為一的「修己治人」，即由達成人格理想的知識分子來實現政治理想的「內聖外王」，此點與西洋近代的人文學概念並不相同。

4　人文學的英語是「humanities」，語源是從拉丁語「studia humanitas」而來。在英語或法語中單數型態（humanity, l'humanité）是指「人性」或「人性尊嚴」，複數型態則意指人文學，因此人文學就是探索何謂人性或人性尊嚴的學問。

5　欲深入了解他的論點，可參考伊曼紐・華勒斯坦，柳熙錫譯《知識的不確定性》（首爾：創作與批評社，二〇〇七）（Immanuel Wallerstein, *The uncertainties of knowledge*, Philadelphia: Temple University Press, 2004）。

的人文學」的實踐特性。即，華勒斯坦認為所有學問都與過去有關，「歷史的社會科學」應以過去式（the past tense）書寫，但白樂晴則對此加以批判。白樂晴認為，提出「批評」時是在現在當下所下的判斷，因此原則上應以現在式（the present tense）陳述，同時「這種實踐從過去到現在一直都是非常驚險的冒險，因此盡最大努力熟悉過去的最佳事例一定會有幫助」。因此，人文學也同時兼具了以過去式書寫的學問本質及實現人性尊嚴（生命尊嚴）的現在式實踐。換言之，白樂晴主張藉「人生批評」來革新人文學，其核心論點即在於「要求個人進行『批評的』、『政治的』訓練，同時為了奠定訓練的基礎，應進行更全面性的內心修練乃至修行」。

華勒斯坦與白樂晴所強調的這種所謂「一體的學問」之問題意識，正是對吾人掌握社會人文學方向有重大幫助的知識資產。我們必須清楚了解的是，二十一世紀我們應追求的人文學並非（上述的）接受「兩種文化」分裂的人文學（或人文科學），但也不是單純回歸分裂之前的舊人文學，而是徹底革新的整合學問、總體的人文學。換言之，我們所追求的人文學，應該是「不但接收從原來的人文學當中分離出來發展的近代自然科學的知識及成果，同時，亦包容既為近代科學的後來產物同時也是「具有爭議性的社會科學」的新人文學[6]。

二、「人文學危機」之解決方案

若從作為總體性學問的人文學視角來觀察我們周遭的世界，即可清楚發現，在市場萬能的全球化正不斷蔓延的全世界，仍然存在著各種試圖鼓吹人文學基本理念的實踐，亦即追求人性尊嚴（生命尊嚴）的實踐。若對人文學的理念即對於人文精神，保持高度關心並賦與高度意義時，則會傾向於對十九世紀以來（不僅存在於自然科學，而且也存在於社會科學內部的學科分化）成為制度化分科學問的人文學提出批判。因為在大學制度裡的人文學者最關心的問題，反而被一般人批判為只是單純追求知識本身。他們認為人文學知識對解決生活問題毫無幫助。總而言之，生活與知識的分裂一向最為人所詬病，而為了解決此問題所提出的新方案及各種探索也相對的更受注意。

例如，張會翼提出其自創的「人生中心（life-centered）學問」這一概念，他認為在「知識中心」的學問基礎上，學問應與生活的意義相連結，這種主張也是對所謂恢復學問與生活溝通之根本價值的一種深省[7]。另外在美國致力傳播儒家思想現代效用的杜維明則認為，人文學的邊緣化現象是量化的學術評鑒制度窄化了人文學發展空間的結果。然而由於二十一世紀世界各地對人文學的關心正逐漸升溫，人文學亦有發展的可能性，因此他也呼籲人文學應以專業知識為基礎，積極參與社會公共領域。換言之，杜維明認為可透過參與公共領域的「公共知識分子」角色來摸索

6　關於上述論點可參考白樂晴，〈近代世界體制、人文精神及韓國的大學〉，《大東文化研究》，總第六三期（二〇〇八），尤其頁一二二、一二三、一二四。

7　張會翼，〈人的學問：為恢復「人生中心」之學問〉，韓國學術協議會編，《知識的地平》二（首爾：Acanet，二〇〇七）。

人文學與社會學溝通的道路[8]。

此外，Earl Shorris 則指出，人文學應選擇向社會弱勢靠攏的道路。Earl Shorris 為社會弱勢階層創立了大學水準的人文學教育課程（Clement course），他認為人文學的效用就是在於不斷地提出身為一個人到底該享受到何種程度的人性尊嚴這一問題。正因為如此，弱勢階層才能通過人文學而活得比那些壓抑自己的人更有尊嚴[9]。這種走出大學講堂之外，迎向弱勢階層的大眾的人文學實驗，在我們的社會上也已有許多團體（例如「水踰＋超越」[10]、「多眾知性的庭園」及「哲學 Academy」等）在進行嘗試，甚至大學（例如慶熙大學實踐人文學中心）也跨出校門與弱勢階層接觸，為尋找新的人文學而努力，同時也在不斷累積最新的體驗[11]。

像這樣於制度外的空間裡嘗試結合知識、生活以及工作場所與生活場所的「實踐人文學」模型，亦被視為當今「人文學危機」的出口而頗受矚目。然而這種解決方案性質的人文學實踐無法穩定地生產知識亦是不爭的事實。若能將這種不穩定性當作柔軟性的基礎來活用的話固然是好，但若為了克服不穩定性而選擇模仿制度的道路，則又可能會減損其本身新鮮的魅力或動力。他們較為嚴重的問題是以項目（project）為主運作，這種不以知識生產而是以知識傳播（即是社會教育）為主的方式，無法適時呈現出在知識生產過程中與公民大眾的接觸與連結有何具體成果與作用。不過其研究成果常常對既有學術慣行造成衝擊，這一點是值得正面加以肯定的[12]。我們期望當他們的成就在教育及研究領域上開始逐漸累積成果的同時，這種動力能夠超越局限性，進而對大學裡人文學的革新產生影響。因為就大學所擁有的豐富資源和規模來看，大學制度還是相當重要的。

三、人文精神與社會人文學構想

「社會人文學」專案計畫是由大學制度內的研究機構所推動，由於首先重視的是既有學問體系的革新，因此我們也應該傾聽大學內外對大學講台上的人文學所提出的要求。而他們最大的要求就是目前我們所熟悉的、作為分科學問的人文學本身應該有所改變。即，在近代學問確立時認為「愈細分化的學問愈精緻」的觀念應該修正，同時也指出，將來必須超越各學科的界限，並進而擦出創意知識生產的火花才行。換言之，整合性學問已被作為解決方案而提出。

8 杜維明，〈人文學的危機〉，《當代》，八月號（二〇〇六）。

9 Earl Shorris, *Riches for the poor: the Clemente Course in the Humanities* (New York: W.W. Norton, 2000).

10 「水踰＋超越」是一個研究共同體暨生活共同體的名稱，英文名為「Research Machine Suyu + Trans」。水踰里是位於首爾市東北部的一個地名，韓國文學研究者們在此地成立「水踰」研究所，二〇〇六年時與社會科學研究者們的「超越」研究所合併後改以「水踰＋超越」為名，是一個追求融合知識與日常生活的民間研究機構。有關「水踰＋超越」的詳細介紹可參考日語介紹書，金友子（編譯），《歩きながら問う：研究空間『スユ＋ノモ』の實踐》（東京：インパクト出版會，二〇〇八）。

11 關於實踐人文學的各種嘗試，可參考《創作與批評》二〇〇九年夏季號中吳昶銀，〈人文精神的危機與「實踐人文學」〉；高奉准，〈在你的「知識」裡存在著信任嗎〉；林玉熙，〈通過性別稜鏡來看韓國的人文學〉；李玄雨，〈網際網路能為人文學做什麼〉等。

12 關於實踐人文學的評價，可參考《創作與批評》二〇〇九年夏季號中崔元植、白永瑞的對談〈問人文學的路／向人文學問路〉。

若此方向正確，則問題即在於：在分科化的學問體系中，「統合的人文學」如何站得住腳。在目前韓國社會上，區域學（或區域研究，Area Studies）及文化研究（或文化學，Cultural Studies）就是一種可能性的展現，而且已有部分大學修改已有的人文學個別科系，設立並運營區域學及文化學領域。此外，還有另一個提案，那就是將眼光集中到作為整合學問的朝鮮王朝時期實學，將其做學問的方法及為學態度接軌或昇華成現代韓國學的基礎[13]。然而這些嘗試在現階段皆同時呈現出其可能性及限制性。關於區域學及文化研究已有相當多的論議，故暫不討論[14]，在此僅針對韓國學作簡單的說明。筆者雖然十分支持在與韓國學問傳統的延續性中摸索新學問道路的嘗試，但同時也想指出，我們應該避免陷入總是認為（事實上是誤解）只有以韓國為主題的研究才是韓國學的陷阱。准此，則應尋找「確保在韓國生產的知識能具有普遍性」道路才是[15]。

同時，筆者想強調的是，各種整合學問的嘗試有一個共同的問題點，那就是在所謂的大學制度內，這些嘗試很容易又會成為另一個分科學問。萬一如此，那麼即使這些嘗試的出發點是在尋找可整合分科學問的人文學制度之各種不同的道路，最後仍將無法讓人文學從「危機」中脫身，無法作為真正的解決方案。因此現在更應該對人文學的價值進行深刻的省察。

關於人文學價值的省察，筆者認為有一點值得省思，即，為強調人文學之正當性，常以培養批判性思考及想像力作為人文學的重要價值或魅力，但這些是否只有在人文學中才能習得呢？雖然通過深入思考閱讀各種文獻的訓練來培養批判性眼光通常是人文學的強項，此點並無需贅言，但這不僅在社會科學等其他領域亦可達成，而且若自滿於精通文學、哲學、歷史文本的訓練，則人文學將無法走向確實鼓吹人文學基本理念（即人性尊嚴生活）的學問之道。另外，古典是人類共同規範的典型，研究及學習可溝通時代及世代的古典，也是人文學值得珍惜的魅力。然而這種態度是否毫無問題卻值得我們思考。其中特別需要自省的是，人文學有時在過分強調古典價值之餘，是否有主張只要恢復古典人文精神則現在所有問題皆可得到解決似的「人文權威主義」傾

13 區域學及文化研究已為大家所熟知，並不需要再另外強調其基礎，因此這裡只言及韓國學的根據。朴熙秉，〈作為整合學問的韓國學〉，翰林大學韓國學研究所（編），《二十一世紀韓國學，該怎麼做》（首爾：青色歷史，二〇〇五）。

14 在美國有關區域學及文化研究的眾多討論中，在此僅介紹與筆者主張相同的立場。Harry Harootunian，尹英實、徐晶恩譯，《歷史的動搖》（首爾：Humanist，二〇〇七）（Harry Harootunian, *History's disquiet: modernity, cultural practice, and the question of everyday life*, New York: Columbia University Press, 2000），及黃東淵，〈二十一世紀前夜美國區域研究的命運〉，《東亞細亞歷史研究》，總第六期（一九九九）。

15 筆者在〈作為全球地域學的韓國學之（不）可能性：朝向普遍論述的建構〉一文中曾提出以下主張：「在批判西歐中心普遍主義的同時，重視韓國這個場域，既不埋沒其特殊性又能追求普遍性，能承擔此雙重課題的學問之道正是韓國學應該前進的道路。准此，最迫切的正是通過對韓國所處空間位置的覺醒而重新建構既有西歐中心的知識結構。」另外與筆者主張相同的還有林熒澤的文章。他對韓國學的方向特別強調以下三點，即第一，應超越單一國家歷史的視角，將東亞視為一個整體來進行思考及研究。第二，我們的學問性思考應經常考慮人類普遍性且應站在「世界水準」角度，而在達到世界水準的過程中，需要東亞的視角。第三，民族主義與現代主義有互為表裡的關係，因此應通過現代主義的克服以完成民族主義的克服。林熒澤，〈二十世紀東亞的「國學」：為開啟東亞視角的反省〉，《創作與批評》，春季號（二〇〇四）。

向？同時，我們也須警惕，若格外強調在累積人文學文本知識的過程中獲得的知性領悟伴隨的特定喜悅，則亦有陷入「人文精英主義」的危險。

當然，筆者也認同人們從人文學得到的「情動」[16]正是人文學之所以無法以量化指標來加以評價的祕密之一。在學習人文學過程中領悟到要活得有人性尊嚴時的那種感興是非常珍貴的。在這裡讓我們想想東亞傳統裡儒教的學問觀。儒教主張在學習或研究過程中應強調情緒層面，同時人應通過學習以全身來感受學問並改變自己，這種主張頗值得玩味[17]。當然這種人文主義傳統是有閒暇的人，即從某種層面而言其實是特權階級（士大夫）的教養，事實上在西洋也是如此。不過我們若能確認今日人文學的理念及制度正是努力從將這種特權推廣到其他社會階層，那麼也就能明白人文學未來的前進方向。

因此，人文學並不止於學習分科學問的知識，能夠讓人在大學制度框架內外學習學問的同時，還能共用對如何活得有尊嚴的意義之領悟，這才是人文學應該努力的方向。社會人文學所追求的道路正是在此。

筆者想再次強調，社會人文學所追求的並不僅僅只是人文學與社會科學的結合。我們所追求的人文學是總體性人文學，即，面對學問嚴重分化的現實，綜合破碎知識，培養對生活（或人類各種可能性）的總體理解及感覺，並確實扮演「對現在生活提出批評」之角色的人文學，這樣的人文學，實質上就是學問本身。

社會人文學現在只能算是剛完成出生申報而已，為確認自己存在的理由，社會人文學將下面三點當作主要課題。第一、省察，即確認人文學作為社會產物的自我歷史省察及對社會加以省察的雙重省察；第二、溝通，即學問間的溝通以及與國內外受容者的溝通；第三、實踐，即儘管在制度內外重視確保溝通據點的同時，亦重視非文化的商品化的社會實踐性。

由於這是新的學問領域，目前還是進行式，因此在實踐過程中，根據充填的內容來修改框架，這既是一種方法同時也是一種視角。基於此意義，社會人文學亦可稱之為「作為運動的學術」。這個用詞包含生產及傳播被近代制度圈受到壓抑的知識。「作為運動的學術」，批判支配性學術制度和慣行及支撐此制度的社會封閉性，進而扎根於生活世界的基礎上，保持向多數民眾敞開心胸的開放學問態度。然而儘管名為學術運動，只要是在制度內運作，就應具備其獨立的方法論，因此也必須要有明確的立場。社會人文學在嘗試與社會科學結合（在地化）的同時，依不同的學術議題選擇適當的方法論並加以變化，並且試圖融合在各課題的研究過程中體會到的各種方法論，以追求中層水準（middle-range）的理論化為策略重點。

在新的學術領域裡，除了要有明確的方法論外，研究對象也必須明確。前面提及社會人文學

16 此想法及表達方式是受到西山雄二，〈大學裡的評價及批判〉（延世大學國學研究院人文韓國事業團及東京大學UTCP於二〇一〇年三月三日在首爾合辦之「評論與政治」國際學術會議論文）一文的啟發。西山雄二使用日語「情動（affection）」一詞，所謂情動是指從內心自發性湧起的感情。

17 宋朝的朱熹在其《論語集注》的序文中引用程子之語，「讀論語：有讀了全然無事者；有讀了後其中得一兩句喜者；有讀了後知好之者；有讀了後直有不知手之舞之足之蹈之者。」

主要課題時曾強調與社會的溝通及社會的實踐性，因此，以社會議題作為學術議題，讓研究成果不斷接受公共的批判及討論並進而反映到研究上，已經愈來愈重要[18]。這裡的「公共性」已成為核心的研究對象。公共性不僅規定社會人文學的研究範圍，同時也是進行相關研究及教育的公論場，是制度內外的溝通領域。

由於此種特性，社會人文學不應在忽略既有人文學場域之情況下，又再創立一個新學科或整合課程，而應挺身而出嘗試改造人文學的個別分科學問所存在的場域結構。而這種嘗試要想在現實當中落地生根，則必須串連在分科學問之外追求新人文學的工作，與在分科學問之內所進行的革新工作才行。

以下擬論及的「公共性的歷史學」正是在人文學個別分科學問內所進行的革新工作之一例，筆者認為「公共性的歷史學」正可作為朝向社會人文學之路的出發點。

四、社會人文學與「公共性的歷史學」

在當今現實社會上，雖然有關歷史的通識教育書籍或連續劇頗受大眾歡迎，但在大學裡生產及傳播的歷史知識卻總是乏人問津。這種現象也呈現出一般人對歷史的興趣與身為制度的歷史學之間的距離。那麼為何會發生此種現象呢？

為回答這個問題，首先有必要對一般人有興趣的歷史及身為制度的歷史學作一探討。前者是

「生活的歷史」，而後者則是「科學的歷史」，前者是講述歷史，而後者則是分析歷史[19]。筆者身為歷史學者，在此先就「科學的歷史」有什麼問題開始談起。

科學的歷史學於十九世紀末二十世紀初時自西歐引進並開始在東亞落地生根，換言之，近代歷史學是以國民／國家為歷史的主體，其歷史主要是基於進步、發展的觀點來敘述本國史的學問。隨著大學裡歷史系、研究所及相關學會的設立而逐漸科學化、標準化，最後終於發展成為一種制度。在此過程中，近代歷史學生產並傳播讓國民擁有相同集體記憶的歷史知識，一直在國民統合上扮演一定的角色。因此國民國家也積極支援歷史學的制度化[20]。然而近代歷史學愈科學化，愈是與人們的生活漸行漸遠，而且其採取的敘述形式也開始遠離故事形態，這些都是近代歷史學的問題。近代歷史學從時代區分論、國家論、社會結構體論等視角以結構來說明國民／國家

18 在日本由山脇直司及金泰昌等人主導的公共哲學研究小組亦有關於社會人文學的發想，並進行類似的討論。山脇直司所謂的「公共哲學」是一種新的整合學問。站在公共哲學的立場，在「分析社會」的同時，社會研究亦必須對社會成員進行「價值意識的考察」。山脇直司對於只將眼光集中在事實的分析而不願認真討論價值問題的社會科學提出批判，同時並嘗試超越人文科學及社會科學的分裂，他的主張基本上與社會人文學的要旨相通。山脇直司，《何謂公共哲學（公共哲學とは何か）》（東京：筑摩書房，二〇〇四），頁二六—二七。

19 金基鳳，《歷史們說悄悄話》（首爾：Phronesis，二〇〇九），特別是頁一五一。

20 詳細說明請參考拙稿，〈東洋史學的誕生及衰退：東亞學術制度的傳播與變形〉，白永瑞，《思想東亞：韓半島視角的歷史與實踐》（台北：台灣社會研究雜誌社，二〇〇九），頁二四六—二七一。

的發達史，尤其總是以編年史方式回溯近代國家的主要領域，即政治、經濟、社會及文化的歷史淵源。這種形式上的特徵更清楚呈現在近代歷史學的書寫典範，即含有注釋的專題論文（monograph）或通史中。不過正因如此，歷史人物的個人故事也全部就此失蹤了。

在二十一世紀過了第一個十年的現在，這種主張近代歷史學應該革新的聲音已逐漸升高。而在歷史學內部及外部發生重大變化的同時，這種變化也要求著歷史學本身的重生。

首先，在歷史學內部要求轉向後現代歷史學的人正逐漸增加。他們反對近代史學所依存的社會進化論觀點及法則史觀，主張歷史的主體應超越國民國家而擴張到更多元的主體，即個人、民族、下位者集團（subaltern）及離散者集團（diaspora）等。有些人甚至還對近代歷史學的存在基礎，即事實的客觀性及實在性表示懷疑，並主張應將近代歷史學的基礎置於虛構（fiction）及真實（fact）的結合體即「faction」之上。

此外，在歷史學外部，國民國家的角色在新自由主義全球化的衝擊下逐漸弱化，同時國家也不再像二十世紀那麼重視並支持歷史學，改由市場機制取而代之，因此也對歷史學產生重大的影響。

如此在歷史學內外的變化中，我們必須重新檢視歷史學的認同感。歷史學究竟是為了什麼而存在？為回應這些要求，筆者在此提出所謂「公共性的歷史學」的構想。

首先簡單介紹一下筆者對「公共性」的理解。公共性是最近韓國社會裡頗受重視的話題之一。一九八〇年代後期以來，政治開始走向民主化，大眾也開始懷疑是否只有國家才是公共性的執行者，同時對於公民社會角色的期待也逐漸升高。然而由於新自由主義（即市場萬能主義）的橫行，我們也目睹了整個社會受到市場論理宰制的現象。在此過程中，我們在得以區別國家、公民經濟及公民社會的同時也切實領悟到，為深化民主主義理論，重新調整這三個主體間關係的視角有多麼重要，因此公共性概念也非常受到重視。眾所皆知，公共性通常具有以下三種意義，第一，與國家有關的公共之物（official），第二，與所有人有關的共通之物（common），第三，不論對誰皆公開之物（open）。不過在漢字文化圈裡，公共性與英語的「public」概念不同，所謂「公共」是公與共的合成語，而且「公」凌駕「共」的例子似乎更多。再者，若根據民族主義或國民國家重新加以定義，則往往會將公共性與公益或國益等同視之，尤其在觀念上習慣將「公」視為「官」及慣行傳統較強的東亞更容易如此。不過為了重新解析並整合公與共的含義，筆者在此想強調的是公民社會有別於國家的獨立意涵，同時也想強調在公民社會中的公共性，即意指開放空間的意義。一般而言，所謂作為溝通空間的公共性，所指的就是在關心人們之間共同問題的基礎上，以語言活動為媒介，與他者進行溝通的公共圈，即談論的空間[21]。

然而筆者在此想更進一步藉由以努力過生活的個人為中心，重新建構公共性概念，嘗試增加

21　關於此論點可參考以下書籍：山脇直司，《何謂公共哲學（公共哲學とは何か）》；山口定等，《新的公共性：那個邊境（新しい公共性：そのフロンティア）》（東京：有斐閣，二〇〇三）；齋藤純一，《公共性》（東京：岩波書店，二〇〇〇）。

溝通空間的幅度與深度。這裡所謂的公共性意指能夠在日常生活中經驗並實踐的、通過關照生活及生命所形成的人際（inter-personal）關係之親密空間（即談論的空間，同時也是感性的親密圈），而個人的自我認同感亦在此形成[22]。如能像這樣擴大公共性的意義，那麼「公共性的歷史學」也將可能通過與過去事實的接觸，成為一個與他者溝通的契機。

目前筆者所嘗試構思之公共性的歷史學具有以下五種特徵[23]。

第一個特徵，若迄今為止的「科學的歷史學」是追求關於過去的原因及結果知識的「解釋（或分析）的歷史」，那麼公共性的歷史學則具有更強的「認同（identification）的歷史」性質。兩者都是我們與過去接觸的方式，然而「認同的歷史」是意指與想像力或共同經驗的邂逅。特別是通過與活在過去的人們締結共感關係的一體化，可回頭審視活在現在的我們的認同感（identity），並可作為檢視現在生活的鏡子，來與過去進行對話[24]。在此希望大家注意的是，事實上「解釋的歷史」與「認同的歷史」並不是非得二選一不可。儘管原則上我們將人文學當作現在式陳述，但其實此亦同時兼具過去式書寫學問的性質與實現人性尊嚴的現在式之實踐。

第二個特徵在敘述方式上重視故事，可與第一個特徵相連結。眾所皆知，不論東亞或西歐皆認為歷史學的起源是故事。然而由蘭克（Ranke, Leopold von）奠基的現代歷史學則是通過分析根據新的一手資料（主要是公文書）而來的人際關係以追求一般化法則的歷史學，也就是科學的歷史學。這種科學的歷史學又受到馬克思主義的經濟理論、法國的年鑑學派及美國計量史學的支援而發展成為結構的、分析的、計量的歷史研究，主導了歷史學。但經過二十世紀七〇年代，對於科學的歷史學的幻滅開始擴散，同時與歷史的（社會經濟）結構相比，人們對個別的歷史人物的興趣愈來愈高，將歷史學的研究成果與一般大眾溝通的方式以及與大眾生活經驗有關的歷史也愈受重視。此即所謂的「故事的歸還」[25]。其實不一定要回顧這種歷史學的趨勢，人類天生就具有以故事與他者溝通的欲望，因此在想要建立溝通空間的公共性歷史學中，重視故事的角色是最自然不過了。歷史家不應只拘泥於對過去客觀的敘述，而應以通過故事重現過去為目標，並藉此擴

22 齋藤純一，《公共性》。

23 所謂「公共性的歷史學」一詞佐藤卓己在其著書《歷史學》（東京：岩波書店，二〇〇九）中也曾提及，尤其在第二及第三章中有詳細的內容說明。不過他認為歷史學的社會使命之一是「藉由驗證事實關係的整合性來建立能與他人溝通的環境」，「這種建立合理性討論空間的公共性的歷史學」就是「傳播媒體史」（佐藤卓己，《歷史學》，頁一〇〇）。結果佐藤卓己認為「公共性的歷史學」即意指傳播媒體史，此點與筆者的想法頗有距離。再者，筆者在本文中不用「公共的歷史學」或「公共圈的歷史學」而使用「公共性的歷史學」一詞，主要就是為了表現對「作為正當性基準的公共性」之重視。普通所謂形成公共性的公共領域或公共圈總是將空間概念以及作為判定論議內容正當性基準之公共性混為一談，明確區分兩者，可使相關討論更加清晰明瞭。此論點是受到山口定等編，《新的公共性：那個邊境（新しい公共性：そのフロンティア）》一書頁一九的啟發。

24 Tessa Morris-Suzuki，《過去不死：Media・記憶・歷史（過去は死なない：メディア・記憶・歴史）》，田代泰子譯（東京：岩波書店，二〇〇四），特別是第一章。

25 Lawrence Stone, "The Revival of Narrative: Reflections on a New Old History," *Past and Present*, Vol. 85, No. 1 (1979). 這篇論文對歷史敘述方式發生所謂「故事的歸還」之根本性變化的歐美歷史學界之背景、特徵及問題點有詳盡的分析。

展更基本的溝通領域，更貼近讀者才是。於此，我們應該要想起東亞傳統的歷史敘述就是以人物為中心的故事。最具代表性的就是紀傳體，即以人物為中心，將敘述重點置於個人在歷史上角色的敘述方式。當然古時的紀傳體是由本紀、表、志、列傳等四個部分共同組成，所表現出來的是英雄創造歷史的英雄史觀，因此現在看來分明具有一定的局限性，所以不應只是依原樣再現[26]。不過不能否認（不以結構而是針對個人的人生言），這是提醒我們故事重要性的知識資產。

第三個特徵是應強化歷史批評。筆者並非主張歷史批評的第一人。之前金基鳳即曾提出「歷史的大眾化及大眾的歷史化」之主張，具體強調歷史批評的必要性[27]，但筆者並不認為重視歷史批評只是受到後現代歷史理論的影響而已。因為在東亞傳統的歷史學裡早已存在所謂史評的領域，今日我們只是回復傳統罷了[28]。所謂史評是具有雙重意義的，即除了對歷史的批評，同時亦指對歷史敘述的批評。當然當時的史評是根據儒教價值基礎的道德及倫理性判斷，著重於辨別歷史中的褒與貶，因此自古即發生是否因此模糊歷史真相的爭議。尤其隨著近代歷史學的引進，對於史評的否定性評價已成主流。但其實像中國最早完成史評專著的劉知幾就主張史評應結合道德上的價值判斷及知識上的事實判斷，不僅過去就有這種潮流，基於想要超越近代歷史學限制的立場，現在也開始出現重新檢視傳統時代史評意義的嘗試[29]。

筆者想強調的是，公共性的歷史學正是繼承了東亞歷史批評的傳統。除了歷史學界對學術成果（論文或著述）的批評外，特別是對流行於歷史學之外的故事歷史——歷史電視劇、歷史小說、以歷史為題材的電影、各種歷史相關人文通識教育書籍等——的批評，即藉由這種具有雙重意義的批評以介入公論的場域，這就是公共性歷史學的主要課題。然而更基本的是應該要堅持社會人文學所追求的「人生批評」的態度。這裡的「批評」並非只是意指「批判」，比較正確的說法，應該是以現在式陳述現在當下的「判斷」或「解釋」。換言之，對於生活並不是要「指責」或「合理的分析」，而應該是「解釋、評價、感受、相互交融的分享」[30]。

第四個特徵是歷史學的修養論乃至負起通識教育責任的角色。通識教育最近已成為人文學的

26 關於嘗試要讓紀傳體在當今歷史敘述中復活的努力可參考羅爾綱，〈紀傳體在現代的適用〉，閔斗基編，《中國的歷史認識（下）》（首爾：創作與批評社，一九八五）。

27 金基鳳，〈後設歷史（Metahistory）：歷史批評〉，《歷史與現實》，總第四〇期（二〇〇一）。

28 自清代的《四庫全書總目錄提要》中設定「史評」項目後，之後幾乎所有的書目皆以此為本，史評亦遂得以在中國的學問分類中鞏固其獨立地位。（高炳翊，〈劉知幾的《史通》及史評理論〉，載閔斗基編，《中國的歷史認識（下）》，頁五四三）。不過唐代劉知幾的《史通》即有中國第一部史論專書之稱，史評在《史通》刊行後，已有成為獨立項目（例如《宋史》藝文志）的趨勢。

29 李紀祥，〈中國史學中的兩種〈實錄〉傳統〉，《漢學研究》第二一卷，第二期（二〇〇三）。他主張劉知幾之所以強調實錄直筆是因為實錄直筆反而有強化倫理的效果，即對劉知幾而言，真與善原本就不是分開的。志野好伸，〈如何解釋他者的語言：《史通》的歷史敘述批判（他者の言語をどう扱うか：《史通》の歷史敘述批判）〉，《中國哲學研究》一九九八年總第一一期（東大中國哲學研究會）。

30 關於作為批評的歷史學請參考拙稿，〈共感與批評的歷史學：為東亞歷史和解的建議〉，International Workshop "Critique and History: Quests and Reflections of East Asian Traditions" 學術會議論文，延世大學國學研究院人文韓國事業團及與東京大學UTCP合辦（Tokyo: September 6, 2010）。收錄於本書第三輯第三章。

核心並受到重視。在當今機械化及產業化的社會，強調實用主義的學問占了上風，但面對學問分化愈來愈嚴重的現實，培養能夠整合破碎知識，並以總體性視角來理解及感受生活的人文通識教育理念也愈來愈重要。將來歷史學也應該朝這個方向繼續前進。

最後第五個特徵，公共性的歷史學應以開放全民參與為前提，而不應只是由受過專業訓練的歷史研究集團來執行。與其談論過去，重要的是讓眾人皆能根據過去來思考未來。對此筆者提出「做歷史」這個新用法來表示[31]。事實上在韓語裡有「做哲學」卻沒有「做歷史」的用法。將來若有更多人讓自己熟悉「做歷史」——即在變化的歷史裡掌握事物並重視記錄——的態度，則「做歷史」的人愈多，公共性的歷史學內容也會愈豐富，傳播也會愈廣泛。

當然，上述的五個特徵之間的（包括互相衝突與互補可能性）連動關係以外，關於其他新的要素日後也應再加以討論。不過我們應該注意的是，現在「公共性的歷史學」可稱之為個別分科內部的革新工作，儘管尚無正式掛名，事實上已在實踐，同時也正逐漸具體化。最重要的是，在此過程中人們接觸歷史的過去時，與其硬要計較究竟有多少部分是符合事實的真實（truth），更重要的是堅持對過去的深思熟慮的態度，即真摯（truthfulness）情感[32]，從而體悟到如何為人的價值實踐之樂，並可與人積極交流其真實分享之意義。

像這樣以「公共性」為媒介來進行自我更新的學術活動若也能出現在歷史學之外的許多分科領域，並與歷史學共同開啟分科學問存在的場域，則社會人文學將可更早實現。

社會人文學是我們在大學裡生產知識並進行傳播活動時為我們指引方向的一個重點指標。我們想要開啟「社會人文學的新地平（horizon）」。當我們愈靠近分開天與地的地平線時，卻又彷佛愈離愈遠而難以抵達，「社會人文學」就像是這條地平線，是我們還無法到達的新經驗世界。但這個地平是我們能看到的世界、我們生活的空間，因此我們在這個地平中接受轉換的可能性及限制性，互相溝通，這個地平也將成為我們完成知識與生活共同體的基礎。

31 這個用語是借用自閔斗基的隨筆〈做歷史這件事〉，《與一朵野花邂逅時》（首爾：知識產業社，一九九七）。筆者目前還在琢磨中。英語中有「doing history」的用法，日語則有「歷史する」一語。漢語則沒有類似的用語，用「做歷史」一詞似乎還算合適。

32 有關「歷史裡的真摯」可參考Tessa Morris-Suzuki，《過去不死：Media・記憶・歷史（過去は死なない：メディア・記憶・歷史）》，頁三三—三六。她主張人與過去事件之間需要一種開放、發展的關係。她認為從事記錄或表達歷史事件的人們與看、聽或閱讀這些紀錄或表達的人們之間的連續關係就是歷史知識傳達的過程。而在這種傳達的過程中則需要「歷史裡的真摯」。

第二章　作為全球地域學的韓國學之（不）可能性

——走向普遍論述的建構

崔金瑛譯

一、引言

在延世大學國學研究院建院六十週年之際，各國學者相聚首爾，共同探討韓國學（尤其是作為其成果的主要論述）。首先，此次會議[1]會給所有與會人員提供一個同時從內部視角和外部視角看待（彼此正在從事的）韓國學的寶貴機會，進而，還可以成為一個重新審視（在相互影響下）各自從事的學術研究「場所」（place）的特殊機會。

1　此處的會議是指由延世大學國學研究院主辦的建院六十週年紀念國際會議「二十一世紀韓國學：走向世界普遍論述的建構」（首爾：二〇〇八年十二月十八—十九日）。

最近，促進韓國學的「全球化」以及「增強其國際競爭力」已成為韓國社會的一個緊要課題。其具體方案的重點是，促進海外韓國學研究在數量上和品質上發展的同時，促使韓國國內的相關研究成果在海外獲得廣泛認可。但是，筆者認為有必要冷靜地反思在這種變化的最深處，是否存在著對韓國學周邊性地位的焦慮感？進而把韓國學的場所性（placeness）當成一種束縛？在此，相比執著於韓國學的全球化這一口號，筆者更想強調的是韓國學的場所性。換句話說，筆者的建議是追求具有一定場所的，但同時又不局限於其特殊性的韓國學[2]。

實現它的捷徑就是確保韓國學領域生產出的知識能具有普遍性。嶄新的韓國學所應該走的路正是一種能夠承受雙重課題——在批判西方中心的普遍主義的同時，追求既重視韓國這一場所，又不局限於特殊性的普遍性——的學術之路。為了做到這一點，最為迫切的是，通過對韓國所處的空間位置的領悟，對西方中心知識結構進行重構。正是出於這樣的問題意識，筆者打算嘗試「重構作為全球地域學的韓國學」這一課題。

筆者期待通過這一嘗試，能夠找到真正實現韓國學全球化的方法。筆者打算將此次與（在韓國內外教授並研究韓國學的）各位學者們的相聚當成一個追問「作為全球地域學的韓國學」的可能性與不可能性的不可錯失的良機。

二、從內部視角和外部視角看韓國學的身分認同（identity）

在說明「作為全球地域學的韓國學」是什麼，是否具有實現的可能性之前，我們有必要簡單介紹一下過去對什麼是韓國學的主要觀點。

如果說韓國學是生產（即研究）、傳播（即教育）有關韓國知識的學術活動，那麼，包括韓國在內的全世界韓國學研究人員應該都會同意。但是，對本國進行研究的韓國的韓國學具有更為特別的意義。從韓國學（在韓國）被稱為「國學」或「民族學」這一點也可以看出，它與民族主義有著密切的關係。通過其歷史淵源，我們很容易就可以了解到韓國學把民族主義當作理論基礎的過程。

目前在韓國，韓國學包括兩個分支，即朝鮮學（或國學）傳統和作為地域學（Area Studies）的「Korean studies」。這裡的朝鮮學既包括在日本強占時期（京城）帝國大學研究的作為「帝國知識」的朝鮮學這一體制內的學術活動，也包括與之相對應的體制外的「朝鮮學運動」。但是，今天的韓國學尤其從後者——朝鮮學運動，即在應對韓民族危機的過程裡形成的學術運動中，尋找其正統性的來源。因此，韓國學不能僅僅還原為「Korean studies」，這也正是（雖然英文名稱

2 有關基於場所的（研究）方法的更為深入的分析，請參考 Arif Dirlik, "Place-Based Imagination: Globalism and the Politics of Place," *Review* 23-2, 1999。

都一樣，但）「國學」（如延世大學國學研究院）或「民族學」（如高麗大學民族文化研究院）的名稱與「韓國學」並用的慣例延續至今的原因。

筆者曾在其他文章裡[3]，更深入探討了從朝鮮學運動中，尋找淵源的韓國學的歷史脈絡，它的三個核心特點是在談論韓國學身分認同時，不可忽略的因素。第一、正如主張主體性和實踐性的朝鮮學運動根源於民族主義，韓國學與民族主義也有著密切的聯繫；第二，作為綜合性的學術運動，韓國學的研究成果是各個分科領域的研究者為了探究朝鮮文化的總體性，通過共同的合作，積累起來的；第三、（在吸收了西方學術制度的）日本的科學性學術的壓倒性優勢下，韓國學起步於一種自我保護性質很濃的生存戰略。因此，韓國學從最開始的階段，（雖有些消極）就已經包含了國際競爭的視野。

當然，在二十一世紀的韓國，這種韓國學的特點並不是一成不變的。綜合性學術運動的特點早已不復存在。從擺脫日本帝國主義控制，獲得解放的一九四五年至今，韓國學的主要的研究與教育分散在大學的各個學術分科領域。原來綜合性的學術取向僅僅在大學的研究所裡艱難的維持著。而韓國學的第三個特點，即「作為一種生存戰略，自我保護性質很濃的」全球性視野，在解放後民族主義高漲的社會、文化氛圍中，也沒有受到關注，直到一九九〇年代全球化成為口號以後，在人文、社會科學領域期待韓國學具有較高的國際競爭力的氛圍下，才重新獲得較高的關注。相比之下，解放以後，韓國學的第一個特點，即與民族主義的密切聯繫，一直維持了下來，但現在已成為爭論的對象。

其間，在對韓國學進行討論的過程中出現的一種立場是，韓國學要與包括民族主義在內的所有意識形態斷絕關係。由政治學家崔章集強烈主張的這一觀點認為，韓國的韓國學因為與民族主義等意識形態的聯繫，雖然在數量上獲得了一定的成長，但是在品質上沒有獲得發展，相比之下，不受民族主義制約的歐美學界的韓國學，反而獲得了更令人矚目的成果[4]。他的主張雖然具有促使韓國學研究者謙虛地回顧自己的學術態度的效果，但無疑忽視了上述韓國學的歷史脈絡。而且，即便是那些與民族主義具有密切聯繫的韓國學研究成果，是否就一定具有封閉的理念取向？這一點還需要更嚴謹的分析[5]。

另一個立場在韓國經常被提到，就是用「開放的民族主義」的視角解釋韓國學[6]。它既重視

3　參考白永瑞，〈人文韓國學應走之路：理念與制度〉，《韓國學研究》一七，二〇〇七。該文經修改後，收錄於《社會人文學之路：作為制度的學問，作為運動的學問》（坡州：創批社，二〇一四），第四章。

4　崔章集，〈韓國學的特點與局限性，以及其發展的條件〉，為在高麗大學民族文化研究院主辦的「韓國學的身分認同大討論會」（二〇〇五年十二月八日，首爾）發表的文章。《韓民族新聞》（二〇〇五年十二月十日）對相關內容進行了報導。

5　在此，無法詳細論證這一點，但筆者還是想強調，韓國文學的民族文學論中，很早就有在與第三世界文學以及世界文學的聯繫中，進行探討的觀點。舉一個例子的話，可參考白樂晴，《民族文學與世界文學》（創作與批評社，一九七八）。

6　洪錫律將最近有關民族主義話語分為三個類型：一、基於全球化論的去民族主義論（也就是民族解體論，這一觀點提出的克服民族主義的方法是「文明史觀」，但仍然具有國家主義的性格）；二、民族主義重構論；三、後現代論觀點

日本強占時期這一嚴重的民族危機下，學術上的回應促使「朝鮮學」形成的歷史脈絡，同時又是在目前新自由主義全球化的狀況下，試圖（重）構韓國學的嘗試[7]。這顯然是要擺脫過去受到民族主義束縛的（韓）國學，堅持柔軟的、具有反思態度的立場。但如果「開放的民族主義」中「開放」的程度，得不到具體的確定，進而不能提供新的更積極的韓國學理念取向的話，這一立場有可能與原來的意圖背道而馳，有回到民族主義框架的危險。

另一方面，剛剛開始出現的試圖糾正去民族主義論傾向的嘗試也值得關注，即一些觀點批判「新自由主義在使過去第三世界的民族獨立帶來的成果失效的同時，使學術研究去政治化……，導致學術右傾化的原因之一」正是去民族主義[8]。這種新的浪潮到底會對韓國學的重構起到什麼樣的影響呢？這還有待進一步觀察。

如果說上面分析的是韓國內部的韓國學面臨的情況，那麼，在韓國外部的韓國學所處的情況又如何呢？

當然，海外韓國學也根據所在國家的情況各不相同，但其共同點是，（韓國學）作為對外國進行研究和教育的地域學（多數是東亞學）的一部分，其研究主要是在大學內部，因此，具有較強的綜合性質而非分科性質。同時，與韓國不同的是，因為（不是本國學而）是外國學，所以在理念取向問題上，也相對比較自由。

為了確認這些特點，筆者打算先看一看越南的韓國學。在越南，韓國學是一九九二年韓國與越南國交正常化以後，河內國立大學人文社會科學大學於一九九三年在東方學部設立韓國學系以來開始發展起來的。截止二〇一三年底，全國共有十五個韓語與韓國學教育機構。其中，僅河內越南國立大學、胡志明市越南國立大學、鴻龐大學的教育以韓國學為中心，其餘機構均以韓語教學為主。這一情況表明越南的韓國學更側重傳播（即教育），而非對韓國的知識與情報的生產（即研究）。其原因是，「目前越南的大部分韓國學教育機構是為了適應韓國公司的需求，以培養翻譯人員為目的，對培養有關韓國學其他領域的專家沒有太大的關心」[9]。在這種注重短期實用性的韓國學環境中，不重視民族主義等理念取向也是理所當然的。同時，似乎目前的越南社會也不處於要求具備韓國學國際競爭力的階段。

的去民族主義論。其中的第二項，即民族主義重構論，大體上傾向於「開放的民族主義」（洪錫律，〈民族主義論爭與世界體制，對朝鮮半島分斷問題的應對〉，《歷史批評》，八〇，二〇〇七）。

7 其代表人物是林熒澤。請參考他的《實事求是的韓國學》（創作與批評社，二〇〇〇）。

8 拉狄卡·德塞（Radhika Desai），〈本尼迪克·安德森忽視的和得到的〉，《創作與批評》，一四五，二〇〇九，頁四二二。這篇文章犀利地批判了作為去民族主義理論基礎的本尼迪克·安德森的「想像的共同體」的理論盲點。金興圭的〈政治共同體的想像與記憶〉（《現代批評與理論》三〇，二〇〇九）批判了韓國去民族主義論的斷裂的現代主義。此外，用實證方法揭露去民族主義論者的統一新羅研究弊端的有金興圭，〈新羅統一話語是否是殖民史學的發明物〉，《創作與批評》，一四五，二〇〇九。與這一主題相關的文章收錄於金興圭，《超克近代的特權化》（創批社，二〇一三）。

9 Ha Minh Thanh，〈越南韓國學的現狀與展望〉，仁荷大學BK韓國學事業團編，《東亞韓國學入門》（首爾：亦樂出版社，二〇〇八），尤其是頁一七四。

與其他國家一樣，在美國，韓國學也同樣是作為地域學中東亞學系的一部分。美國的韓國學主要是利用韓國提供的海外資源，並在逐漸增加的韓國留學生和其他離散（diaspora）韓裔學生們強烈要求韓語授課和學習韓國文化的情況下，獲得了較大發展。另一個特點是，有意識地強調要與民族主義保持距離，即直接地批判韓國的學界存在的多種民族主義的研究態度，或以韓國的民族主義態度為研究對象，與民族主義的研究保持距離的傾向構成了美國韓國學的主流。但是，在美國的大學中，東亞學系是周邊學科，而韓國學又是東亞學系中的周邊學科，因此我們不得不提這種「雙重周邊化」的位置。但更為嚴重的問題是，韓國學處在「為大學的研究提供活力的（更為廣泛的）學術傾向及問題意識隔離的『無關聯性』（irrelevance）」的危險之中[10]。這種現狀表明，美國的韓國學雖然成功地與（韓國的）民族主義保持了一定距離，但是沒有能夠植根於美國學界主要的學術流派或社會現實之中。

以理念取向為標準，重新整理一下上述韓國學的特點。在韓國，韓國學圍繞民族主義展開爭論，在越南，側重於短期內的實用性，而美國則處在韓國學的「無關聯性」的問題之中。但是，它們的共同點是，都適應或試圖適應各自社會的要求和學界的主要流向。而各國應對的差異在於效果的短期與中長期性。總之，可以確定的是，現在韓國內外的韓國學都處在摸索新身分認同的階段之中。

筆者希望能夠為韓國學獲得新身分認同提供必要的理論上的刺激，因此試著構想出了「作為全球地域學的韓國學」。在下一節，將詳細探討這個問題。

三、作為全球地域學的韓國學

為了傳達略顯生疏的新詞——全球地域學（Glocalogy）的含義，有必要先介紹更為熟悉的全球地域主義（glocalism）。

全球地域主義是全球主義（globalism）與地域主義（localism）的合成詞。這一合成詞開始出現於一九九〇年代初，基本上意味著正在或試圖「從全球的角度進行思考，從地域的角度採取行動」（think globally, act locally）的個人、群體、單位、組織等。雖然它以多種用法出現在多個領域，但是在此文中，筆者認為，把它理解為一種將從地域到全球的多種空間性的規模聯繫起來進行思考和行動的能力，就應該足夠了。換句話說，筆者打算將它理解為，把地方的（local）、地區的（regional）、全球的（global），或微觀的（micro）、中間的（meso）、宏觀的（macro）結合為一體的思考和行動。

在很久以前，筆者曾經把立足於全球地域主義（glocalism）的學術研究命名為全球地域學（Glocalogy）[11]。同樣屬於漢字文化圈的中國和台灣，把glocalism翻譯為「全球本土化」或「全

---

10 Andre Schmid, "Korean Studies at the Periphery and as a Mediator in US-Korean Relations,"《之間》四，二〇〇八，頁一四，二三。

11 最早提及這一想法是在二〇〇四年《創作與批評》，一二六號發表的〈「東洋史學」的誕生與衰退〉一文中，此文收錄於《思想東亞：韓半島視角的歷史與實踐》（台北：台社，二〇〇九），頁二四六—二七一。

球在地化」，日本則直接用英文發音標注，如果翻譯成韓語的話，大概相當於「全球地域化」，所以姑且把Glocalogy稱為「全球地域學」也無妨。其核心是從全球的角度進行思考，並真正落實到地域的學術研究，或把地方的、地區的以及全球的因素結合起來進行思考的學術研究。

那麼，將這一生疏的全球地域學與韓國學聯繫起來，又意味著什麼呢？眾所皆知，韓國學是以韓國這一國家／民族（nation）為分析單位的學術研究。但是，現在韓國學面臨著內部的自我矛盾。一方面，韓國學批判限制學術研究中的國家／民族這一框架，另一方面，又處於要把國家／民族的韓國學這一領域確定為體制內學科的矛盾之中。

為了走出這一矛盾，筆者提出的正是將韓國學重構為全球地域學。它既是一種視角，又是方法，同時也是對研究領域的規定。通過全球地域學，既可以批判西方中心的普遍主義，又可以在注重韓國這一空間性的同時，不局限於特殊性，實現追求普遍性的學術之路。這一學術之路與沃勒斯坦提出的克服「歐洲的普遍主義」，樹立「普遍的（即全球性）普遍主義」觀點也是一脈相承的。

> 在不斷辯證交換的過程中，我們有必要將我們的特殊性普遍化的同時，使我們的普遍性得到特殊化，通過這些努力，相信可以走向一種新的綜合。[12]

筆者完全同意他的主張。但是，在實踐這一觀點的過程中，優先考慮「將特殊性普遍化」，進而達到新的綜合，這正是筆者所說的全球地域學的當前課題。

當然，這一新的構想還具有很多不太縝密的地方，要通過今後進一步的發展，才能成為具有說服力的主張。在此，筆者打算探討它所包含的幾個問題，並希望通過這一點，使全球地域學的性格得到進一步的具體化。

首先，就算韓國學成了一種全球地域學，但只要是韓國學，就無法不強調朝鮮半島這一空間性，因此具有局限於特殊性的危險。為了克服這一點，必須要用普遍性解讀的方式，理解特殊性或具體性的嘗試。關於這一點，韓國的社會學家曹喜昖提出的「普遍性解讀」這一想法對筆者的觀點提供了較大的啟發。他指出，通過「洞察貫穿我們的特殊問題與其他國民國家的特殊事例普遍性的努力」，期待「我們的特殊性能夠獲得亞洲和世界都能夠共感的普遍資訊」[13]。筆者曾試圖以「溝通的普遍性」（communicative universality）觀點，來解釋他提出的這一「普遍性解讀」的根據[14]。

12 伊曼紐爾・沃勒斯坦，金載五譯，《歐洲的普遍主義：權力的修辭》（創批社，二〇〇八），頁九〇。下面引用此書，僅在原文中，標注頁數。

13 曹喜昖，〈我們當中的普遍性：走向知性的、學術的主體化之窗〉，辛貞玩等，《我們當中的普遍性》（Hanul 出版社，二〇〇六），頁五一。

14 這一說明原載於〈本國史與地區史的溝通〉，《歷史學報》一九六，二〇〇七，並收錄於《思想東亞：韓半島視角的歷史與實踐》（台北：台社，二〇〇九），頁二七一—二九一。

其次，如果限於西方理論而不能自拔的話，全球地域學實現的可能性也會變得渺茫。為了走出西方理論，最重要的是看到克服其根基——歐洲普遍主義，並能夠重構以此為基礎的知識結構理念和制度的可能性。沃勒斯坦提出的克服歐洲普遍主義的方案是「與普遍的普遍主義網路類似的多重普遍主義」（注12頁一四五）的存在。筆者認為，只要（本文中的）全球地域學追求「溝通的普遍性」，就可以成為體現沃勒斯坦所說的「多重普遍主義」的一個構想。

同時，沃勒斯坦認為，「普遍的普遍主義」是成為一個「給予者不再是西方，接受者不再是其餘地區的世界」，也就是我們所有人既給予，又接受的「相遇之處」（注12頁一三九、一四六）。從這一點上，作為全球地域學的韓國學到底能給予世界什麼就變得十分重要。因此，在下一節中，筆者打算提出三個基於場所的地域學的例子，並將它們視作全球地域學的症候。

四、全球地域學的症候：從全球的角度進行思考，從地域的角度進行實踐的事例

全球地域學中所說的「地域」一詞在韓語中具有雙重含義，即與中央相對的地方的概念和跨越國民國家的區域概念，這兩種含義在「地域」一詞中重疊在一起[15]。在全球地域學中，同時包含兩種含義的「地域」概念是十分有效的，即考慮地方的、區域的和全球性要素，同時也優先考慮地方和區域的要素對全球化的影響。因此需要從「地域」的兩個含義中，都找到全球地域學的症候，在本文中，筆者想要舉出的例子分別是，兩個相當於「地方」地域的例子和一個充分體現

國家—區域—全球三者之間聯繫的例子。

在全球化時代，為了理解全球化與地域化的同步關係，我們經常想到的應該就是：地域的就是世界的，或者世界的就是地域的。如果說前者體現的是「韓國的就是世界的」觀點，後者則是在世界史獲得認可的要素流入韓國後，重新作為韓國的要素被「發現」的態度。相比起來，筆者想要介紹的全球地域學症候事例的特點是，在地域內部尋找跨越國境，使溝通成為可能的普遍要素。

首先，看一下韓國的例子[16]。

15 這也正是本文沒有像中國的很多研究那樣將「glocalism」翻譯成「全球本土化」，而是翻譯成「全球地域化」（並將「glocalogy」翻譯成「全球地域學」）的原因所在。中文的「本土」一般可以理解為與外國或外部的其他地域（地區）相對的概念，與「本地」意思相通，其本身並沒有「與中央相對的地方」之意，同時也沒有跨越國民國家概念的「地區」（如東亞地區、非洲地區、南美地區等）之意。相對而言，中文中的「地域」一詞更為靈活，通常是指一定的地域空間，而且相同的空間地域內又具有一定的連續性，因此用它來表示跨越國民國家的「地區」概念，應該是沒有問題的（如東亞地域）。此外，「地域」雖然不像「地方」，本身是與「中央」相對的概念，但是當「地域」與「中央」同時出現時，理解為「地方」之意也是無妨的，因此筆者認為「全球地域化」比「全球本土化」更能準確表達韓語原詞中的含義。

16 此外，日本的草根學也符合本文的主旨，所以值得探討，但在此就簡單介紹一下。一九五〇年代，熊本縣水俁地區遭到氮化肥工廠排放的氮污染，導致周邊環境與居民的生命受到嚴重的影響。因此，以當地地名命名的「水俁病」開始受到關注。通過多方努力，試圖解決這一問題，最終，這一地區變成生態城市。在這一過程中，居民們自己組織起隨著民主主義的發展，韓國社會中開始實施地方自治制度，受此影響，地域文化事業的開展變得活躍。而地域文化雖然活躍了起來，但是其結果，與其說是「文化的民主化」，還不如說是合理化了地方權勢人物（地域土豪勢力）的要求，或者是創造出毫無意義的所謂「傳統」。同時也出現了把地域當作創造文化的據點，進而使其成為學術研究據點的嘗試。仁川學（Inchonology）就是其中的一個例子[17]。

港口城市仁川位於離首爾車程一個小時左右的西海岸，是韓國近代歷史中的開放口岸，並因此而聞名。把當地居民的經驗世界作為學術研究對象的就是仁川學。仁川學並不是作為鄉土主義（nativism）或地方主義（localism）建構起來的，而是在展望世界城市（cosmopolis）願景的過程中，作為與現今仁川相匹配的中間階段的地域主義（regionalism）提出來的。更具體來說，是「以東亞視為有機思考單位的地域主義為軸心，將仁川與東亞的港口聯繫起來進行思考」。之所以有這種可能，是因為在全球化的浪潮下，國民國家的界限內外發生著變化。即外部的地域化和內部的地方化在同時進行。「在仔細解讀這一變化的浪潮」的過程中，出現了摸索「多重身分認同的仁川學或作為批判性地域主義的仁川學」的嘗試[18]。這目前還處在初級階段，今後的研究成果是能按照期待的那樣，支撐批判性的仁川學，進而能夠體現筆者提出的全球地域學的可能性，還是退為鄉土主義或地方主義，體現出全球地域學的不可能性？目前有待進一步觀察。

另一個症候是基於離台灣（中華民國）本島乘飛機大概一個小時距離的金門島的金門學（Quemology）。金門學將金門島居民們的生活世界作為學術研究的對象。

在台灣，也是隨著民主化的發展，逐漸確立地方自治，地方文化也開始活躍起來。受到這一潮流的影響，開始流行各地方研究調查工作，出現了以地方名稱命名的各種學術活動，如台北學、澎湖學、金門學。當然，他們大部分是受到地方政府的財政支援，以探究當地社會和文化所具有的特殊性，或強調當地不同於其他地方的特殊性，構建各個地方的身分認同為目的。但至少金門學因為重視金門長久以來的反思的角色（reflexive role），因此可以將其視為全球地域學的一顆種子。

金門島在地理位置上離中國大陸的廈門更近。自古以來是跨國境地域文化的要地。從清朝開

來，對公害的原因和解決方案進行了調查研究工作，其成果就是草根學，日語叫「地元學」。這一經驗不但在全日本發揮影響，甚至還影響到在產業化過程中，經歷苦痛的越南。該運動通過對生活現場的狀況進行調查，找到其價值，發動地域的人力、自然、文化、產業的力量，形成了朝氣蓬勃的社區。有關源自草根的這一嶄新的（不是問題解決型，而是）價值創造型學術運動，請參考吉本哲郎，《開始草根學吧（地元學はじめよう）》（東京：岩波ジュニア新書，二〇〇八）。

17　一些大學也開始試圖以地域為中心重構人文學。釜山大學韓國民族文化研究所人文韓國事業的主題是「地域人文學」，其初期成果收錄於《地域性，人文學的新局面》（首爾：慧眼出版社，二〇〇九）。延世大學國學研究院人文韓國事業團與首爾麻浦地區居民共同進行的社區人文學事業也值得關注。金英善、李京蘭編，《進入社區的人文學》（首爾：當代出版社，二〇一四）。

18　崔元植，〈作為批判性地域主義的仁川學〉，崔元植等，《仁川學的遠近法》（仁川大學仁川學研究院，二〇〇三），頁七。

始，金門就是向東南亞華僑的重要輸出地和經由地，而且也是福建南部閩南地區文化的核心地帶。金門島被歸入中華民國領土是在一九五〇年代。清朝在甲午戰爭戰敗後，將台灣割讓給日本時，金門島依舊屬於清朝。但是在一九四九年，共產黨和國民黨之間突然開展了確定國境的戰鬥，最終，金門島脫離廈門地區，被歸入中華民國領土。

對經歷了這些曲折歷史的金門研究，為克服一國視角，從地區的視角重新審視兩岸中國的關係，進而重新看待東亞問題，提供重要的啟示。第一、解釋清朝以來通過華僑匯款網路連接起來的閩南經濟圈和閩南文化；第二、理解日本帝國圈；第三、重新審視東亞冷戰的歷史；第四、批判性地重新看待台灣歷史，尤其是今天在台灣的主流話語——台灣獨立論，重新展望台灣的身分認同都是十分有用的。但是比這些問題更為重要的是，金門學研究學者已經認識到其研究的意義是「通過全球視野，在地方進行實踐的可能性」[19]。雖然這種探索還不具備明顯的全球地域學的傾向，但是因為其潛在效果很大，所以，它的作用也是值得期待的。正因如此，金門這一地名中包含的「門」的象徵意義變得格外重要。它意味著禁忌與地域上的隔離，同時又表現出無限開放的可能性，今後主體性的「金門開放」可能會成為包括台灣人在內的東亞人，開啟更為廣泛的世界觀之「門」[20]。

如果帶著這種期待，重新看待這個問題，那麼現在（二〇〇八）住在金門的一四五名左右來自越南的婚姻移民女性就有會有新的意義。通過對她們的實地調查，分析她們在生育期間的風俗和醫療、護理等問題中，與台灣人不同之處的研究，使我們增加對多元文化新的感受能力和理解[21]。但這種多元文化的例子並不僅限於金門。在韓國各地的農村，經常可以見到來自越南的婚姻移民女性，她們正對保守的韓國農村文化帶來新的變化。

這些婚姻移民女性雖然在地理位置上散布在各個國家的各個地方，但是可以說她們正是通過跨越國境，形成獨立身分認同的人群。通過跨越個別的地域界限，進行溝通和交流的東亞已經開始形成。那麼，也許她們已經是通過推翻全球地域化原有的想法，「從地域的角度進行思考，從全球角度採取行動」的存在，即跨地域主義（translocalism）的主體。在此，地域指的不僅僅是地理位置上的涵義，而且還包括（與中央相對的作為周邊的）文化涵義。如果全球地域學能這樣將擴大的「地域」概念也納入研究對象，那麼，就一定有可能產生新的作用。

第三個症候可以在朝鮮半島分斷體制的克服過程與東亞地域主義的相互作用中找到。如果從在大韓民國的主導下，對朝鮮進行吸收統一的角度考慮的話，朝鮮僅僅是與作為中央的韓國相對應的一個地方。但是，如果南北（即韓國和朝鮮）的統合不是統一成為一個單一的國民國家，而是追求克服分斷體制的統一，即追求南北民眾的生活主導能力能夠得到最大化統一的中期任務

19　江柏煒，〈台灣研究的新版圖：以跨學科視野重新認識「金門學」之價值〉，金門縣文化局／中興大學，《二〇〇八金門學學術研討會論文集》（金門：金門縣文化局，二〇〇八）。

20　林正珍，〈「消失」在台灣歷史文化中的金門〉，同上。

21　陳益源，〈在金門與越南之間〉，同上。

的、嘗試南北國家間的多種結合形態的複合國家之路，那麼，相當於世界體制之中一個地區的朝鮮半島（的統合）的問題就有必要將地方的、地區的和全球的要素結合起來進行思考，同時又可以成為體現地方的和地域的因素對全球化產生作用的一個據點[22]。

如果把朝鮮吸收到複合國家的框架內，保障朝鮮體制的安全，使朝鮮也參與到「與南北漸進的統合過程相聯繫的總體改革」之中，並依此來引導變革的話，在促進東亞共同體的過程中，可以解決一直以來被視為「眼中釘」的朝鮮（以及朝鮮半島）問題。而且，通過兩個國家的改革，政治能力得到改善的同時，會成為促進啟動比國家小的地域的契機。如果通過這種相互作用，推動東亞共同體建設的話[23]，可以對美國的霸權主義造成衝擊，確保一個可以超越美國標準的空間。當然，這本身無法脫離資本主義世界體制，但是從長期的角度考慮，可以成為變革新自由主義全球化的催化劑，此時，在朝鮮半島這一場所，會開啟民眾性的，同時又具備世界史上普遍性的可能性[24]。

五、結語

最後，到了該展望是否有可能將作為全球地域學的韓國學制度化的時候了。

首先，作為全球地域學的韓國學在制度上應該勇敢追求的方向是廣泛吸收能夠與韓國學聯繫的人力。例如，比起通過判斷海外各個大學是否設置韓國學的課程來挑選合作的對象，更應該在培養韓國學專門人才的同時，為加強與中國學或日本學、東南亞學以及其他分科領域專業人才的合作的「戰略研究合作網」（strategic research alliance network），設立短期、中期、長期的計畫[25]。關於這一點，一名越南學者提出的觀點值得我們聆聽，他認為，國際上的越南研究者與越南的韓國學研究者，以及韓國／世界的韓國學研究者之間的交流將對韓國的發展做出重要的貢獻。正如他提出的那樣，可以「通過理解國際問題，更正確深入地理解自己」[26]。

其次，因為作為全球地域學的韓國學，具有綜合性學科的性質，因此，比起使韓國學作為一個學科躋入大學體制內，更應該找到在大學的研究所內能使韓國學的研究活躍起來的方法。事實上，形成大學內分科體制的變化是十分不容易的。在這一點上，更應該以研究所為據點，重新對

22 關於這一問題的更為詳細的說明，請參考白永瑞，《在核心現場重思東亞：為了共生社會的實踐課題》（坡州：創批社，二〇一三），第一部。

23 李日榮，〈危機以後的對策，「朝鮮半島的經濟」〉，《創作與批評》一四五，二〇〇九，頁六六。經濟學家李日榮的主張與本文的觀點也是相通的。他認為，韓國想要獨自追求福利國家模式的嘗試會因分斷體制而受阻，因此，只有將分斷體制融入到地域合作體制之中，提高地區層次上的福利，才是更為有效的戰略。

24 更為詳細的說明，請參考白永瑞，〈東亞論與近代適應、近代克服的雙重課題〉，《創作與批評》一三九，二〇〇八。此文還收錄於《思想東亞：韓半島視角的歷史與實踐》（台北：台社，二〇〇九），頁三九—六〇。

25 金赫來，〈二十一世紀韓國學的發展：願景與戰略〉，韓國國際交流財團主辦「二〇〇七海外韓國學振興工作坊」（二〇〇七年五月十八日）發表文。

26 Nguyễn Văn Kim，《越南的日本學經驗與韓國研究》，仁荷大學ＢＫ韓國學事業團編，同上，頁一八七—一八八。

韓國學的新身分認同進行試驗。尤其是在研究所裡，如果各個專業的研究者將社會議題轉換為學術議題，並以此議題為中心重構研究的話，可以提高研究的集中性和有機聯繫程度。在這個過程中，研究的主體（subject）與對象（object）的二分法也可以融為一個計畫（project）。如果能夠成功做到這一點，將可以產生用游擊方式帶來大學分科制度變革的作用。

這一點正與日本強占時期以來強調主體性和實踐性的韓國學特點是相吻合的。過去，韓國學雖然與民族主義有著密切的關係，但是通過全球地域學重構的韓國學，將地方的、地域的，以及全球的要素聯繫在一起，所以它必將擺脫民族主義，獲得應有的自由。從今以後，在韓國內外開展的多種層次上的嶄新韓國學要在各自的「場所」，介入發生在具體的時間和空間的具體狀況之中。當我們在這個過程中獲得了「溝通的普遍性」，位於世界史周邊位置的我們將有可能站在所有人既給予又接受的「相遇之處」。這正是韓國學真正的全球化。

如果作為全球地域學的韓國具有實現這一嶄新構想的可能性，那麼，即便這一可能性不是自動的或是必然的，我們也一定要摸索出可以闡明它並將它制度化的道路[27]。我們在此相會，也正是為了這一點。

27 此句是筆者根據自己的理解，將沃勒斯坦的文章進行簡單變形而得的。「我們要摸索普遍的普遍主義的道路，即我們要摸索出可以闡明（enunciate）並制度化（有可能實現的、但這一可能性不是自動的或是必然的）普遍主義的道路」（沃勒斯坦，同上，頁一〇）。

第三章　共感與批評的歷史學

——為東亞歷史和解的建議[1]

王元周譯

一、「好的歷史學」和公共性的歷史學

作為歷史研究者，筆者從來沒有認真考慮過什麼才是好的歷史學這一問題。但是，二〇一三年中秋節之後，筆者參加了在杭州召開的「哈佛—燕京論壇」，並在論壇中對這一問題進行了發表和討論。「哈佛—燕京論壇」是哈佛大學燕京學社邀請活躍在華語圈的歷任燕京學社訪問學者定期召開的學術會議。今年該論壇的主題就是「什麼是最好的歷史學？」筆者作為韓國的學者，

1　圍繞這個話題，二〇一二年四月，我受華東師範大學思勉人文高等研究院的邀請，以「作為共鳴與批評的歷史學：為東亞歷史和解之建言」為主題，做過學術講座。

受邀參加了此次論壇，並在論壇中做了發表。

因為論壇是不對外開放的，所以與會學者們在輕鬆的氣氛中進行了相關討論，大家也沒有打算為論壇的主題找到一個明確的答案。仔細想來，對「最好的歷史學」有一個約定俗成的共識本身就是不可能的吧。學者們都認為，對這一主題提出疑問，「說出」意見本身才是更重要的。但學者之間對這一主題還是有一些共識。來自香港的學者在其發表論文的標題中所使用的「入世史學」就充分表現了這種共識。他認為，「入世」是與佛學中的「出世」相對的，所以按照「入世史學」——從這一詞彙的英文「History of Relevance」，可以推想其意思是與現實相關的歷史學——的標準，能夠融入到現實中的歷史學就是好的歷史學[2]。

他舉的具體例子是「公眾歷史學」（Public History）。在論壇中，我表示雖然同意他提出的問題意識，但是對「公眾歷史學」有不同的理解。因為他所強調的「公眾歷史學」是受了英美文化圈中的「公眾歷史學」的影響，而英美圈的公眾歷史學是在專業性的基礎上，強調與大眾的溝通，換句話說，跟知識的生產比起來，他們更強調知識的流通或是普及。所以，他們的公眾歷史學更注重透過博物館的歷史教育或大眾媒體中有關歷史的節目、口述歷史等實踐活動增進歷史知識在社會中的實用性，相比之下，學術論文的寫作就不會受到太大的重視[3]。正如我在其他文章中提出「公共性的歷史學」（History of Publicness，不是「公眾歷史學」）強調增進歷史學在社會中的實用性的同時，還強調有必要對公共性（publicness 或者「公共的」the public）的標準進行更深入探討。也就是說，「公共性的歷史學」不應僅僅局限在與大眾的溝通上。在對公共性的認知方式、社會成員所感興趣的話題等問題進行探討時，「公共性的歷史學」更關注「作為正當性標準的公共性」，同時也重視符合其標準的歷史知識的生產過程[4]。

從這一觀點來看，「好的歷史學」是歷史學家進入其所處的社會現實中（即入世），在努力生產和普及與社會現實相關的歷史知識的同時，不斷反思他所提出的實用性是否與公共所關心的問題相符。更具體的說，「好的歷史學」是在按照學術規範（discipline）將社會議題轉化成學術議題的過程中得以實現的。

也許我的這種主張略顯抽象，所以，我將在以下的內容中進行更具體的論述。即探討歷史研究者應該如何應對東亞各國間反覆出現的歷史矛盾這一社會議題。

2 哈佛燕京學社／浙江大學歷史系主辦的「什麼是最好的歷史學：西湖論壇」（杭州：二〇一三年九月二十二—二十三日）中，蘇基朗的發表文〈入世史學：香港公眾史學的理論與實踐〉。

3 有關公眾歷史學的更多的資訊請參考http://www.publichistory.org.

4 公共性可以理解為兩種，一是形成公共性的公共領域或公共圈這一空間概念，二是作為判斷所涉及內容正當性的標準，一般兩者會被混用，但是區分兩者更有利於展開討論。對此較為詳細的說明請參考拙稿，〈開啟社會人文學的地平：從其出發點「公共性的歷史學」談起〉，《開放時代》，總第二二三期（二〇一一年一月）。收錄於本書第三輯第一章。

二、通過共感的歷史和解

二〇一〇年，也就是象徵韓國開始成為日本殖民地的《韓日合併條約》被迫簽訂一百週年之際，韓日兩國開展了很多活動來探討「和解」的意義，各界提出了各種不同的意見和聲音。對此，作為一名歷史研究者，我不得不深思，應該如何正確地參與其中。

二〇〇九年我發表了一篇文章，在文中我將「公共性的歷史學」定義為以「公共性」為媒介的歷史學[5]。我希望通過這樣一個概念，建立起一個直接面對過去事實、與他人（他者）進行溝通的空間。具體來說，其目的是透過對史學界的學術成果（不論是論文還是著作）和流行於史學界之外的「作為故事的歷史」（包括歷史連續劇、歷史小說、以歷史為題材的電影、各種與歷史相關的人文書籍等）提出批評意見，來參與公共領域（public sphere）中的討論。正因為寫了這樣一篇論文，我不得不參與這場二〇一〇年最受人矚目的有關歷史學話題的討論之中。

特別是，在延世大學國學研究院和東京大學共生國際哲學研究中心（UTCP）共同主辦的會議上（二〇一〇年九月六日），作為主題演講的主講人，我在再三斟酌之後，將演講的主題定為「共感與批評的歷史學」，向與會學者提議共同深思歷史和解的意義。

從一九九〇年代開始，東亞進入了所謂的「後冷戰時代」，在人們生活中占主導地位的「自由陣營」和「共產陣營」這種「二分法」的區域秩序瓦解，各國開始在多領域進行交流，各國之間的相互依存關係也日漸加深。但是，另一方面，頻繁的交流和接觸導致了新的糾紛，也勾起了在冷戰秩序下被壓抑的國家間糾紛的集體記憶。因此，克服歷史糾紛成為十分緊要的問題。尤其是一九九七年亞洲金融危機之後，東協和東北亞三國（即ASEAN＋3）政府通過討論，把建設東亞共同體設為主要的未來課題，在摸索其具體實踐方案的過程中，獲得一種作為東亞人的身分認同（identity）成為最重要的問題。在這種情況下，歷史和解成為形成身分認同的關鍵要素。此後，各方通過各種努力以達成歷史和解。

在有關政府的支持下，或在民間自發的努力下，各方通過各種管道開展了關於歷史的共同研究和相互對話。其討論的焦點是：透過克服本國中心主義的歷史觀、尊重歷史認識的多樣性，檢驗到底在多大程度上可以實現歷史認知的共用在此過程中出現的大量研究不僅糾正了偏頗的歷史知識，還發掘了很多過去相互交流和合作的歷史。為了讓一般讀者也能夠分享到這樣的研究成果，還編輯出版了一系列的「共同歷史教科書」。其代表出版物就是中韓日三國學者和教師共同執筆完成的《開創未來的歷史》[6]。

---

5 筆者構想試論的「公共性的歷史學」具有如下特徵：第一，作為認同（identification）的歷史。第二，回歸故事（The Revival of Narrative）。第三，加強歷史批評。第四，作為素養或教養的作用。第五，並非是歷史專門研究者的活動，而是人人參與的知識性活動。這次發表的論文的主題是對第一、第三、第五特徵的相互關聯性的進一步思考的結果。對「公共性歷史學」的詳談，請參見拙稿，〈開啟社會人文學的地平：從其出發點「公共性歷史學」談起〉，《開放時代》，總第二三三期（二〇一一）。

6 韓中日三國共同歷史編纂委員會，《開創未來的歷史》（首爾：Hankyoreh 出版社，二〇〇五）。這本書的日文版是當然，「共用歷史認知」不是指東亞人具有單一的、共同的歷史認知，而是追求多種差異的共存。在尊重這一點的基礎上，為了更加有效地運用積累至今的努力成果，我認為到了該把目光投向「共感的歷史學」上的時候了。

想到這裡，腦海中浮現出了一句話。這句話出自中國和日本的歷史學家們為了歷史和解而共同研究撰寫的合著序論中。我想在此引用一下其原文：

> 回顧歷史，也是一個「**心理問題**」。關心對方的「心靈」，傾聽和尊重對方的主張，也許是中日兩國真正實現和解的第一步！[7]（引用者強調）

我想這句話一語道破了核心。其實，學術論文採取解釋型的敘述方式是毋庸置疑的，但是如果連歷史教科書也採取解釋型的敘述方式，那麼，也許能給讀者提供更多的知識資訊，但很難形成彼此間正面積極的理解。現在，為了把史書的讀者變成歷史的參與者而不再僅僅是歷史知識被動的消費者，有必要讓他們認同歷史，換言之，要讓他們共感歷史。

回想起來，至今我們所認為的歷史學可以說是作為「科學的歷史學」，即追求關於過去事實的原因和結果的知識的、作為「解釋（或分析）的歷史」。除了這種作為「解釋的歷史」之外，我還想強調作為「認同（identification）的歷史」。這兩者都是我們面對過去的方式。不過，「認同的歷史」意味著以想像力或認同來與過去相遇。特別是，通過與生活在過去的人們形成一種共感關係，可以反思生活在現在的我們自身的身分（identity），也可以把過去的生活作為我們現在生活的一面鏡子，通過這面鏡子實現過去與現在的對話[8]。

那麼，在這裡所講的共感（empathy）到底是什麼呢？關於共感的討論涉及範圍很廣，如最近科學界的一些研究就提出了哺乳動物的共感反應[9]。但是在關於共感的論述中，特別值得關注的是那些想要重新理解人類進化本性的努力。有些學者主張，人的本性並不只是自私自利、追求快感，而是不斷擴大共感的領域，並提出了共感人（Homo empathicus）的新概念[10]。在這裡，我

《未來を開く歷史》（高文研出版社，二〇〇五），中文版是《東亞三國的近現代史》（社會科學文獻出版社，二〇〇五）；韓日共同歷史教材製作委員會，《朝鮮通信使：豐臣秀吉的朝鮮侵略和友好的通信使》（首爾：Hangil社，二〇〇五）；韓日婦女共同歷史教材編纂委員會，《婦女視角下的韓日近現代史》（首爾：Hanul社，二〇〇五）；韓日歷史教科書研究會，《韓日交流的歷史》（首爾：慧眼，二〇〇七）。

7　劉傑、三谷博、楊大慶編，《超越國境的歷史認識：日中對話的試圖》（東京：東京大學出版會，二〇〇六），序文。原書是《國境を越える歷史認識：日中對話の試み》（東京：東京大學出版會，二〇〇六）。

8　泰薩・莫里斯—鈴木，《過去不會死去：媒體、記憶、歷史》（東京：岩波書店，二〇〇四）重點參見第一章。原書是Tessa Morris-Suzuki，《過去は死なない：メディア・記憶・歷史》，二〇〇四。

9　弗蘭斯・德・瓦爾，《共感時代》（東京：紀伊國屋書店，二〇一〇）。原書是Frans de Waal, *The Age of Empathy: Nature's Lessons for a Kinder Society*, 2009。

10　傑瑞米・里夫金著，李京南（音）譯，《共感時代》（首爾：民音社，二〇一〇），頁五五。原書是Jeremy Rifkin, *The Empathic Civilization: The Race to Global Consciousness in a World in Crisis*, 2009。

個人既沒有能力對這些主張進行專業性的評論，也只是打算在本文所強調的歷史和解的層面上使用「共感」這一概念。所以，在本文中，我想把共感界定為：一個人能夠理解他人的情感與立場，並對其進行恰當反應的能力[11]。

情感或感情表現是人類普遍的心理現象，因此一個人有能力把別人視若自己，並感同身受。也就是說，人可以通過共感，明白「為人」的意義，領悟理解他人（的幸福、悲傷、痛苦）的重要性。不過，在這裡有必要強調一下共感與同情的區別。共感雖與同情（sympathy）在情緒上具有共同點，但與被動的同情相反，共感是出於積極主動的意願，即一個人願意自發地成為他人經驗的一部分，共用他人對經驗的感受[12]。

如果共感的確是人類所體現出的一種普遍現象，那麼，歷史學應該如何培養出比讀寫能力更為重要的情感素養（emotional literacy），使人能夠站在他人的立場上觀察事態或世界，並從中發掘出解決糾紛的能力呢？

我期待「共感的歷史學」能夠起到這一作用。那是因為它重視「認同的歷史」，也就是說，「共感的歷史學」注重與過去的人們形成共感關係，力求理解隱藏在歷史人物的行為背後的情感與動機，而不僅僅是觀察他們的行為並對其進行道德判斷。我認為，這種共感的歷史學，才是把我們引向歷史和解之路的捷徑[13]。

三、考察「共感的歷史學」的案例：以加藤陽子的著作為中心

那麼「共感的歷史學」會有怎樣的具體表現呢？對此，我想以日本學者加藤陽子的《日本人

---

11 二十世紀初開始廣泛使用的「共感」一詞，是在一八七二年Robert Vischer在美學中使用的德語「Einfuhlung（移情）」，一九〇九年在美國翻譯成「Empathy」。傑瑞米・里夫金，前揭書，頁一九。構思這篇文章的基本框架初期深受以下書的啟發：瑪麗戈登著，文姬京（音）譯，《共感的根》（首爾：Shanti，二〇一〇）。原書是Mary Gordon, *Roots of Empathy: Changing the World Child by Child*, 2005。

12 傑瑞米・里夫金，前書，頁二〇。與Rifkin不同Waal主張同情直接聯繫到行動，這與共感不同。根據Waal的主張，共感是收集他人資訊的程式，與此相反同情是對他者的擔心，緩解他者困境的一種衝動或願望。弗蘭斯・德・瓦爾，前書，頁一二八。

13 當然，我並不是提出共感理解（empathetic understanding）在歷史理解上的重要性的第一人。韓國的西方史研究者趙志衡把歷史學家在自己心理重演（reactment）過去事實並努力追體驗，看做是一種共感理解。這意味著歷史學家把自己當成過去事件的主人公（當事人），共用和思考其經驗。（趙志衡，《尋找歷史的真實：Ranke和Carr》，金英社，二〇〇六，頁一一八—一一九）還有一種是，考察歷史的「多重觀點」，即為了解決法國和德國之間的歷史糾紛而引入的「兩種視角（deux points de vue）」，也許也可以被看做筆者所講的「共感的歷史學」（金承烈，〈跨越歷史的國境：德國—法國共同歷史教科書〉，《歷史批評》，二〇〇八年春季版）。非常感謝金承烈教授提醒以上兩點。當然，從廣義上講，共感的歷史學同日常生活中常提到的「易地思之（將心比心）」態度相通。不過，「共感的歷史學」不僅針對歷史學家，而且也強調培養史書讀者的感性能力和認同感，這應該就是兩者的差異。

還是選擇了戰爭》[14]一書和韓國研究生們對此書的讀後感為例，考察其現實的可能性。

一提到歷史糾紛，現在的韓國人首先會想起始於一九八〇年代的、韓日之間關於如何評價殖民地時期（一九一〇—一九四五）的爭論。其次會想起從二〇〇二年開始的、中韓之間關於高句麗歷史歸屬問題的爭論。在此，筆者僅對前者予以分析。

二〇一〇年是韓國淪為日本殖民地的一百週年，在那年春季學期，筆者在研究生課程中，與學生們共同討論和比較了韓日兩國歷史學界是怎樣看待上述歷史問題的[15]。加藤陽子的書就在當時我們閱讀的書目中。

筆者特別留意這本書是因為歷史書籍的暢銷在一般情況下是十分少見的，但該書作為歷史書籍，卻在日本格外暢銷（二〇一〇年七月印十五版十八萬冊），所以我覺得這本書很適合作為評價「共感」的標準[16]。更確切地說，這本書無疑在日本引起了很多讀者的共感，所以我認為分析其暢銷的原因有助於我們具體說明「共感的歷史學」；同時，通過分析韓國讀者能在多大程度上共感日本讀者所共感的內容，可以判斷「共感」在歷史和解中能起到多大的作用。

這本書闡述了日本差不多每隔十年就經歷的數次戰爭的過程，即清日戰爭、日俄戰爭、一戰、九一八事件及中日戰爭、太平洋戰爭。作者是日本東京大學國際政治史專業的教授，該書是作者將其針對二十名初高中生進行的為期五天的講座內容進行修改而成的，因此，該書採用了對話式的歷史敘述方式。作者在和學生進行問答的過程中，要求學生們站在當事人的立場上去思考「他們為什麼選擇了戰爭？」而且要求學生們在仔細考慮當時的情況和條件的基礎上，回答「如果是你，會做出怎樣的政策判斷？」的問題。同時，作者還讓學生們思考他們的決定將會為日本社會帶來怎樣的變化。

這本書的另一特點是，作者讓讀者從兩個角度觀察問題，即從想要追問戰爭責任的現今讀者觀點和選擇戰爭的當時的人們的觀點出發看待問題。尤其是通過一系列參與戰爭決策的人物（主要包括天皇在內的政治家、官僚、軍部菁英等，但同時也包括那些無名人物或大學生以及縣裡的官員、村長或其周邊村民）的聲音，作者生動地再現了他們牽扯進戰爭的苦惱、妥協和矛盾。作為歷史學家，作者收集到了大量的一手材料，不僅巧妙地運用了日記、書信、報告書等活生生的一手史料，而且還恰如其分地添加了一些自己的故事，栩栩如生地傳遞了時代的細微氣息。

這樣的歷史敘述激起了讀者們足夠的共感。該書中出現的一位學生的話就充分表現了這種共

14 加藤陽子，《日本人還是選擇了戰爭》（東京：朝日出版社，二〇〇九）。原書是《それでも、日本人は『戰爭』を選んだ》（東京：朝日出版社，二〇〇九）。

15 一週三小時，共十四週的一個學期課程中，參加本次課程的學生有博士生一名，碩士生五名。根據教學大綱，一週讀完加藤陽子的書後提交讀後感，根據各自提交的報告書進行討論。參加本課程學習的學生們的很多想法，對此論文的編寫有了很大幫助。

16 這本書於二〇一〇年榮獲第九屆小林秀雄獎（朝日新聞，二〇一〇年八月二十七日）。有位評審委員認為，此書的長處是「論述的新方向」，即不是單方面地給讀者提示結論，而是給讀者指明結論方向讓讀者自己判斷。橋本治，〈論述的新方向〉，《思考的人》，秋季版（二〇一〇），頁九九。

感。該學生表示，「至今我對當時人們的感受一無所知，這次……通過各位的思考或文章的啟發，多多少少感受到了過去人們的感受」[17]（頁四〇一）。

那麼，這樣一本獲得無數讀者共感的書，它到底想要透過戰爭說些什麼呢？作者不是採取慣用的「侵略和被侵略」的兩分法，而是試圖將中國與日本的過去視為兩國在亞洲爭奪霸權的故事。下面的引文簡明扼要地表現出作者的歷史觀：

> 不是以日本侵略中國、中國被日本侵略的故事，而是以日本和中國相互競爭的故事來觀察過去。但全然不是要否認日本的戰爭責任，而是要從比較十九世紀到二十世紀前半期的中國和日本在文化、社會、經濟上的戰略角度來敘述日本和中國的關係，而這些在過去的侵略和被侵略的描述中是無法看到的。（頁八四）

如果日本能夠超越「加害者」和「受害者」這一二分法的歷史理解，那麼，他們對戰爭的解釋也越來越傾向於：日本作為比西歐列強較晚加入帝國主義競爭的國家，並非是從最開始就一直懷有侵略的意圖，最終發動了戰爭，而是在迅速成長為帝國主義國家的複雜而艱難曲折的過程中不得不選擇了戰爭[18]。可以說，加藤陽子的主張也屬於這種傾向。

這種立場以其生動的對話式歷史敘述方式，甚至也得到了韓國研究生們的共感。因為韓國的學生們習慣把日本的近代史視為「侵略的歷史」，從這裡來看，這一觀點確實令人矚目。我的一個學生在報告書的最後寫道：「在讀此書的整個過程中，我一直試圖在她的文章中尋找錯誤，如有沒有歪曲了歷史。但這一過程中，我同時也感受到**有必要改變我自己的心態**。」（引用者強調）這的確是一個很重要的變化。這可以成為有助於培養上述的共感，即理解他人的情感和立場，並恰當地對其做出反應的一個活生生的證據。

但是，對其著述形成了共感，並不意味著韓日之間的歷史和解的難度降低。這本書的確具有使韓國的年輕一代研究生讀者移情（感情移入）的吸引力，不過正因為如此，另一個學生指出：「這本書的問題是，讀完後就讓我們產生一種想法，即當時日本儘管處於很不利情況，也還是『不得不選擇了戰爭』，那是不可避免的。」而且這名學生還擔憂地表示「這讓日本讀者形成一種戰爭是不可避免的認識，而不是認為對戰爭負有責任。」[19]

17　此外，對這本書的左翼、右翼讀者有不同的反應。請參見以下網站：http://www1.odn.ne.jp/kamiya-ta/soredemo-nihonjinha.html。

18　這一觀點在日本有影響力的代表性的知識分子寺島實郎與筆者的對談中得到很好的體現。《知道世界的力量，東亞共同體的道路》（首爾：創作與批評社，二〇一〇）。日文版參見以下網站：http://jp.changbi.com。

19　不能輕易地認為，因為讀者是韓國學生所以才會有這樣的判斷。也有日本人提出對該書的如下批評：這本書過於偏重於領導階層的選擇，而缺乏受害者的視角，特別是作為歷史主體的韓國的視角。（參見注17）而且我想再次強調，在東亞近代史上朝鮮對重新認識日本近代史具有重要意義。比如，日本把韓國作為殖民地，短期來說這有助於日本帝國的膨脹。但另一方面值得思考的是，在更長的時間段來看，合併韓國果真有助於日本的「國家利益」嗎？如果沒有韓在這裡我們可以再次確認，如果共感只停留於簡單的移情（感情移入），那麼真正的歷史和解是無法實現的。不僅要有深深體諒他人之心的真誠性，同時，還要懂得這種理解也有局限性。因此，既需要具備共感他人處境的能力，還需要鑑別導致差異的歷史脈絡的能力。在此，很早就提出要在歷史教育中積極引入共感概念的蕭克萊（David Stockley）的觀點，給我們提供非常有用的啟示。

他認為要將共感運用到教育現場，不能只停留於站在他人的立場上感受他人的處境，而是要理解其內涵。在這一基礎上，他強調歷史乃至歷史教育的「共感的重構（empathetic reconstruction）」既是想像的行為，也是分析的行為。因此，為了完整地說明歷史，要將多方內容結合起來。如：要把理解歷史行為者的動機或意圖、對導致這些行為的狀況分析以及具體狀況的證據結合起來。簡言之，他主張的核心是「歷史共感的重構既是感受他人的經驗，又是在證據和兒童（即學生—引用者）／歷史學家之間形成的想像的和分析的相互作用。」[20]我強調「共感的歷史學」和「作為批評的歷史學」要相結合的理由也在於此。

四、「作為批評的歷史學」特徵

「作為批評的歷史學」所說的「批評」，不是「誹謗」或「合理的分析」，而是意味著「判斷」。具體來說，就是對生活（life）的「解釋、評價、感受、相互交融的分享（interpretation, evaluation, feeling for, sympathetic sharing in）」[21]。因此「共感的歷史學」與「作為批評的歷史學」的結合是很自然的事情。

其實，在東亞歷史學的傳統上，叫做「史評」的歷史批評早已發達。古代史書中，在各段的結尾處，就已經出現了論贊（如，《左傳》的君子曰、《史記》的太史公曰、《漢書》的贊曰等），而且「史評」已成為圖書、學術領域的一個獨立項目。它具有雙重意義，既是對歷史本身的批評，同時也是對其敘述的批評。

因為當時的「史評」注重的是按照儒教價值的道德、倫理，對歷史進行褒貶評價，所以，一直以來就存在關於史評是否會模糊歷史真相的爭論。尤其是到了近代科學歷史學的觀點以來，對史評的主流評價是趨於否定。但是，在這裡不能忽視的是，「褒貶」是在以「人具有選擇的自由」為前提的人文學傳統中形成的[22]。而且，也有學者試圖向劉知幾——中國最早以史評為主的著作

日合併，就有可能改寫滿洲事變、中日戰爭繼而太平洋戰爭和戰敗的歷史。如此，如何看待合併韓國的歷史，不僅對回顧日本歷史，而且對日本的現實改革也至關重要。

20 David Stockley, "Empathetic Reconstruction in History and History Teaching," *History and Theory*, Vol. 22, No. 4（Dec., 1983）, p. 61. 非常感謝柳熙錫教授給我提供了這些資料。

21 尹志寬，《近代社會的教養和批評：馬修・阿諾德（Matthew Arnold）的研究》（首爾：創作和批評社，一九九五），頁二三三。

22 因為，如果歷史人物的行為都是由「社會法則」或「超力量」決定的話，歷史學家是不可能加以褒貶的。余英時，

《史通》的作者——那樣，主張要把道德上的價值判斷和知識上的事實判斷合而為一。因此，現在也開始出現了一些試圖超越近代歷史學的局限，重新評價傳統時代「史評」價值的觀點[23]。

在這一點上，具有價值判斷性質的「作為批評的歷史」自然而然地會和東亞歷史批評的傳統相遇。但這並不意味著要重返舊的歷史學，而是要創造性的吸收它。通過這一過程，我期待它開啟一條新的歷史學之路，既做到保留科學歷史學的長處，同時又能對其進行創新[24]。

那麼，它到底具有什麼特點能讓我有如此的期待呢？第一，歷史學家的價值判斷可以產生「生活批評（criticism of life）」的作用[25]。所謂的「生活批評」不僅具有「對生活批評」之意，還包括成為生活的一個標準「被生活批評」之意。因此，歷史過程中，人們從實踐的角度和生活經驗的角度提出新的問題，就成為批評的標準。對此，我在另一篇文章中[26]，以堅持「對生活批評」姿態的社會人文學的性質為中心，詳論過此問題。正因如此，在本文中，我對作為歷史學的長期爭論焦點的事實和價值判斷，需要點到為止。

作為批評的歷史學，雖然重視價值判斷，但是歷史學家的價值判斷在歷史過程中不能是獨立的、恣意的。如果認為事實「不是作為某個實體（thing）而存在，而是實際（reality）存在於現實過程中」，那麼，價值判斷同樣也是「在歷史事實上發生的價值乃至對人類可能性的一種應對。」這樣一來，展現事實的歷史學課題，就與表現內在於事實當中的人的可能性密切相關，這在實踐上，又與信任生活在現實當中的、大眾們的生活所包含的可能性連結[27]。

在後現代主義式的話語得勢的今天，這些主張足夠成為學界爭議的話題。我對從一九八〇年

代開始在韓國文壇一直談論的寫實主義論（realism）[28]比較熟悉，因此，比較容易理解事實是歷

〈章學誠和Collingwood的歷史思想〉，閔斗基編，《中國的歷史認識（下）》（首爾：創作和批評社，一九八五），頁六五二。

23 李紀祥，〈中國史學中的兩種「實錄」傳統——「鑑式實錄」與「興式實錄」之理念及其歷史世界〉，《漢學研究》第二一卷，第二期，二〇〇三。同時，之所以強調劉知幾的基於事實的歷史敘述的正確性（實錄直筆），是因為那是主張強化倫理效果。最近學界出現了「對他來說真與善並非是分離的」見解。志野好伸，〈他者の言語をどう扱うか：《史通》の歷史敘述批評〉，《中國哲學研究》（東大中國哲學研究會），第一一集（一九九八）。

24 在這裡更加清楚地看到：「作為批評的歷史學」不僅僅局限於承擔一些單純的歷史教育或對歷史的大眾化做貢獻。我的這些構想從對韓國的文學批評的探討中大受啟發。最近在日本提出了一種和我們通常理解的狹義的社會批評不同觀點，就是「社會的批評」的構想，這個觀點可以說和我的構想是一脈相通的。兩者的共同點就是「尋找對社會的批評的可能性的同時考察批評的社會性」的雙重性。東浩紀．北田曉大編的《思想地圖》的特輯《社會的批評》（Vol. 5, NHK出版，二〇一〇）的整體的編輯意圖就在此。尤其是北田曉大的引言（introduction）的充分體現了這一點。由於「社會的批評」、文學批評和「作為批評的歷史學」的差異不是本文的主題所在，所以在此不作深入的討論。

25 「生活批評」是從英國的文學家Matthew Arnold的單詞中借來的。這裡的「生活」並不只限於個人層面，也包括社會層面。不只具有文學的內涵，而且也具有政治內涵。參考尹志寬的前書。

26 參見注4的拙稿。

27 柳在建，〈E.P. Thompson的歷史方法論〉，《歷史教育》，第三九集（一九八六），頁三一七、三三五。

28 在韓國提出的現實主義論（realism），也許在其他國家的知識界上多少有些生疏。它不僅同具有客觀現實的再現事實的寫實主義（模寫論或反映論的凡俗化）保持距離，也同與典型性、總體性、黨派性、辯證認識等的通過重要概念的內在統一而發展起來的馬克思主義的現實主義也有區別。

史過程中的實在（而非實體）的這一主張。據我所知，現實主義是說明作品和其外在現實世界的有機關聯性的理論，它在尊重事實的同時，試圖超越事實以達到真理。具體來說，它並非是陳述和對象相一致的「邏輯真理（truth，英語中以首字小寫來表示）」或科學「真理」，而是根源性的真理（Truth，英語中以首字大寫來表示），即「是我們要在不斷的詢問中前進的『道路』——這條道路既不是人們任意鋪墊的道路或通道，也不能與『修路』的人的實踐活動分開。」換句話說，「既要接受近代的科學和實證的精神，又要超越對現存世界的實證主義的認識，把握其核心矛盾，開啟變革的前景。」[29]與此「根源性的真理觀」一脈相通的是，如上所述的既是「對生活批評」又是「被生活批評」的「生活批評」。因此，要重視將歷史過程中的人們在實踐中所關心的問題和生活中的經驗作為批評的標準。

第二，作為批評的歷史學將「只有在通過學術積累形成的恰當的程式下，事實才會表現出其真相」作為前提。因此，它同以歷史學邏輯為基礎的嚴格程式和經驗性證據進行對話，並在其過程中始終堅持「自我批評和修改概念的辯證法方式」[30]。不是作為一種制度，而是作為一種研究姿態和方法的「作為批評的歷史學」，要成為一門學科，必須接受原有歷史學分科研究上的規範和訓練（discipline）。否則，我們如何追求充滿創意性的學問也只會變成「無謂的行為或空想的活動」[31]。

可是即使在一定領域重視規則和訓練，作為批評的歷史學只要帶有「批評」這一性質，其訓練（除了普通的專業歷史研究者的訓練之外）還需要同時進行批評家式的訓練，即進行「作為正確閱讀歷史文本的讀者」的訓練，這可以說是「作為批評的歷史學」的第三個特點。不過批評家是這樣的一種人：「在讀者群中要成為『最正確閱讀的人』，並把自己的讀書經驗整理成文，想最大限度地提升『正確閱讀的人』的水準和數量。」透過這些，他能從一個平凡的讀者發展成為撰寫批評文的特殊讀者，所以也能夠做到謙虛。再說，從事「作為批評的歷史學」研究的人，他的活動橫跨歷史文本的生產及其接受（或消費）兩個領域，所以能夠克服專門化的歷史研究所面臨的與一般讀者溝通難的障礙[32]。

正因為具有這樣的特點，除了專業的歷史研究者之外，一般人也可以加入「作為批評的歷史學」工作之中。如前所述，我和認真閱讀過加藤陽子著作的學生之間的對話，就是一個很好的案例。

總而言之，韓日合併一百週年時，我對當時最敏感的歷史爭論問題的建議是將「作為批評的歷史學」視為歷史和解的核心。在「作為批評的歷史學」中，那些對歷史具有共感能力，並同時具備歷史批判能力和創造性思維能力的普通讀者和歷史研究者共同構成歷史研究的主體。我想，

29 白樂晴，〈作品、實踐、真理〉，《民族文學的新階段》（首爾：創作和批評社，一九九〇），頁三七四。

30 柳在建，〈E.P. Thompson 的歷史方法論〉，《歷史教育》，第三九集（一九八六），頁三一六、三三五。

31 白樂晴，〈有關社會人文學和批評性雜誌的幾點隨想〉，《東方學誌》，一五二集（二〇一〇），頁六。

32 白樂晴，〈批評和批評家的隨想〉，《統一時代韓國文學的價值》（坡州：創批社，二〇〇六），頁四六〇。這部分的內容給我的啟發很大。

這也許是超越歷史糾紛，達到歷史和解的多種實踐方案中最為可行的方案吧！

我們要積極接受「如果受到共感訓練，可以提升批判能力和創造性思考」的研究結果[33]。只有做到這一點，共感和批評相融合的新歷史學才可能得以開啟，進而歷史認識的差異也能成為「有效的刺激物（irritant）」，同時，「從低水準的『共存』走向高水準的『加大合作』的歷史和解」的漫漫長路[34]才會更加順利。當一種歷史學能通過上述作用，使我們不斷反省自己待人處世的視角和姿態時，應該就是二十一世紀所需要的「好的歷史學」吧。

33 瑪麗戈登著，文姬京（音）譯，《共感的根》（首爾：Shanti，二〇一〇），頁一六四。

34 在1st International Forum on Historical Reconciliation in East Asia（Seoul: 2007）上Feldman呼籲，「如果把和解看作不是消除相互之間的差異，而是去融合，那麼會把理解歷史的差異，看作是加劇糾紛的因素，我們要杜絕這種觀點。」Lily Gardner Feldman, "The Role of History in Germany's Foreign Policy of Reconciliation: Principle and Practice"，東北亞歷史財團編，《以歷史對話開闢的東亞歷史和解》（首爾：東北亞歷史財團，二〇〇九）。

第四章　中國學的軌跡和批判性中國研究

——以韓國為例

李珠海譯

一、問題意識

我們為什麼關注學術史？其核心理由大概是因為有必要對先前的學術制度和理念進行反思。從事這種研究的學者出現，代表他們在各自的研究領域中對既有的學術型態有一種危機意識，於是試圖尋找應對方案。

實際上在近代的各個學術分科中都有自我檢驗的領域，比如在歷史學中就是由史學史來擔任這份工作。但是現在韓國的學界卻對學術史，特別是以韓國為研究對象的領域（除了韓國史學史和韓國文學史等極少數主題之外）很少予以關注；再加上在正規專業科目的編排上與學術史相關的科目所占的比重也不是很大，從而可知在教育方面也不大受重視。雖然整個社會都在強調所謂的「人文學的危機」、「融合學問」，對現存學術制度的批判聲音也不斷高漲，但實際情況卻沒有改變[1]。

因此，筆者深感研究韓國學術史的重要性，試圖通過本文來梳理一下包括自己的專業——中國史研究在內的中國學的歷史軌跡與脈絡。本文雖然以歷史學和文學領域為中心，但也包羅整個中國學研究領域。因為想要真正理解中國，需要進行一種作為分科橫斷性統合研究的中國學，這也是貫穿本文的第一個問題意識。通過對泛指中國研究的兩個用語，即漢學和中國學用法的考察，也很容易看出這一點。

在漢字圈裡漢學是指研究中國的語言、文學、歷史、哲學等，即以中國古典世界的人文學為中心，作為西方Sinology譯語的漢學就是這個意思。與此不同，作為China Studies或Chinese Studies譯語的中國學主要是指研究中國的政治、經濟等，即以社會科學為中心，可說是屬於地域學（Area Studies）的學術領域。如此區分漢學和中國學，問題似乎可以很簡單解決。但將作為研究對象的中國一分為二，即古典文本裡的中國和現實的中國，以及相對應的（傳統）漢學和（現代）中國學，這種區分真的合理嗎？考慮到最近中國的悠久歷史與文明的連續性備受重視的情況[2]，這樣的區分顯得過於單純了。我們應該直視從古典中國到現實中國的生活流動性，不加截斷地將整體看作學術課題。這就要求能夠養成對中國人的生活（或者中國人的多種可能性）的整體性理解和感知的研究及教育。並且，考量到最近學術界重視超越學術分科的統合性學術趨勢[3]，要求一種能包羅漢學和中國學的統合性研究態度，是理所當然的。

第二個問題意識是，為了能更完整地回顧中國研究的歷史軌跡，我們同時要重視「作為制度的中國學」和「作為運動的中國學」。一般我們講到學術史，通常很容易想到近代學術制度的核心——大學內形成的知識生產（主要是所謂大師的學說史），但是引進所謂作為運動的學術概念時，學術史的研究對象能擴大到制度外的知識生產、流通和接受等，這樣，學術史的內容就會更加豐富。這裡所說的作為運動的學術史不只是指作為社會運動的一環、對社會現實變革有積極作用的狹義上的學術運動。將運動理解為更寬泛意義上的「脫制度」的話，不管其活動領域是制度內的還是制度外的，那些試圖改變主流學術論點和慣例的一切脫制度性潮流都可以看作是作為運動的學問。因此，即使是制度外的知識活動（比如商業化的知識），如果不能對主流論點和慣例產生批判性作用的話，也不能成為作為運動的學問。同樣的道理，在制度內也可以形成批判性的學問。筆者並不是要將作為制度的學問和作為運動的學問一分為二，將其對立。筆者的基本想法是在運動中看制度、在制度中看運動，圓滑地理解制度和運動的關係，進一步動態性地把握兩者

1　人文學既然是這樣，那麼依靠歐美理論來研究近代社會的社會科學各分科就更不用說了。

2　其中一個例子是用「文明—國家」，而不用「民族國家」的概念來說明中國的觀點。馬丁賈克，安世民譯，《如果中國統治世界》（首爾：Buki出版社，二〇一〇）。

3　筆者和同事們將這種統合性學術稱為「社會人文學」，為實現這種理念，在延世大學國學研究院裡進行著一個十年的研究項目。參考拙稿，〈開啟社會人文學的地平——從其出發點「公共性的歷史學」談起〉，《開放時代》一：三九—五〇（廣州：廣州社會科學院，二〇一一）。

之間的相互滲透與衝突。

通過對學術史的檢討來展望未來的中國學，這就是筆者的問題意識所在。換言之，筆者想要嘗試過去與未來的對話，而該未來就是「批判性中國學」的創新性重建。作為運動的中國學只是為了達成批判性中國學而需要的一個必要條件，其本身不能成為批判性中國學。為了勾畫出其具體模式，有必要說明一下「批判性」這個修飾詞的涵義[4]。這裡的關鍵是批判的對象是什麼。其對象不是固定的，而是隨著歷史的脈絡而流動的，隨著中國這個對象和觀察它的認識主體的關係而變化的，特別是隨著中國學想重構的同時代主流學術制度和論述的變化而呈現出不同具體面貌的。

就如下文，回顧韓國內研究中國學的相關歷史軌跡，自然會想到批判性中國學該具備的幾個條件。首先是對近代分科學術制度內分散進行著的知識生產方式的批判，所以分科橫斷性的研究指向是批判性中國學的第一個條件。這第一個條件很自然地連接到第二個條件：超越將研究對象分為古典中國和現實中國的二分法式態度。缺乏對近現代中國的關心的「沒有中國的中國學」和「追逐中國現實的中國學」[5]都該列入批判的對象。為了堅持對中國現實的批判性態度，對中國歷史和文化的深層理解是不可缺少的，而對中國歷史和文化的深層理解卻來自於生活在現在的人們的日常生活中。當第二個條件和下面要提的第三個條件相結合時，批判性就會發揮其真正的功能，那就是：對當代的中國現實和主流思想體系保持一定的批判性距離，與此同時通過批判性中國研究，「重新構建對我們生活著的現實社會（全球層面、地區層面和一國層面）的認知。」[6]在這個過程中，中國和韓國（或者別的社會）的主體間就可以形成一種「互為鏡子」的關係[7]。為此，必須要批判研究者將自己所處社會的支配性思維體系直接運用到中國相關研究上面的學術態度。最後，中國中心主義的解構也是不可缺少的條件。為了在不被源於歐美的「中國威脅論」所蠱惑的同時，更好地克服中國中心主義，將韓國等東亞國家連動起來觀看中國的視角將會有其效用，特別是筆者所強調的「雙重周邊視角」可能會成為一個很好的嚮導。

當然，以上提到的批判性中國學的四個條件是以作為外國學之一的中國學研究者的筆者一手經驗為基礎的，但筆者相信這是不僅對作為中國鄰居的韓國人，而且對包括中國人在內的所有人

4 批判性中國學這個概念不是筆者最先提出的。之前金稀教曾發表過〈韓國的批判性中國論述，其失蹤的歷史〉，《歷史批判》五七：二五二—二七一（首爾：歷史批評社，二〇〇一）。李熙玉也對此一觀點的提出過反論。李熙玉所謂的批判性中國學的批判對象是中國的「現實支配權力的地形圖」乃至「主流論述」（〈補論：在韓國進行批判性中國研究〉。《中國的新社會主義探索》（坡州：創批社，二〇〇四），頁二三一—二四六）。最近李南周對此一問題進行了深入的考察）。不過，拙文的批判的對象不是中國的現實，而首先批判作為韓國制度的中國學，且將焦點放在從中國學的歷史中尋找其改革的可能性上面（〈怎麼看中國的變化〉，《創作與批評》，秋季號（坡州：創批社，二〇一二），頁一八〇—一九七）。

5 這兩個用語受到溝口雄三，《作為方法的中國》（東京：東京大學出版會，一九九〇）的啟發。

6 李南周，〈怎麼看中國的變化〉，《創作與批評》，秋季號（坡州：創批社，二〇一二）。

7 加々美光行以「共同主觀性」來說明這種關係。加々美光行，《鏡の中の日本と中國》（東京：日本評論社，二〇〇七）。

類整體生活進行反思的一面鏡子。

在這樣的問題意識下重新整理中國研究史[8]的話，視野很自然地超越通常被認為近代學術制度形成起點的日本殖民時期的知識體系，而再追溯、擴展到朝鮮後期學者們對中國生產知識的遺物——「北學」上來。

二、北學、支那學和漢學

（一）在「搖晃的朝貢體系」[9]下的中國認識和北學

近代以前韓國的中國古典研究（不像近代以後那樣對作為他者的外國生產知識），是對普遍文明世界的探究，所以「漢文」既是以東亞共同書面文字寫成的一種學問（即對「文」的探究），也是作為與朝鮮統治理念緊密聯繫的朝鮮歷史的一部分，以變革其政治和文化為目的的經世學問。這種特徵在同屬漢字文化圈的日本或越南的中國研究中也可以看到，可說是一種共同現象（即使有程度上的不同）。在這一點上，和西方Sinology譯語的漢學，主要研究作為他者的中國語言、文學、歷史和哲學等有明顯區別。

但十八世紀中葉以後，部分朝鮮知識分子之間出現了想要直接經驗同時代中國（不是古典中國）、從中得到知識的新學風，這被稱為「北學」[10]。北學這一詞源自朝鮮人稱當時統治中國的滿族清朝為「北國」[11]的習慣（相比之下，稱漢族的王朝——明朝為「中國」）。主導這種學風的人大部分都有去過燕京——即北京的經驗，留下紀行文，並且認識了清朝文化的優秀性，主張為了改革朝鮮的現實首先要學習清朝的文化。

漢族建立的明朝滅亡以後，在朝鮮高漲著中華文化（其核心是儒家文化）的正統在非漢族的朝鮮得以繼承的自豪感——即小中華意識，在這樣的氣氛下主張向滿族學習的北學顯得很突兀。

8 至於在本文範圍以外的包括社會科學部分中國研究的中國學整體的分析，可參考筆者向韓國經濟人文社會研究會提交的《對中國綜合研究協同研究叢書一〇—〇三—〇一》（http://www.nrcs.re.kr/reference/together）。

9 以「搖晃的朝貢秩序」來說明東亞世界的，可參考林熒澤〈十七—十九世紀東亞狀況與燕行、燕行錄〉，《韓國實學研究》一〇：頁七—二八（首爾：韓國實學學會，二〇一〇）。引起這種變化的主要原因是明清交替和西學東漸。

10 北學這個用語起源於《孟子．滕文公上》，在批評許行的農家思想的章節裡說，像陳梁這樣的南蠻人也學習儒家思想。但是對具有主張處於周邊的應該學習先進文化的意義的「北學」這個慣用語，在韓國學界存在兩種見解。一是將北學看作與當時的主流思潮「北伐」相對立的、代表一種革新性的標記語（如劉奉鶴）；一是將北學看作批判性繼承北伐論的一種思想（如金明昊）。參考許太榕，〈研究「北學思想」的視角與對此的再討論〉，《今日的東洋思想》一四：頁三一五—三六六（首爾：藝文東洋思想研究院，二〇〇六）。

11 朝鮮人稱明朝為中國，對清朝人不使用中國人或華人的稱呼，而使用比較中立的稱呼——清人、清國人、北人、北國人。桂勝範，〈朝鮮後期中華論的內面及其遺產〉，仁荷大學韓國學研究所編，《沒有中國的中華》（仁川：仁荷大學出版社，二〇〇九），頁二三九—二七八。

「從未踏上中國土地，從未見過中國人」[12]的朝鮮士人們，卻為朝鮮的「利用厚生」起見，引進清朝的先進文化，且對清朝這個現實中國積極生產知識，他們的這種學術態度與今天社會科學者們主導的中國學有所相通之處。但他們同時還重新解釋中國的古典，重新建構價值觀和世界觀，成為本文所提倡的統合性中國研究的先導，即「原體驗」。

朝鮮學者們將古典研究的重點放在對經學的重新闡釋上，但對中國史的重新闡釋也是主要研究領域之一。比如，為了糾正夷狄王朝（元、清）編纂的宋史和明史中的錯誤，他們編纂了《宋史荃》、《資治通鑑綱目新編》、《明紀提挈》等史書。其目的是透過史書對以性理學為基礎的朝鮮學問和義理論給以積極評價[13]。在部分學者目睹到滿族統治下中國的興盛，主張應該向其學習的同時，另一批學者卻出自於中華文化「唯一繼承者」的自豪感，進行這種學術研究。

至於當時的北學者們從朱子學的儒家秩序中到底脫離了多少，學界尚有爭論[14]，筆者對此一問題既沒有能力去解決，也沒有興趣去做深入的研究。但筆者想強調他們對中國的知識生產活動雖然在當時主流學界屬於少數，卻必須承認它是一面應付「搖晃的中華秩序」，一面與主流學術相碰撞，形成龜裂的一種「作為運動的學術」，同時是透過中國這面鏡子來重構對當時朝鮮社會的認識的統合性中國研究。在這一點上可說已具備了「批判性中國研究」的一些條件。他們的內面裡說不定含有一些這樣的中華繼承意識：清朝的文化本來是中華文化，只是被清朝竊取而已，朝鮮要想成為中華唯一的繼承者，也應該接受清朝的文化。但他們的學術內容中卻部分含有「使華夷觀本身失去意義的可能性」[15]，這種意見值得我們注意。

（二）日本帝國秩序中的支那學及其破裂

當時在少數人推動下展開的批判性中國研究進入二十世紀後沒能成為制度性的學問。當十九世紀末到二十世紀初新舊學問競爭之際，以探究中國經典為中心的漢文研究被主要從日本流入的新學問所取代。在新學問的影響下，中國的地理和歷史等作為落後東亞的一部分（不是普遍文明）而受到注目[16]，但是那些繼承「北學」的中國研究在日本殖民時期被以京城帝國大學為據點

12 參考朴齊家，安大會譯，《北學議》（坡州：Dolbegae，二〇〇三）中朴趾源寫的序文。

13 可參考金文植，〈表現在宋史筌的李德懋的思想〉，《十八世紀朝鮮知識分子的文化意識》（首爾：漢陽大學出版部，二〇〇一）；李成奎，〈宋史筌編撰背景及其特色：關於朝鮮學者中國歷史編撰的研究〉，《震檀學報》四九：頁八五—一一四（首爾：震檀學會，一九八〇）。

14 桂勝範在〈朝鮮後期中華論的內面及其遺產〉（仁荷大學韓國學研究所編，《沒有中國的中華》，仁川：仁荷大學出版社，二〇〇九，頁二三九—二七八。）中認為小中華思想「只是通過在中華這個普遍的文化秩序中參與自己而獲得的一種成就感及對此的自我意識化而已。」他認為朝鮮的自信心只有依靠中華這個他者才得到的。林熒澤在〈十七—十九世紀東亞狀況與燕行、燕行錄〉（《韓國實學研究》一〇：頁七—二八，首爾：韓國實學學會，二〇一〇）中批判崇明反清、朝鮮中華主義、北伐的虛偽性和封閉性，他認為十八世紀洪大容、朴趾源等人開始的應對「清朝中國」的現實主義運動，被十九世紀丁若鏞、金正喜等繼承下來。

15 許太榕，〈朝鮮後期中華意識的繼承和變化〉，仁荷大學韓國學研究所編，《沒有中國的中華》（仁川：仁荷大學出版社，二〇〇九），頁二七九—三二〇。

16 白永瑞，〈二十世紀前期東亞歷史教科書的亞洲觀〉，《人東文化研究》五〇：二九—五九（首爾：成均館大學大東文

的支那學所壓倒。

「支那」一詞帶有蔑視中國的語感，而研究支那的支那學是在日本近代學制下起源的。因此有必要對日本帝國時代支那學的脈絡進行簡略的整理。

傳統時代日本的漢學（就像朝鮮的中國研究一樣）是一門主要以中國古典為研究對象，以整修和改革日本政治和文化為目的的實踐性學問。但從明治維新以來，日本帝國大學的中國研究者們指責以往的漢學只不過是儒學的另一個名字，從支那學習支那的東西而已，所以不能說是一門真正的學問。他們還從開放的學術角度分析並批判中國文化的支那研究制度化[17]。這種科學的支那研究者可分成兩類，一是主要對古典文獻資料進行實證研究的「支那學者」，另外是研究用近代語言所記錄的文獻和同時代支那事物的「支那研究家」。這兩類學者不僅互不相干，而且有相互蔑視的傾向。在帝國大學的文學、歷史學、哲學領域下的中國研究屬於前者。它承接了傳統漢學的潮流，主要對中國古典進行科學性的分析，而不研究同時代中國的現況[18]。（和國學或洋學相比之下）「日本漢學」簡直陷入了純粹學院主義之中，距離日本的現實以及當時中國的現實越來越遠，成為一門以中國古典的文化和思想為研究對象的學問[19]。

對於這樣的「日本漢學」，在帝國大學的學界內部早就出現了批判的聲音。批判的人主張，為了進行與漢學有所區別的科學性中國研究已經建立了以各個分科為基礎的中國文化專門研究制度，但是這種制度開始露出種種問題。為了克服這種問題，應該綜合性地研究「過去的支那」和「現在的支那」，這樣支那學才有進步的可能性[20]。在日本帝國的支那學內部提出的批判性指向和局限，在京都帝國大學的支那學中同時被表現出來。它具有將對同時代中國的關心提升到學術層面的指向，但是仍然不能完全擺脫蔑視近代化失敗的中國和輕視同時代中國的傾向。

這個特徵，可以從奠定京都學派支那學基礎的內藤湖南所說的「代替支那人，為支那思考」這句話中明顯表現出來。這象徵著對於中國的優越感，而這裡結合著兩個要素。一個是：比停滯著的老大國中國更快地成為近代國家並進入歐美帝國主義國家行列的日本，為了呼應在中國的外部提出的「帝國主義式中國經營」立場而發的學術言論。另一個是：作為支那這個研究對象的外部觀察者的日本籍研究者，運用西方的「科學方法」進行系統化分析。近代日本的文獻批判學象徵性地體現了這一點。像歐洲的漢學者一樣，日本籍研究者也站在外部人的立場，將中國文獻看作是外國文獻，通過文獻批判的方法，一面暴露這些文獻是不可信的「不可靠的編撰物」，一面又為了將其打造成可信文本投入重構（系統化）作業。這正是近代日本的支那文獻學方法，而且

化研究院，二〇〇五）。

17 津田左右吉，〈日本支那學的使命〉，《津田左右吉歷史論集》（東京：岩波文庫，二〇〇六），頁一八九—二一五。

18 吉川幸次郎，〈支那學問題〉，《吉川幸次郎全集》一七（東京：筑摩書房，一九六九），頁四二一—四七三。同時代的支那研究主要依靠外國語大學的畢業生進行。其主要的研究機構有滿鐵調查部或東亞研究所等國家政策性研究所。

19 加々美光行，《鏡の中の日本と中國》（東京：日本評論社，二〇〇七）。

20 吉川幸次郎，〈支那學問題〉，《吉川幸次郎全集》一七（東京：筑摩書房，一九六九）。

具有在史學、哲學、文學各自領域裡進行研究的體系[21]。

支那學經歷這樣的過程而形成了自己的人文學特性[22]，而這個特徵以京城帝國大學的學制為媒介，傳入殖民地韓國。從那開始，韓國的中國研究便在文學、歷史學、哲學等近代分科學問體系下被分散地進行，以北學為首的傳統知識生產潮流被編入到「漢學」（將傳統學問整體當作「他者」而使用的統稱）裡面，並逐漸和儒教被等同看待[23]。結果，在近代分科學問中被排除在外的漢學，成為在近代教育制度的外部、在民間傳授的對儒教教養的探究和教育。

但是我們得追究在當時知識生產「場域」裡的「朝鮮漢學」具有的意義是否可以被忽略。從作為制度性學問的支那學的立場來看，漢學只是脫離近代分科學問體系、忽視「科學」，因此失去競爭力的學術行為而已。但是再從批判性中國學的標準來看，在帝國大學的外部作為保持朝鮮民族文化認同性的一種方法，部分漢學家們對朝鮮民族文化的泉源，即中國古典這一普遍文明重新進行解釋並廣泛傳播。他們的研究成果，是應該得到認可的。例如，博通文史哲的學者鄭寅普超越分科學問，不僅展示了考證及語言學解釋等傳統學問方法和近代學問結合的可能性，還批判了拘泥於私益和中華主義的朱子學者們，並試圖通過揭示陽明學的精神，去解開恢復國權這一朝鮮民族的課題。在此，筆者有如下的思考，作為鄭寅普朝鮮學運動之一環的中國古典研究，是否可以看作是批判性中國學的一個分支呢[24]？

事實上，反映在漢學的中國認識，對於當時的韓國人來說，在很大程度上是很親切熟悉的教養。據說韓國學生當初報名京城帝國大學支那文學系的時候，並不認為支那文學就是外國文學。

在入學的當初，支那文學被認為是與處於大學制度裡的漢學相似的，前人的這種回顧傳達給我們很多訊息[25]。

但是他們在入學之後逐漸區分漢學和（已成為外國文學的）支那文學，從這一事實可以知道，與「非科學性」漢學區別開的科學性中國研究，在京城帝國大學的學制下被建構成近代學術，並決定了學生們的學問觀。這便是作為制度的支那學。在這裡進行的中國研究的對象、理念、方法論等基本上都是從日本本土帝國大學的支那學框架而來的。

在一九二四年設立的京城帝國大學裡，支那學是「支那文學科」和「東洋史學科」等以分科學術的形式進行研究的。根據近代分科主義，從漢學中分離出文學、歷史、哲學各個領域，並將

21 子安宣邦，《日本近代思想批判——國知の成立》（東京：岩波書店，二〇〇三）。

22 在這兒筆者所說的支那學不單指京都帝國大學的學術，是包括傳統漢學色彩濃厚的東京帝國大學在內的日本帝國時期進行的中國學全部。

23 金晉均，〈漢學和韓國漢文學之間——近代漢文學〉，《國際語文》五一：頁一三七—一六六（首爾：國際語文學會，二〇一一）。朝鮮時代的「漢學」一詞，是指和以朱子學為中心的宋學對照的訓詁學，以及在譯官考試中為選拔漢語專業者的考試科目名稱而已。

24 「朝鮮漢學」雖然在當時作為知識人的教養被普遍學習，但筆者認為像為堂鄭寅普這樣的漢學者不在少數。以後繼續發掘這類學者們的學術成果的話，殖民時期的學術史將會變得更豐富。

25 金台俊，〈外國文學專攻之辯（六）：新文學的翻譯介紹〉，《東亞日報》第三版（一九三九年十一月十日）。

這些領域分別作為對象而進行科學性研究，於是最初的「場域」就形成了。

作為支那學一部分的歷史領域，在東洋史學課程中被講授。和日本大陸政策的展開緊密連接的東洋史學，以拆除以前中華秩序下的歷史並重新建構為帝國史一部分的東洋史為其基本特徵。在這個新的學術領域裡，支那不是天下，而是東洋的一部分，同時支那周邊的渤海、滿洲、契丹、西域的歷史都和支那史同等地成為重要研究對象。這樣的風氣不僅在歷史課程裡，也在外交、倫理學、美術、文學等多樣的領域裡出現。另外一個特徵是，與現在進行式的歷史相比，對已經完結的過去的歷史進行實證性研究的傾向更強。這種特點很自然地反映在實行講座制的指導教授影響下完成的朝鮮學生畢業論文中。即使這樣，也並不表示京城帝國大學支那學完全沒有研究帝國政府所要求的政策性課題。京城帝國大學的支那學者被一九三八年正式出台的北進政策調動，致力於對滿洲和蒙古的知識生產與傳播。具體來說，透過像滿蒙文化研究會（一九三二年成立，一九三八年擴大為大陸文化研究會）等機構，一方面對滿洲和蒙古積極進行調查研究；另一方面為了讓普通大眾了解北進政策的基礎——大陸文化，開設大陸文化課程等，他們作為名副其實的「大陸唯一的帝國大學」[26]，展開了多樣的活動。

但國家策略性大學的性格不是單方面作用於教育的。雖然非常局限，仍可以推測在東洋史專業的朝鮮學生當中，出現在作為制度的支那學中創造出一些狹小縫隙的可能性人物。一個畢業生將畢業論文的一部分發表在朝鮮畢業生們創刊的《新興》五號（一九三一年七月）上，其內容涉及到關於支那史中出現的周邊異民族（蠻夷戎狄）的方位和起源，他便主張在支那「周圍眾民族」中，朝鮮民族具有其獨自的起源[27]。支那與其周邊這種說法本身是屬於京城帝大東洋史學的學風框架內的，不過就著眼於朝鮮民族起源的獨自性這一點而言，似乎可以看做是對於朝鮮人主體性的研究。

但是這些舉動（和下文所述一樣）遠遠達不到支那文學專業者對作為制度的支那學產生分裂的程度。東洋史專業者對同時代中國的問題不曾關心過，也沒有為了確保他們自身的學術空間而開展過對外活動。為什麼會這樣？有些人認為，對於當時的朝鮮人來說，東洋史學的含義比較含糊，這就是出現這種現象的原因。即在他們的意識裡，東洋史學處於「所謂『國史學』這一權威和潛在性『國史學』（＝朝鮮史學）想像內的一種中間地帶」。

他們在作為殖民時期國家學的國史學（即日本史學）和（追求獨立國家中）可以稱為潛在國（家）史學的朝鮮史學之間徬徨著[28]。

和東洋史學不同，在支那文學系中卻可以找到批判性中國研究的可能性。最受關注的是辛島驍的示範，一九二九年以後他在支那文學系的課程中教授現代支那文藝的譜系，試驗了「現代中

---

26 每日申報社論，〈開設大陸文化的意義——新東亞建設的基礎工程〉，《每日申報》（一九三九年八月十三日）。

27 第三屆（一九三二）畢業生嚴武鉉的畢業論文《關於東亞史上匈奴民族的興亡盛衰》。

28 朴光賢，〈在殖民地朝鮮東亞史學是如何形成的？〉，都勉會、尹海東編，《歷史學的世紀》（首爾：Humanist，二〇〇九），頁二一五—二四六。

國研究」。依帝國大學將古典支那研究規定成支那學的學術風氣來說，這種舉動顯然是對立於帝國大學支那學的指向的[29]。從支那文學課程將同時代中國作為對象這一點來看，京城帝大支那文學系確實具有和日本帝國大學的學院主義（academism）區別開來的一面。

筆者很重視這一點，因為這可以看作在帝國大學內部作為制度的支那學分裂的證據。但是將辛島驍教授的「試驗」看作是正規的批判性中國研究，還是有欠妥之處。因為在同時代的日本本土，處在帝國大學外部的中國文學研究會（一九三四—一九四三）以雜誌《中國文學》[30]為據點批判帝國大學的支那學並進行知識生產，而他們所表現出的和辛島驍研究現代支那的態度是很不相同的。辛島驍的確探究了現代支那文學，和作為制度的支那學拉開了一些距離，但是在追求的過程中，過於重視「文學」這個普遍經驗，離「支那」這個現實越來越遠。「擱置一九三〇年代和現代支那之間緊張關係的辛島驍的支那文學論理，從一九三九年開始很容易地轉換成大東亞新秩序的國民文學論理」[31]，這樣的說法是很有說服力的。

和日本教授辛島驍如上的學術軌跡相比，很意外地在京城帝大支那文學系的韓國學生中出現了向作為運動的中國學更靠近一步的人物。他們受到辛島驍學術性「試驗」的影響，同時也受到一九三〇年代在《改造》和《文藝》等本土雜誌上登載的日本左派學者評論的影響，於是脫離漢學的束縛，將支那文學作為外國文學（即國民文學），並將古典文學和現代中國文學聯繫了起來。當然，他們也在慣於將支那他者化的帝國大學制度學術的框架裡追求殖民地朝鮮的「作為外國文學的支那文學」，但是這個他者化的過程似乎有著和作為制度的學術有所區別的指向。他們用科學的方法（即文獻考據與馬克思主義）將中國古典系統化，同時著眼於現代中國的文化運動，重新發現「支那」，這樣的過程連接到了朝鮮文學史系統化工作。其代表人物是支那文學系畢業生金台俊，他利用從中國文學研究中取得的問題意識和研究方法，通過制度外的教養雜誌或日刊等媒體來提倡「科學性的朝鮮研究」。他期待這項工作能夠作為理論武器對朝鮮現實的改革有所作用。在共有標榜「科學性」的學術專門性（學術性）這一點上，和帝國大學的學院主義有著相似的基礎。但他在京城帝大這一制度之外部，通過媒體並用韓文展開學術活動，並且同時關注古典中國和現代中國，還將朝鮮文化進行主體性再構成作業，追求促進朝鮮現實的改革性學術，從這些點來看，在很大程度上具備了批判性中國研究的條件[32]。在解放以後受冷戰的影響，

29 千真，〈殖民地朝鮮的支那文學科的命運——以京城帝國大學的支那文學科為中心〉，《中國現代文學》五四：頁三一五—三五五（首爾：韓國中國現代文學學會，二〇一一）。

30 這個研究會在一九三四年三月以東京帝大支那文學科畢業生竹內好、武田泰淳等中國現代文學翻譯家和研究者為核心而組成的。這個研究會在戰前就已經不用支那，而是用「中國」這個稱呼，現實批判的傾向性如此的強烈。他們的雜誌《中國文學月報》在一九四〇年改編成《中國文學》，一九四三年十月隨著研究會解散而停刊。

31 千真，同注29。

32 金台俊和申南哲對於國學運動發表評論，積極評價了與日本保守派的國學區別的中國「進步性國學」的潮流，在這裡雖然不能深入討論，但從中可以間接地解到殖民時期批判性中國研究的可能性。可參考鄭鍾鉉，〈檀君，朝鮮學以及科學〉，《韓國學研究》二八：三一五—三五二（仁川：仁荷大學韓國學研究所，二〇一二）。

這種潮流在南北韓都沒有得到繼承和發展，但是在建立批判性中國研究的系譜時，確實是非常有意義的資源。

另一方面，在制度之外還存在對中國生產知識的支流。他們不是像支那學那樣研究中國古典，以媒體人和學者們為中心積極發表了關於同時代中國的報導或評論。二十世紀上半葉，發表在日刊和大眾教養雜誌上關於中國的許多文章，雖然沒有具備科學性學術論文的形式，但容易和大眾進行交流，所以應該看做是另一個知識生產的「場域」[33]。在《東亞日報》或《朝鮮日報》等日刊上刊載的中國特派員文章，在各種雜誌上登載的關於同時代中國問題的時事評論[34]，向韓國介紹同時代中國文學界動向和作品的文章[35]等，都屬於這一範疇。這可解釋為同受帝國主義壓迫的殖民時期知識分子對中國具有的強烈連帶意識的表現，筆者推測他們的文章對普通大眾的中國意識產生更大的影響。這不能不說是批判性中國研究的重要財產之一。

同樣，處身於制度之外，卻在作為制度的學術框架下進行朝鮮研究的綜合學會「震檀學會」也是值得一提的。它在京城帝大畢業生和日本留學派，還有朝鮮私立專科學校畢業生等人員的廣泛參與之下，於一九三四年五月成立，它的機關報刊《震檀學報》以「朝鮮和近鄰文化的研究」為目標。震檀學會的活動領域雖然在京城帝大的外部，並且還有部分馬克思主義者參與其中，但是觀察其學問方法論或是成員的出身學校，仍然是「學院主義出身的學徒，具有作為新的學問世代的共有感覺」，於是離制度性學問很相近，再說基本上是一個「以標榜純粹學問，並表現出體制內指向的學者們為中心的學術團體」[36]。但是很遺憾，《震檀學報》上刊載關於中國的文章非常少，而且（和上面所說的制度之外的活動不一樣）根本看不出對同時代中國的關心。因為朝鮮籍研究者「對自身主體性的認識尚未完成，對『外部』的探索不是不可能，但也十分困難。」[37] 將朝鮮和近鄰文化作為研究目標，強調實證研究方法的震檀學會的成員們，在解放以後進入新設的韓國大學裡，並處於主導中國學研究的地位。

33 韓基亨所說的「媒體學院主義」的概念烘托了這個領域。韓基亨，〈媒體學院主義，「開闢」和殖民地民間學術〉，《韓國近代學術史的構造》（成均館大學東亞學術院冬季學術研討會資料集）（首爾：成均館大學東亞學術院，二〇一二）。

34 對於屬於這一群體的學者研究成果介紹，參考白永瑞，〈韓國的中國認識與中國研究〉，飯島涉、久保亨、村田雄二郎編，《系列二十世紀中國史四》（東京：東京大學出版部，二〇〇九），頁九五—一一九。

35 在京城帝大外部存在著對中國文學進行知識生產和傳播的群體。這個群體表現出如下特徵：使他們從事這種活動的契機是，他們上過中國的大學或是訪問過中國，直接接觸中國的現代文學。解放以後積極發表對於中國現代文學文章的金光洲、李容珪、尹永春、宋志英等人都在一九二〇—三〇年代有過在中國留學經歷。這就是其旁證。

36 鄭鍾鉉，同注32。

37 閔斗基，〈韓國中國史研究之展開〉，王仲犖、小林一美、藤維藻、奧崎裕司編，《東亞世界史探究》（東京：汲古書院，一九八六），頁四一—五三。

三、解放以後中國學的軌跡和主要特徵：人文學領域

（一）解放以後制度內外的中國研究

從一九四五年八月解放到一九四八年南北韓各自成立自己的政府，形成分治體系的這段時間（所謂解放空間），是圍繞擺脫殖民和建國這一重要課題而許多政治勢力互相競爭的創造性混亂期，所以關於中國的知識生產也不能不受到這個時代狀況的影響。

首先要看作為制度的中國學的走向。解放以後設立的大多數大學都是以京城帝國大學的學制為範本，所以相當部分繼承了日本帝國大學的學制，這對中國相關的知識生產產生了影響。特別是歷史學，東洋史範疇基本上以三分科體系（西洋史、東洋史、國史）的部分幾乎全部都繼承下來。

由此可以看出日本學術制度影響力之大。特別是帝國大學出身的人主導了學術界和教育界，所以二十世紀六〇年代以來克服帝國大學的學風（所謂的清除殖民殘餘）成為學術界的主要課題。

但是這裡有我們絕對不能忽視的一個事實，那就是：解放以後韓國的東洋史學被評價為不僅繼承了帝國大學的實證學風，在一定程度上也繼承了二十世紀三〇年代在京城帝國大學這一制度之外進行的朝鮮學運動的遺產[38]。注意這個特徵時，才能夠理解在制度內為擺脫殖民化而奮鬥，且在此一過程中不懈推動獨自的中國學研究的韓國學界真正面貌。

但由於當時學術制度的不穩定，作為制度的中國學也很難正式積累研究成果。首爾大學東洋史學系由震檀學會相關人士為中心創立[39]，金庠基是打下其基礎的人，如同他在當時出版的《東方文化交流史論考》（一九四八）一書中所言及的，當時的東洋史尚處於以「從韓國史這一軸心來理解東方文化」的階段，換言之，是在各民族具有主體能動性的前提下，以理解「在相互交流中進步的東方諸國的文化和系統」為主要關心對象的階段[40]。

相對而言，制度外部對同時代中國的研究比較活躍。這個時期冷戰秩序在東亞尚未形成，國民黨和共產黨圍繞建國的方向而互相競爭，算是處於內戰情況，同樣經受著左右對立局面的朝鮮半島知識階層對此事頗為敏感反應，這是很自然的事情。特別是關於現代中國（特別是中國共產黨）的翻譯文章大量被介紹，深度評論中國趨勢的文章也在左派和中間派的多種新聞雜誌上占很重要的比重。將中國社會革命性的劇變和朝鮮半島的命運聯繫起來，站在各自的政治立場給予積

38　尹南漢指出，東洋史學繼承了朝鮮學運動（主要指震檀學會的運動）的遺產，但其研究對象領域和構成日本東洋史學主軸的滿鮮史學有所重複。參考〈東洋史研究的回顧和課題〉，《歷史學報》六八：頁一〇四—一一四（首爾：歷史學會，一九七五）。

39　高柄翊於日後如此說明他於一九四六年二月到首爾參加「京城大學」（首爾大學的舊稱）東洋史學系插班考試的原因。參考《儒生和學者》（首爾：文音社，一九八五）。

40　李成奎，〈東洋史總說〉，《歷史學報》一七五：二六九—二八五（首爾：歷史學會，二〇〇二）。

極評價、提出展望的氣氛高漲[41]。這種文章對同時代韓國人的中國認識產生了一定的影響。

（二）冷戰期（一九五三—一九八九）作為制度／運動的中國學——閔斗基和李泳禧

從一九四八年以後，特別是經歷過韓國戰爭以後朝鮮半島被分斷，美國和蘇聯主導的冷戰格局氣焰囂張，在這樣的時代環境中，不用說在解放期間生機勃勃的中國學在韓國（南韓）萎縮，連大學制度內的中國學也在殖民遺產和冷戰文化相結合的意識形態（反共主義）制約下進行研究[42]。

其結果在整個中國文學界全面禁止了關於左派文學的議論，在這種氣氛下以古典文化為主的學風主導了五〇—六〇年代。特別是中國現代文學，要麼乾脆被禁止，要麼即使成為關心的對象也是在以反共主義立場為基本前提下進行研究的。在中國史領域的情況也大體相同，稱中華人民共和國為中共，稱國民黨政權支配下的台灣為自由中國，在這種情況下將二十世紀的中國當作學術研究對象，均衡地加以分析是難之又難的事情了。雖然有少數的研究成果，但大多數是依據在台灣整編的國民黨史觀來解釋的[43]。由於共用冷戰文化的台灣實證學風的流入，日帝學術制度的遺產——文獻為中心的實證主義研究方式在冷戰期間韓國的中國研究界更加得到強化。

到了二十世紀五〇年代末期，隨著與歐美及台灣展開學術交流，又慢慢從日本那邊取得學術情報，在韓國逐漸開始了與韓中關係史層次不同的對中國史自身的研究。尤其經過一九六〇年四．一九革命，在韓國史研究領域裡民族主義史觀抬頭，與此連動，在中國史研究方面也在困難的條件下出現了用「內在性發展論」來判斷中國史的傾向。

按世代來區分研究者們，比較明瞭地看到這個時期作為制度的中國學的特徵。按世代來區分只是一個方便而已，但不能否認對有效地觀察趨勢有一定的幫助，因此採用。

中國文學方面，直到二十世紀八〇年代初為止以台灣留學出身的研究者為主流，他們被稱為第一代[44]。當時留學台灣很盛行，隨之台灣學風被引入，對研究方法及主題選定等方面產生極大

41 崔鍾一，《冷戰體系形成期（一九四五—一九四八）韓國人的中國認識——以新天地為中心》（首爾：延世大學碩士學位論文，二〇一二）。

42 在本文中只把分斷的朝鮮半島南邊的中國研究當作研究對象。在北韓也一定有過中國研究，但是缺乏情報，便將其排除在外。但是分析冷戰期北韓學者的中國遊記的研究，問接起到了幫助作用。參考鄭文祥，〈冷戰期北韓的對中國認識——以韓國戰爭後中國訪問記為中心〉，《我們語文研究》四〇：頁一六九—一九三（首爾：我們語文學會，二〇一一）。

43 金俊燁幾乎是當時唯一的中國現代史研究者，關於他可參考鄭文祥，〈金俊燁的近現代中國論和東亞冷戰〉，《歷史批評》八七：頁二二八—二六一（首爾：歷史問題研究所，二〇〇九）。

44 全炯俊將中國現代文學研究者按照時代區分，稱韓國戰爭以前的學者為第一代，從一九七〇年代開始研究的研究者為第二代，從一九八〇年代開始活動的研究者為第三代。參考全炯俊，〈中文學—現代文學〉，大韓民國學術院編，《韓國的學術研究——人文、社會科學編》二（首爾：大韓民國學術院，二〇〇一），頁一一三—一六二。但是筆者不僅強調一九八〇—一九九〇年代以後的世代，還將包含中國史在內的中國學研究者全體作為對象，做世代區分，將留學對象國作為主要的標準進行了重新整理。所以將全炯俊所說的第一、二代合併為第一代，第三代作為第二代，從八〇年代後期到九〇年代，在第一、二世代的指導下接受學問訓練，或是由在中國人民共和國獲得學位後歸國的留學生們

影響，到現在部分影響仍然持續著。這裡所謂的台灣學風的核心，是以訓詁和文獻為中心的實證主義研究方式，以及與社會現實保持距離的學問態度。

在中國文學研究領域裡，研究者學位取得之國家的變化，以及由此產生的學風變化都反映在研究動向上面，與此不同，中國史領域則在國內取得博士學位的比例更高，而且留學經驗的有無在所有研究者的分布裡不具有多大意義。不過世代的區別在中國史領域裡仍能看到。

所謂的中國史第一代，是對在殖民時代受到學問訓練的，以及解放後在國內大學修學的研究者們的統稱[45]。他們一方面以考證和查明事實為基調來研究韓中關係史，另一方面逐漸開展立足於近代化論的中國研究。

因為典型地展示了這樣的學問傾向，閔斗基被評價為提示了「中國史論述」[46]和「研究的標準模型」[47]的人物。所以從本文的問題意識出發，即從批判性中國學的角度來再評價他的學術成就，將會是提取冷戰期中國學軌跡特徵的一條捷徑。還有，這不僅能對反省現今制度內的中國學提供有效的核心事例，而且與制度外的中國研究者李泳禧做對比也很必要。

與上文所說的一樣，批判性中國學的第一個要件是對近代分科學術制度持有批判性態度，換句話說就是指向分科橫斷性研究的態度，但是冷戰期的閔斗基卻強調了作為學者得具備的專門性問題解決能力，及為此必要的分科學問訓練，並且重視了基礎於概念準確性的分析，以及立足於史料實證的價值中立、客觀的研究態度。

這樣的觀點是繼承於殖民時期的制度學術，而在冷戰期裡更加強化的，可說代表韓國中國學界的主流學風。所以閔斗基被評為實證主義者。但是他沒有把實證本身作為學問的目的，他試圖通過對個別事實具體模樣及其因果關係的推究，來達成一般化和綜合化，即構建「時代性格和社會構造，或者說是時代樣貌」[48]。從這點看，雖然他不是實證主義者，但忠於冷戰期主流學問制度和理念，並且處於主要的引領地位，這是很明顯的。沾他的光，研究者們可以堅持學術的嚴謹性和史料分析的完整性。在這樣的學術訓練下，培養成與政治現實保持距離，重視學術的獨立性和自律性的研究人才，還有創造出由他們組成的學術再生產體系，換句話說就是作為制度的中國學。

既然如此，他是否贊同當時主流學界把研究對象分為古典中國和現實中國的二分法呢？「在

組成的研究者們稱為第三代。在本文中，關於中國文學研究的敘述主要參照的，除了全炯俊文章以外，還有林春成，〈韓國中國近代文學研究的現狀和課題〉，《中國學報》三八：頁一四九—一六二（首爾：韓國中國學會，一九九七）；任大根，〈「困惑」的中國文化研究〉，《現代中國研究》一二—二：頁二九九—三二五（首爾：現代中國學會，二〇一〇）等。

45 河世鳳，〈我們的自畫像——最近韓國的中國近代史研究〉，《韓國史學史學報》二一：頁七九—一〇九（首爾：韓國史學史學會，二〇一〇）。

46 林相範，〈閔斗基史學的一面——一個韓中史學者的「中國史談論」〉，《東洋史學研究》一〇七：頁三三一—三八一（首爾：東洋史學會，二〇〇九）。

47 河世鳳，同注45。

48 裴京漢，〈閔斗基先生的中國近現代史研究和繼承方向〉，《中國現代史研究》九：頁九五—九八（首爾：韓國中國現代史學會，二〇〇〇）。

冷戰期的中國學界裡，將過去老練成熟的中國與非道德且無知的共產黨統治下的中共做對比；將充滿人文學氣氛的過去中國和政治性的現代中國做對比的論述占支配地位」[49]，在這樣的情況下，閔斗基提出的「傳統的近代轉型」觀點確實很醒目。這是他一生一直研究的中國傳統和近代相關性的核心概念。他強調在近代化過程中傳統產生的作用。他的這一觀點自然連接到從「內在性發展論」的觀點去理解中國的近代史，並重視中國人扮演的主體性角色的歷史觀。因為這樣，他才沒有被埋沒在立足於當時支配性論述——近代化論的「反共冷戰性中共認識」中，更進一步在文化大革命初期已經提出「中國的共產化是近代化的另一條路」這種主張[50]。他力主為客觀的歷史研究起見，應該將經歷「時間的風化」的時期作為研究對象，與同時代中國現實研究保持距離，但是我們不能忽視，（雖然不是正式的學術論文）他發表關於現實中國的史論和批判性散文，來表明自己的立場。

為了保持研究者和研究對象之間的距離，他喜歡採用「歷史之窗」的比喻，這和上述的學術態度是互相聯繫著的。「窗」是連接內外的通路，也是從外面守護內面的存在。歷史研究者應該採取從「窗」裡面看外面的態度。因為他具有這樣的觀點，才可以銳利地批判那些第二次世界大戰後（特別是在文化大革命時期）追隨中國現實的日本中國學者們的「緊貼現實史觀」。還有，閔斗基不認為學術可以給出「預言者類的解答」，或者有即刻的「現實效用」，他終生強調學問的獨立性和自律性。儘管如此，他不是一個對韓國或者中國的現實問題不發言的實證主義者，只是介入的方式比較間接、迂迴而已。他將作為歷史研究者而寫的學術性文章和作為公民而發表的新聞性文章加以區分，透過後者對現實發出迂迴的言論，從這一點也可以證明上述的內容。他的新聞類文章比前者更有強烈的閱讀性[51]，這點可以證明他還是很在意與韓國社會之間的溝通的。

另外，他在二十世紀七〇年代就已經喚起對中國中心主義的注意。他劃定中國思想為以中國人的自我中心思想、自我優越性、中華世界論等為關鍵字的思想，並指出了這些思想正部分貫穿著當時的中國（中共）[52]。還有，他小心提醒說：「如果現在中國已建立統一、安定、強硬、穩定的政權」的話，也許得警戒過去中華主義的重新抬頭，但是現在情況並不那麼嚴重[53]。

49 金周炫，〈對「思想界」東洋論述的分析〉，《現代文學的研究》四六：四四七—四八〇（首爾：韓國文學研究學會，二〇一二）。

50 對此詳細的論述請參考鄭文祥，〈「中共」和「中國」之間——通過一九五〇—一九七〇年代大眾媒體上的有關中國論述來看韓國人的對中國認識〉，《東北亞歷史論叢》三三：五七—九〇（首爾：東北亞歷史財團，二〇一一）。閔斗基對於近代化的觀點，既區別於將中國共產黨理解為脫離近代化的金俊燁的觀點（鄭文祥，〈金俊燁的近現代中國論和東亞冷戰〉，《歷史批評》八七：二二八—二六一（首爾：歷史問題研究所，二〇〇九）），又區別於對中國和蘇聯也在實現著近代化的觀點持有反對意見的全海宗的觀點（林相範，〈閔斗基史學的一面——一個韓中史學者的「中國史談論」〉，《東洋史學研究》一〇七：三三一—三八一（首爾：東洋史學會，二〇〇九））。

51 林相範指出，閔斗基對學術性論文的強調，被後學利用為對缺乏可讀性和趣味性作的自我辯解。同注46。

52 閔斗基，〈中國傳統政治思想的特質〉（一九七二），《中國近代史論》（首爾：知識產業社，一九七六），頁八九—一〇三。

53 閔斗基，〈風俗的文化〉（一九七三），《歷史的窗》（首爾：知識產業社。一九七六），頁二一一—二三〇。

他強調與研究對象保持距離，所以他與作為研究對象的中國能維持批判性距離，是理所當然的。但是他不停留在這個層次上，晚年的他還將一直著迷的中國史研究擴大到東亞史研究，開始中國史的相對化作業，與此同時，又積極探索立足於韓國人歷史經驗的獨特的中國史研究視角[54]。

這樣看來，他在冷戰的歷史情況下進行的中國學研究，可以說部分具備了批判性中國研究的要件。如果後輩學者將他視為一個實證主義者，只強調他對歷史事實的嚴格考證，和排除對現實、政治的關心，重視客觀的一面的話，那等於是誤會[55]他的學問態度而「脫歷史化」、「咒文化」[56]。但是導致這種後果發生的首要起因是他區分了專門研究者的學術性文章和公民的新聞性文章，並且兩種都進行寫作。這樣的分離法顯露出被視為冷戰時期產物的他的中國學的局限，但同時提示出可成為批判性繼承對象的可能性[57]。他的學問世界是一個同時體現在制度內批判性中國學的可能性和局限的事例。他盡量包容在「從第三世界這一脈絡中把握韓國現代史的特性」的動機下[58]投入中國現代史研究的年輕研究者們——也就是第二代，但都以謹守學術紀律為基準。從這一點上也可以看到他這樣的學問態度。

那麼，第二代是誰呢？進入二十世紀七八〇年代以後第二代學者在學界活動。中國文學方面，八〇年代中期以後出身國內大學的少壯研究者們興起，他們是第二代。中國史方面，七〇年代後期到八〇年代投身於中國現代史研究的人可以稱之為第二代學者群。第二代學者在七八〇年代受到了學術性訓練，那個時候韓國的大學體制大概具備了系統性的框架。二十世紀七〇年代開始研究者的數量增加，從而第二代因此成型了。七〇年代中期以後，文獻引入的通道擴大，複印技術開始被活用，於是中國史研究脫離以首爾為中心的局面，向地方發展[59]。這些研究者們積累了很多的研究成果，中國學研究在量的方面也開始有了可觀的增長。這樣，研究基層的擴大導致了中國現代文化研究和中國現代史研究的劃時代性發展，而二十世紀八〇年代就是其分水嶺。

出現這樣變化的外部原因之一，是以一九七一年尼克森衝擊象徵的美中和解所帶來的冷戰局勢的破裂。以這個事件為契機，韓國社會對中國的關心也提高了。很明顯的例子就是，作為其餘波，二十世紀七〇年代初主要大學都新設了中文系（高麗大中文系，一九七二、延世大學中文系，一九七四），而這對作為制度的中國學的發展貢獻很大。但是比國際局勢的變化影響更深的是七〇年代以後韓國民主化運動的高漲。在分斷狀態下極度萎縮著的學問和思想的自由，在民主

54　鄭文祥，〈閔斗基教授（一九三二—二〇〇〇）的中國近現代史研究與其歷史像〉，《近鄰（近きに在りて）》四四、四五：五—一九（東京：汲古書院，二〇〇四）。
55　金衡鐘，〈閔斗基老師的學問業績〉，《東洋史學研究》七四：二五五—二七一（首爾：東洋史學會，二〇〇一）。
56　林相範，同注51。
57　裴京漢，同注48。
58　閔斗基，〈韓國中國史研究之展開〉，王仲犖、小林一美、藤維藻、奧崎裕司編，《東亞世界史探究》（東京：汲古書院，一九八六），頁四一—五三。
59　李龍範，〈韓國史學界的回顧和展望：東洋史總說〉，《歷史學報》八四：一〇一—一〇八（首爾：歷史學會，一九七九）；咸洪根，〈東洋史研究的回顧和展望〉，《梨花史學研究》二二：二九三—二九七（首爾：梨花史學研究所，一九九五）。

化運動的推展過程中逐步得到恢復，而這種氣氛終於滲透到大學制度內部。由此引起的世代間的矛盾也在學園中產生，但是以前被排除在研究對象之外的左派文學在這個期間裡成為積極的、或者客觀的研究對象，隨之中國現代文學的開放性研究也開始了，同時對中國現代史的關心也比任何時候要高。這個時期的特徵是非常活躍的摸索現實參與性的研究。現代中國（即中國革命）研究帶有為了韓國社會的轉型做出貢獻的使命感，而這種研究在二十世紀八〇年代前後出現的韓國社會各部門的變化中，特別是在學生運動、勞動運動、民主化運動的展開過程中，開始在大學的內部和外部同時進行。

這種現象可視為剛解放後在制度外進行的作為運動的中國研究經歷了韓國戰爭的慘禍居然沒有完全消亡，而持續伏流著，到了二十世紀七八〇年代在變革運動的過程中復活。這時年輕的中國學研究者大批登場，從而可知為了解決韓國面臨的時代性課題，他們努力去理解可以成為參考鏡子的中國革命。

就這樣，大學內部的中國學裡產生裂縫，而就在這條裂縫裡作為運動的中國學抬起頭來。在這裡依靠大學外面的期刊和出版類的研究活動的功勞很大，藉由這些媒介，關於中國現實的介紹和評論性文章，有時候在合法的空間裡，有時候在非法的空間裡（所謂的「不穩書籍」）不斷地傳播。這可以稱之為作為運動的中國學。而在這裡的領導性人物是中國學學者李泳禧。

李泳禧認為，從冷戰期主流學術制度中產生的關於中國的知識，畢竟無法脫離教條，很難成為真正的學問。他稱自己的文章為「假說」，並且將自己的角色定位為中國問題的解說員。媒體人（報紙記者）出身的他並不是就這樣自認對分科學問缺乏專門性，反而是揭露當時立足於反共主義的主流分科學問所生產的中國論議才是假說，這是一種迂迴的修辭法[60]。所以李泳禧不寫論文性的文章，而寫與魯迅的雜感文有相通之處的、簡潔又具有諷刺的政論形態文章。他這種文章受到廣泛的社會回響，但是因為不在分科學術制度內進行研究和教學，所以無法確立自身工作的再生產體系。

還有，雖然他的主要研究對象是現實中國，但並不贊同將中國分成古典中國和現實中國的二分法論述，他主張如果要好好理解中國大陸現實的話，起碼要追溯到中國近代化百年史加以理解。他認為中國近代化過程的特徵是傳統和外來思想的結合（例如與傳統相結合的馬克思主義），以及物質主義和精神主義的拮抗。在他看來，傳統和現代的連續性是中國追求與西方不同的、有中國特色的發展模式的證據。他確實認識到了古典中國和現實中國的連續性，只不過比起古典中國，他主要還是研究現實中國。

他之所以特別注意現實中國，是為了批判那些慣於被冷戰和反共意識控制下看待中國問題的韓國人（換句話說「條件反射的兔子」）。他希望中國能夠成為批判在近代化過程中露出各種矛盾的、分斷狀態下的韓國現實的參考模式。二十世紀七八〇年代，他將中國和越南的革命以「人

60　朴姿映，〈在東亞社會主義人民的表象政治——一九七〇年代韓國的中國人民議論，以李泳禧為中心〉，《中國語文學論集》四七（首爾：中國語文學研究會，二〇〇七），頁三三五—三五五。

類的新試驗」提出，由此引領了被反共思想所控制的知識青年的知識轉換，再說他在那個時代知識青年的內心世界裡種植了「最本能的自我社會性記憶」[61]。他的觀點是如此具有立即效果的。在當時的情況下，他強烈抨擊了韓國人的偶像——美國和從美國引進來的主流言論，以及韓國的現實。但相比之下，他和中國現實卻沒有維持批判性的距離。他雖然將中國當成是能讓我們重新認識我們所生活著的這個社會的契機，但是還沒有達到為了中國和韓國的主體間形成相互映照的鏡子關係（共同主觀性）而積極努力的程度。中國是僅對韓國人產生作用的一面鏡子而已。

這樣的局限性，從他對中國中心主義不甚敏感這一態度中被體現出來。二十世紀七〇年代中期，他雖承認中國少數民族的問題尚未解決，但卻解釋說中國「通過新社會中開化的過程，在一定程度上調和超民族的國家指向」[62]。這種解釋給人一種反覆強調中國官方立場的感受。在當時的韓國，對被西方封鎖的中國主要印象是「好戰」和「危險」，所以對於中國（中心主義）的批判僅去強化「反共冷戰型中共認識」的可能性十之八九。還有，不能忽略這個時期中國在提倡第三世界論的同時，還強調被壓迫民族的連帶關係。我們應該考慮這樣的時代性脈絡來評價李泳禧。但是不得不指出，他無法將現實中出現的短期性問題和中長期性脈絡聯合起來掌握。

他雖然沒有提出對中國的總體性認識以及從各個角度切入問題的方法論，但殫精竭慮地挑戰對中國的冷戰性思考——即挑戰「偶像」的實踐理性來寫作文章，並且結合了中國研究和韓國現實變革的實踐性指向，所以成為制度外的「老師」。他體現了批判性中國研究的重要特徵——運動性，所以他被評價為批判性中國研究的起點[63]。

積極回應「作為運動的學術」的少壯派研究者們從二十世紀八〇年代前後開始，以在研究生院裡創立的共同學習和討論文化為基礎，從制度圈裡脫身出來，設立新的學會、研究會、研究所等，發行獨自的學術雜誌，提出科學理論，謀劃學術的運動化。作為社會運動的一部分，他們在各個分科學問領域裡展開了學術運動。第二代中國研究者們一部分積極協助於這種運動，即便不這樣的研究者也處在這個磁場裡。說起來（上面說的狹義的）作為運動的中國學的指向，可以說是那個世代的共同經驗。

（三）後冷戰期（一九八九—現在）中國學的多元化

進入後冷戰期以後，作為運動的中國學開始衰退。一九八〇年代開始實施的畢業定員制使大學生的數量激增，從而對教授的需求也增加，在這種情況下第二代研究者中越來越多的人在很短的時間內以專職教員的身分進入制度圈內。他們的責任是在大學（或學會）這個制度內繼續保持

61　朴姿映，同上注。

62　李泳禧，〈中共內的少數民族將被同化嗎？〉，《新東亞》（首爾：東亞日報社，一九七四），頁二四四—二四六。

63　李南周，〈怎麼看中國的變化〉，《創作與批評》，秋季號（坡州：創批社，二〇一二），頁一八〇—一九七；金稀教，〈韓國的批判性中國論述，其失蹤的歷史〉，《歷史批判》五七：頁二五二—二七一（首爾：歷史批評社，二〇〇一）；金都姬，〈韓國的中國研究——視角和爭論點〉，《東亞研究》五〇：頁五五—八九（首爾：西江大學東亞研究所，二〇〇六）。

作為運動的中國學的核心——批判性，同時對制度進行重新的建構。但結果，進入一九九〇年代以後，這種批判性在很大程度上被稀釋了。

如果說這是在學術的制度化過程中不可避免付出的代價的話，筆者認為是過於簡單的評價了。更重要的原因是制度的內外界限不像以前那樣明瞭的時代狀況的變化。這裡包括了相互交織的國內外環境的變化：社會主義陣營的瓦解（一九八九），急速推進的中國的改革開放（一九七八年以來），國內政治的民主化（一九八七年體制）。在這種新的環境下想要在保持制度內的運動性的同時，又進行批判性中國研究的話，首先認真考慮的問題是批判的對象是什麼。

擔當這項工作的主體就是在冷戰後期進行學術活動的第二代和新出現的第三代。第三代研究者包括八〇年代後期和九〇年代在第一、二代研究者的指導下受到學術訓練的學者集團，以及在中國人民共和國獲得學位回國的留學生們。他們大致都經歷了八〇年代學生運動和民主化鬥爭，即使沒有直接參與其中，還是保留著將自己的研究看成是學術運動的一環的傾向。與以前時代不同的是，在中韓建交（一九九二）以後要不直接留學中國，獲得學位，要不就在中國接受短期研修課程，大部分都具有在中國實地研究過的經歷。

以中韓建交為契機，第二代和第三代研究者們促進與中國學界的緊密交流，設定更開放的研究主題，又在民主化以後較為穩定的制度內積累了大量的研究成果。在九〇年代，身為韓國研究者積極探索了主體性研究和多樣的學術議題，進入二〇〇〇年代以後，韓國的中國學界與其他國家一樣，逐漸出現了脫政治化傾向，從更多樣的角度去進行研究。筆者從批判性中國研究應具備條件的角度去重新檢討一下這個潮流的特徵。

首先看關係到分科學術制度的一些特徵。從第一代研究者那裡繼承來的對實證主義的慣例性執著很強，而在中國史研究方面更是如此。託這種學術態度的福，他們被評價為積累了不少研究成果，但同時在學界內部也出現了這樣的憂慮：這種態度不僅使得研究主體的歷史解釋視角變得狹窄，失去積極鋪陳理論立場的能力，還防礙與其他學術領域進行靈活交流，甚至堵住與一般大眾之間的溝通[64]。與中國史領域不同，在中國文學領域從一九九〇年代開始出現將實證主義看成一種學術權力的批判聲音。那些研究者在批判性地再建構以往研究傾向的同時，還積極探索新的研究方法論。在此一過程當中，作為一種替代方案最受到注目的新趨勢就是，具有分科橫斷性研究傾向的中國文化研究。雖然不像中文學那麼多，在現代史領域也出現了一些將後現代性融入研究

64　閔斗基和鄭在書關於實證主義和中國學的不同立場的對話，請參考鄭在書，《為了第三東洋學》（首爾：民音社，二〇一〇）及林相範，〈閔斗基史學的一面——一個韓中史學者的「中國史談論」〉，《東洋史學研究》一〇七：頁三三一—三八一（首爾：東洋史學會，二〇〇九）。關於實證和實證主義的區別的討論，應該在韓國（乃至東亞）近代學術史的特殊脈絡中進行理解。實際上擔保文獻考證精密性的實證（方法）每一個研究者都是肯定的。實證主義則與此不同，目前主要從兩個層次上受到批判，一個是從日本殖民時期科學的兩個支柱之一馬克思主義的角度對另一個支柱——實證主義進行的批判。馬克思主義者攻擊說，實證主義出於科學系統的闕如，無法為實證指示方向，結果被埋沒在資料裡面，看不到整個社會真相。第二個是最近從後現代性的角度進行的批判。後現代主義者對實證主義具有的作為對客觀過去事實的再現這種歷史認識論本身提出疑問。

究範圍內的動向，目前正積極開拓著「文化史」這一新的研究領域。另外，在批判論文中心主義的過程中，中國現代文學研究者領先摸索了「既具邏輯性又含感性的」寫作方式[65]。這就說明中國學與社會（大眾）的溝通開始成為學者們認真在討論的一個主題。

但整體來看，中國研究仍處於關注各自專業主題的階段，局限於學科體系。所以現代文學和現代史研究越向作為制度的學術發展，古典中國和現代中國研究的距離反而越遠。儘管整個學界已經認識到分科橫斷性研究和新研究框架的必要性，但這種認識還沒有完全被付諸實踐。值得注目的是，在現代史領域不僅出現對研究禁區——一九四九年以後的研究，還根據二〇〇〇年代以後世界史的變化，不再將傳統和近代一分為二，而試圖將兩者予以統合，或者探究傳統的近代轉型等，這方面的具體研究最近很活潑地進行著。另外，現代文學領域也對「近代性／現代性（modernity）」進行著多角度的反省與檢討。當然，這種新的趨勢對以往將古典中國和現代中國研究二分的研究習慣能有多大程度的改進，還需要進一步的觀察。

下面還需要考察的是，後冷戰期研究者們是否與當代中國的現實保持批判性距離，還有他們是否以中國為契機來對我們所生活著的社會現實進行新的認識性構建。

正如前述，一九八〇年代中後期成為主流關心對象的左派文學和對革命史的積極關心到了九〇年代以後開始急速退潮。這種變化從一九八〇年代稍具偏向性的認識中脫離出來，與中國現實保持一定的批判性距離，在這一點上值得受到肯定。但我們有必要重新思考的是，一九八〇年代中國現代文學和現代史研究中體現的將時代性課題當作學術性課題的實踐性含義，是不是沒有被充分省察就拋棄了？為此，作為理解中國現代史的新的分析框架，一九八〇年代中期開始在現代史領域出現所謂的「第三視角」（從以國民黨史和共產黨史兩個黨史為中心的歷史觀中脫離出來），它試圖與共產黨和國民黨這個二十世紀中國政治的「中心」保持距離。這種問題意識可說是徹底檢討革命經驗中孕育出的今日大國崛起中國的一種資源，所以在新的時代背景下有重新討論的價值。

這樣看來，已經相當具備對當代中國現實保持批判的態度，相比之下，卻看不見將中國當成對我們生活著的社會現實進行批判性認識的一種方法的態度。這不是說某個學者選擇研究對象或題材時，從他所處的社會現實中促發的問題意識沒有任何作用，而是說對其進行認真的討論或者將其看作是重要的研究態度的氣氛還不夠成熟。正是因為這個原因，批判性中國研究的失蹤論被提起。更不用說遠遠達不到為了形成中國和韓國兩個主體相互對照關係而該傾注的努力程度。

相比之下，對中國中心主義的批判卻十分活躍。在歷史學領域，脫離中國大陸中心歷史敘述而將其相對化的努力主要在兩個方面展開。一個是在二〇〇四年中國「東北工程」被揭曉之後，為了批判性地解構以中國大陸為中心的中國史敘述，對中華民族論述或中國邊疆和少數民族的學

65 金根在〈中國學，為了什麼的學問〉（《中國語文學志》七一：一五—三五，首爾：中國語文學會，二〇〇〇）中，批判了論文寫作中言文不一致的問題，提出了言文一致的寫作方案。此外鄭在書和中國史研究者河世鳳也在其文章中提出類似的問題和主張。參考注64和45。

術興趣開始提高；另一個是將中國史本身相對化的研究從「東亞的視角」開展著。現代文學領域裡也出現類似的情況。台灣和香港的文學開始受到注目，東亞三國的文化開始被比較研究，為此引入了所謂的「東亞視角」。但比這些更重要的事實是，追溯並整理韓國人對中國認識的歷史系譜作業活潑地進行著。這種研究主要採取分析二十世紀韓國人留下的史料，或再現同時代韓國人認識中的中國現實的方式。

如果能夠不把韓國人的經驗和史料予以特權化或者局限於一國史的框架中，而朝中國和韓國兩個主體間相互參照的方向進行討論的話，這對批判性中國研究將會有很大的貢獻。

二〇〇〇年代以後像文化研究等，立足於新的研究觀點和方法論的廣泛主體開始被研究，這是值得予以肯定評價的。這就說明我們的社會現實已經變得相當複雜了。但若學問對複雜現實的應對只停留在研究素材或研究視角的多元化，那是有問題的[66]。為了更有效地將多元而細分化的研究成果整理和綜合，非得對多元素材和視界之間的相互關係，以及導致這種結果的現實脈絡進行嚴格的省察不可。本文提出的「批判性中國研究」將會為這種省察提供依據。

四、結論：批判性中國研究的課題

正如序論中提到的一樣，本文的目的是以作為運動的中國學為動力，展望貫穿制度內外的批判性中國研究的（不）可能性。為此，本文主要以人文學領域為主梳理了韓國的中國學譜系。從以上的研究可以確認這樣的事實：從朝鮮後期形成的北學，到日本占領期的支那學，再到解放以後的中國研究，透過作為制度的中國學和作為運動的中國學之間的相互競爭與滲透的動態性過程，積累了我們對中國的認知。還有，作為其中一部分的批判性中國研究因應時代的變化而斷斷續續地被繼承下來。

現在是展望批判性中國研究該堅持的方法和方向的時候，而這無疑是能體現序論裡所提四個條件的一條路。首先，應該繼續具有分科橫斷指向的研究。為了理解從古典中國到現實中國的中國人的生活變遷面貌，這是有必要堅持的。但是關於其研究方法，沒有必要在大學這個制度內開設批判中國學這樣一個分科學術，也沒必要去清除分科學術這種制度。批判性中國研究是一種研究態度和處理方法，在原有的分科學術體系內也可以進行，且在一定領域內經過訓練。否則，不論我們怎麼去追求獨創性，最終還是僅止於發揮想像力的層面上，很容易陷入「生產假知識」的危險中[67]。

66 在東洋史學界內部也對這種現象表示了擔憂，即東洋史研究受到後現代性的影響，宏觀理論已失去其效力。在這種情況下，「學界可以共有的爭點和焦點變得薄弱了」（金澤民，《東洋史總說》，《歷史學報》一九九：一九五—二〇七，首爾：歷史學會，二〇〇八），對細化的各個領域眾多研究成果的整理和綜合不足（宋正洙，〈東洋史總說〉，《歷史學報》七：八七—九七〔首爾：歷史學會，二〇一〇〕）。

67 孫歌警告說，只拆除細分化的學科之間能看見的圍欄而進行的「跨學科性」，容易陷入生產假知識的危險中。因為如果只消除形式上的學科界限而不轉換陳舊的思考方式的話，這種「學科超越」對知識生產沒有任何幫助。白永瑞・孫批判性中國研究者為了不陷入上述的陷阱，既發揮分科學術的長處，又超出其極限，首先扎根於各自所處的現實生活，再將從中提取的社會議題轉化為學術議題，這種熱情，即「從內心深處流露出的對生活的興趣」應該要成為他們研究的推動力。這並不是說要對時事問題進行闡釋或做短期性預測，而是說要擔起將短期或中期問題與長期的脈絡相連接，再說從時事問題中找出思想課題的作業。特別是韓國的研究者，要在進行中國相關研究的同時，還要把其問題意識扎根於韓國的思想資源，並對韓國思想探索做出貢獻[68]。只有這樣，中國和韓國的主體間才能形成相互對照的鏡子關係（即「共同主觀性」）。

在這個過程中，自然就會出現新的文章寫作方式。這裡所說的新的寫作方式不是指那種在專業性的學術論文和大眾性寫作中二選一的問題，而是指一個學術公共性的問題，即知識生產和流通的公共性問題[69]。中國學研究者在傳播新知識的同時，還注意到為接受知識的大眾產生媒介作用[70]。研究者在意識到這一點而從事寫作時，他的文章會出現改變，隨之在研究態度上也發生變化。

最後筆者想討論一下作為（序言裡提出的）批判性中國研究該具備的條件之基礎認識框架及其兩個方向。這不僅將有助於韓國的中國研究者確保獨自的研究視角，同時也將對以韓國這個場所為基礎且可獲得外部普遍回應的研究成果向外傳播有所貢獻。

首先是對周邊視角的檢討。筆者認為，為了同時正確掌握所謂中華世界的傳統中國，及成為G2大國的現在中國，周邊視角是不可缺少的。所謂「周邊視角」這個想法本身在現在的學術界裡並不陌生，幾乎到處都可以碰到。在這裡筆者將對其中的一部分進行批判性討論，並且來闡明該視角與筆者問題意識的不同之處。

在中國大陸學術活動十分活躍的中國史研究者葛兆光也積極地提出過「從周邊看中國」這樣

歌對談，〈新自由主義時代學問的召命和社會人文學〉，《東方學志》一五九：四二一—四七一（首爾：延世大學國學研究院，二〇一二）。

68 與筆者的主張類似的有孫歌，《主體彌散的空間——亞洲論述之兩難》（江西：江西教育出版社，二〇〇二）；梁一模，〈尋找「思想」的旅程〉，《日本批評》六：二四—四九（首爾：首爾國立大學日本研究所，二〇一二）；李南周，〈怎麼看中國的變化〉，《創作與批評》，秋季號（坡州：創批社，二〇一二），頁一八〇—一九七。

69 就此而言，斷然說新的寫作方式就是要求「向下平均化乃至放棄專業研究」（李成奎，前揭文章）只是一種片面性的說法。

70 本文中的公共性是指公民社會層面上開放的溝通空間。作為溝通空間的公共性意味的是：基於對人們之間共同問題的開放性關心，以語言活動為媒介，與他者進行交流的公共圈，即論述的空間。馬場公彥曾經將日本人中國認識的形成過程比喻為一個河流，他這種比喻值得注目：這裡有作為資訊源的中國這樣一個湖，它是由上流學術圈（生產一手資訊的中國學者、地區研究者、新聞工作者）、中流知識公共圈（根據一手資訊來選定論題，為形成公民共同的輿論而提供公論、參與綜合性雜誌等論壇的公共知識分子），以及靠這些資訊形成輿論的下流而組成的（馬場公彥，〈戰後日本對中國的認識——以雜誌Media為中心〉，《東亞文化中的中國》國際學術會議資料集（首爾：東北亞歷史財團、東亞歷史研究論壇共同主辦，二〇一二）。這是個非常有意思的觀點，筆者將其上、中、下流這種等級性的表現方法稍微修正改為發信——媒介（或中介）——受信。

的視角[71]。為理解他的觀點，首先要簡單介紹一下他以中國的自我認識為中心，將中國史分成三個階段的看法。根據他的說明，中國經過第一個階段——「自我中心的想像時代」，即沒有一個能夠對照自己的、作為他者的鏡子的時代；再經過第二個階段——「只有一個鏡子的時代」，即只存在作為巨大他者的西方世界的時代；現在進入了第三個階段——「對照自己於多種鏡子的時代」。所以對現在的中國來說，從周邊各地區存在的多個他者的中國意識中，重新來看過去和今日中國的事情變重要了。

他這裡所講的周邊主要指日本、朝鮮、越南、印度、蒙古等國家。如果將中國與西方比較的話，只能看出一些大概的特徵而已，但是和差異比較小甚至共有一個文化傳統的周邊國家相比較的話，可以真正認識到其細節性差異，這樣就可以確切地認識到「中國性」的內容指的是什麼，這就是為什麼需要周邊視角的原因。特別是中國研究者面對「周邊」時，過去不受重視的史料和周邊各種語言都為他提供新的研究領域和新的工具，借此可以得到學術「新成長的契機」。另外，通過「周邊」的反應來觀察中國人不斷變化的「歷史中國」，實際上也可以獲得對「現實中國」本身的新理解。

但是，我們必須要看清楚他的周邊視角基本上是以中國這個國家為焦點的。他主張，「我們提倡的『從周邊的視角看中國』，卻是聚焦中國史，在『中國』這個近世形成的文明空間和現代已經成型的政治國家，仍然在文化上和政治上強而有力籠罩的情況下，以中國這個『民族國家』為中心的歷史研究，依然有它的意義」[72]。同時，作為歷史學者，他想在今天的中國重新樹立一九三〇年代傅斯年曾經提倡過的「科學的東方學正統」。

通過以上的概要我們很容易看出，他所提出的「周邊」視角只是限於通過地理意義上的周邊國家和民族，來多角度地解釋中國而已。對持有這種觀點的他來說，對中心—周邊的等級秩序中形成的具體情況持有批判意識，更進一步對此表示克服、革新的志向，到目前還是力所不足。

和葛兆光一樣提出了周邊視角，但還沒涉及到變革中心—周邊的等級秩序的還有台灣的黃俊傑。在台灣強調東亞觀點的他，將中華中心主義作為批判的對象，認識到「中心與邊陲之間存在著從屬原則」，在這方面與筆者的問題意識是相通的。但他仍停留在發現超越文化一元論和政治一元論，認識到東亞文化的多元性，以及各地區文化裡存在的共同性和特殊性的層面上[73]。他似乎忽略了組成多元性的要素絕對不是均等的，在這之間存在著等級秩序這樣一個事實。

更嚴重的問題是，上面兩位學者提出的周邊視角中所謂的「周邊」主要是指中國這個中心的地理性周邊。與此不同，筆者提出的是「雙重性的周邊」視角[74]。因為在以西方為中心的世界史

71 葛兆光，《宅茲中國——重建有關「中國」的歷史敘述》（北京：中華書局，二〇一一）。

72 葛兆光，同上注。

73 黃俊傑，〈作為區域史的東亞文化交流史——問題意識與研究主題〉，《台大歷史學報》四三：一八七—二一八（台北：國立台灣大學歷史系，二〇〇九）。

74 白永瑞，〈序言——從周邊看東亞〉，崔元植、白永瑞編，《從周邊看東亞》（首爾：文學與知性社，二〇〇四），頁一三—三六。

中被非主體化了的東亞這個周邊視角，和在東亞內部的等級秩序中被壓抑的周邊視角，這兩種視角應要兼具。上面兩位學者的周邊視角主要屬於後者，由於他們忽視了世界史層面上的中心—周邊的「等級秩序」存在，結果弱化了他們的批判性。這樣一來，對作為世界史周邊的東亞的關心也容易付之闕如。

所以筆者再次強調這一層面的同時，還要提醒為拓展批判性中國研究的新空間而該考慮的第二方向，即全球地域學（Glocalogy）的重要性。全球地域學[75]是還處在問題提出階段中的一個構想，這是將地方性的（local）、地區性的（regional），以及全球性的（global）結合到一個層面上的一種視角、方法，同時是對其研究領域的規定。到目前為止，筆者在這三個層次上同時進行考察，但焦點主要放在地方性和地區性對全球性的影響層面，本文將著重強調全球性層面，也就是全球性視角的重要性。

從全球地域學的角度強調全球層面或視角，是與「雙重周邊」視角緊密聯繫的。這種問題意識開始漸漸得到共識，比如，一直強調全球史重要性的趙志衡正確地指出，筆者所說的「周邊」雖然也是一個「地區性概念，但更重要的這還是一個進行批判性自我反思的場所」。他還提出，作為一種具體研究和敘述全球史的方式之一，透過周邊視角來批判並反省歷史的必要性。只有這個時候，我們才能將國家或帝國這樣的概念理解為一種社會文化性構成物，然後將其解構，從「周邊」的視角來看整體[76]。

引入全球史這個概念，關注全球和地區之間的相互依存性，從而超越西歐中心主義和現代主義，這種方法論對擴充「雙重周邊」的視角非常實用。但是如果將全球史只歸結到替代的、複數的現代性討論中的話，這將不具有什麼說服力。因為正如Arif Dirlik所說的那樣，這種替代「只不過是伴隨資本的世界化和與此相結合的歐洲式（現在應該是美國式）現代性的世界化的、一種主旋律的變奏曲而已」[77]。正是因為如此，我們注目那些賦予全球視角以一種變革性指向的「作為運動的世界文學」論述。目前在韓國文壇和英文學界裡正在進行討論著的這一概念，是與周邊對中心的顛覆和變革等解構論述緊緊聯繫著的。

這裡所說的世界文學既不是指存在於世界的全部的文學即「世界的文學」，也不是指由一些固定的古典組成的體系（比如世界文學全集等構想）或抽象性理想的理念，而是指為了「超越國家邊界而共有用各民族語言、地區語言創作的成果」，「共同面對現代性的弊端」，即「世界資本的危機」，建構人類更美好的生活而對世界文學寄予期待的「一個國際性運動與實踐」[78]。從以歐洲和北美為中心的世界文學空間的不平等結構中脫離出來，即從一種「文學的世界共和國」中脫離出來，建構一個「多極化的聯邦共和國，或者『共和國的聯合』性質的、更健全的」文學空

75　這是筆者的新造語。關於此的詳細討論，可參考白永瑞，〈作為全球地域學的韓國學的（不）可能性——朝向普遍論述的建構〉，《東方學志》四七：一—二五（首爾：延世大學國學研究院，二〇〇九）。

76　趙志衡．金容右，《全球史的挑戰》（坡州：西海文集，二〇一〇）。

77　趙志衡．金容右，同上注。

78　金英姬．柳熙錫，《世界文學論》（坡州：創批社，二〇一〇）。

間，這就是「作為運動的世界文學」的企劃，而其中的一環就是要建構一種含有運動性概念的「東亞地區文學」[79]。

東亞是一個既能很好地適應又能克服資本主義的地區。特別是在中國經濟發展的今天，資本主義在得到進一步發展同時，又出現了很多危機，所以從全球層面來看，東亞現在是一個問題性地區，而面對資本主義危機的「東亞地區文學」，既是地區層面上的實踐，也是全球性實踐的重要一環。世界文學只有超越場所性才能具有普遍性，但談論這樣的世界文學時卻強調文學的地區性，這顯然看似矛盾[80]，可是這不正與全球地域化的問題意識相吻合嗎？[81]為了從全球、地區、國家（及地方）層面上批判性地把握在全球上崛起為G2之一的今日中國該扮演的角色——包括能否克服新自由主義秩序，提出一個替代性的發展模式——全球地域學的視角是不可缺少的，而透過對「作為運動的世界文學」的討論，再次認識到了這一點。

韓國的中國學研究者在清楚地意識到上面所述的認識框架的兩個方向（即雙重周邊視角和全球地域學），堅持反省的態度，在制度的內外投入知識生產、流通工作的時候，批判性中國研究就會得以具體化。就像「作為運動的世界文學」對克服現代性的弊端很有用一樣，如果以運動性為動力的批判性中國研究能給研究者提供一個對我們社會和中國認識進行重新建構的契機的話，這種普遍性得以擴充，借此可以得到改革學術制度的力量。

以前朝鮮王朝的學者們在生產現實中國相關知識的同時，重新解釋中國古典並重構既有價值觀和世界觀，留下人文學遺產；日本殖民時期，學者們在用科學方法將古典中國進行系統化的同時，著眼於現代中國的文學運動，重新發現中國且將之視為借鏡自主解析朝鮮，取得學術成果；冷戰時期的學者們也在制度內外辛苦積累了探索中國的經驗。進行批判性中國研究就是讓這些人文學遺產、學術成果和經驗以新面貌重新復活。

與韓國的中國學發展軌跡相聯繫的批判性中國研究，不僅是為了韓國學界和社會本身，也是為了包括中國人在內的全人類，忠實地履行著創作更美好生活的人文學本來的理念。為了使中國學往這個方向發展，筆者作為一個韓國研究者立志獻身於此。本文可說是體現這種決心的一篇文章。

79 白樂晴，〈世界化和文學〉，《內與外》二九：一四—三三（首爾：英美文學研究會，二〇一〇）。

80 秦恩榮正確指出，強調東亞這個場所（topos）的世界文學這樣一個悖論來自於對世界文學的實踐和運動的思索。她擊中核心地說，「東亞既是空間性概念，又是超越確定空間的atopos性概念。」參考秦恩榮，〈東亞文學的topos和atopos——參加上海研討會後〉，《創作與批評》一五六：三一三—三一八（坡州：創批社，二〇一二）。

81 有如下的憂慮的聲音：全球性視角的引入，是否與筆者以往主張的東亞視角相衝突。但也存在持另一種觀點的人，他們介紹最近海外學界開始從全球化的脈絡中討論東亞的新趨勢，還認為，不違背東亞特色的全球化指向是在全球主義的範疇內值得被討論的。從這層面去看的話，上面的憂慮就沒有必要的了。姜袗亞，〈世界體系和國民國家的灰色地帶——東亞論述的成果與局限〉，《人文研究》五七：一二七—一五二（慶山：嶺南大學人文科學研究所，二〇〇九）。

台灣與東亞

橫觀東亞：從核心現場重思東亞歷史

2016年3月初版　定價：新臺幣450元

著　者　白永瑞
總編輯　胡金倫
總經理　羅國俊
發行人　林載爵

叢書主編　沙淑芬
校　對　吳美滿
封面設計　沈佳德

出版者　聯經出版事業股份有限公司
地址　台北市基隆路一段180號4樓
編輯部地址　台北市基隆路一段180號4樓
叢書主編電話　(02)87876242轉212
台北聯經書房　台北市新生南路三段94號
電話　(02)23620308
台中分公司　台中市北區崇德路一段198號
暨門市電話　(04)22312023
台中電子信箱　e-mail：linking2@ms42.hinet.net
郵政劃撥帳戶第0100559-3號
郵撥電話　(02)23620308
印刷者　世和印製企業有限公司
總經銷　聯合發行股份有限公司
發行所　新北市新店區寶橋路235巷6弄6號2樓
電話　(02)29178022

行政院新聞局出版事業登記證局版臺業字第0130號

本書如有缺頁，破損，倒裝請寄回台北聯經書房更換。　ISBN 978-957-08-4694-2 (平裝)
聯經網址：www.linkingbooks.com.tw
電子信箱：linking@udngroup.com

國家圖書館出版品預行編目資料

橫觀東亞：從核心現場重思東亞歷史/
白永瑞著．初版．臺北市．聯經．2016年3月（
民105年）．344面．14.8×21公分（台灣與東亞）
ISBN 978-957-08-4694-2（平裝）

1.區域研究　2.文集　3.東亞

587.19307　　105002312